汽车专业职业教育情境化教学通用教材

QICHE ZHUANYE ZHIYE JIAOYU QINGJINGHUA JIAOXUE TONGYONG JIAOCAI



# 电控发动机原理与维修

主编　李　鲲

山东科学技术出版社

·济南·

**图书在版编目（CIP）数据**

电控发动机原理与维修 / 李鲲主编. --济南：山东科学技术出版社，2010.1（2022.9 重印）
汽车专业职业教育情境化教学通用教材
ISBN 978-7-5331-5566-7

Ⅰ. ①电… Ⅱ. ①李… Ⅲ. ①汽车-电子控制-发动机-理论-职业教育-教材 ②汽车-电子控制-发动机-检修-职业教育-教材 Ⅳ. ①U464

中国版本图书馆CIP数据核字（2010）第008286号

**电控发动机原理与维修**

DIANKONG FADONGJI YUANLI YU WEIXIU

责任编辑：章　斌

---

**主管单位：山东出版传媒股份有限公司**

**出 版 者：山东科学技术出版社**

地址：济南市市中区舜耕路517号
邮编：250003　电话：（0531）82098088
网址：www. lkj. com. cn
电子邮件：sdkj@sdcbcm.com

**发 行 者：山东科学技术出版社**

地址：济南市市中区舜耕路517号
邮编：250003　电话：（0531）82098067

**印 刷 者：济南鲁艺彩印有限公司**

地址：济南历城区临港国际智能制造产业园33号
邮编：250101　电话：（0531）88665353

---

**开本：** 16开（184 mm × 260 mm）
**印张：** 10
**版次：** 2010年1月第1版　**印次：** 2022年9月第12次印刷
**定价：** 38.00元

# 丛 书 序

当前，我国职业教育正大力推行以就业为导向培训实用型人才。怎样培养出优秀的实用型人才？解决这个问题需要从改变传统的教学模式、方法入手，各地职业学院也纷纷进行教学改革，包括教材的改编与更新。这其中就包括情境化教学的试点与推广。

什么叫情境化教学，就是模拟实际的工作情境和工作任务来设置学习任务，围绕完成这项工作所需掌握的知识和技能对学生进行培训。这样，学生在学校就能学到真正实用的知识和技能，上岗后马上就能适应工作环境，胜任工作任务。

汽车专业的情境化教学教材按汽车结构的特点和维修分工的不同，分为发动机构造、电控发动机、底盘构造、自动变速器、电器、空调、安全舒适系统、汽车电脑、汽车美容与装饰、汽车文化等十八个分块。以上各个系统总成又按结构功能细分到部件，针对各部件在实际工作中可能遇到的故障，我们收集了大量的案例并进行了归纳总结，提取出最典型的事件作为学习情境的设置。

每一个学习情境就相当于一个工作任务。那么，完成这个任务必须掌握哪些理论知识（必知），需要具备哪些技能（必会），同时，在完成任务的过程中要注意哪些事项（如作业安全与环保），又有哪些经验技巧可供参考，这些内容的讲述就构成教材情境的"骨肉"。

做什么，学什么；学什么，用什么。学以致用，为实用而学，这是情境化教学的最大特点。

为了突出教学效果，提高学员对知识与技能的理解程度和学习兴趣，我们为这套教材开发了相应的多媒体教学课件（与教材同步，综合教学所要用到的图片、动画、视频、文本、PPT等）和电子教学讲义（可扫描相关内容二维码获取）。技能实际操作部分，我们全部拍制成实况录像，使学员可以身临其境地进行模仿和学习。教师若有需要可向出版社免费索取（0531-82098053）。

汽车专业职业教育情境化教学通用教材的模块组成如下：

- 发动机构造与维修
- 汽车电器构造与维修
- 自动变速器原理与维修
- 汽车空调原理与维修
- 汽车电脑原理与维修
- 汽车保养与维护
- 汽车机械基础
- 汽车美容与装饰
- 汽车电子控制技术
- 汽车底盘构造与维修
- 电控发动机原理与维修
- 汽车安全舒适系统原理与维修
- 电控柴油发动机构造与维修
- 汽车车身构造与修复
- 汽车检测与故障诊断技术
- 汽车电学基础
- 汽车构造
- 汽车文化与概论

各汽车院校与职业培训机构可以根据自开专业的教学需要选取不同的模块教材。本套教材的目的在于采用情境化教学，实施情境化教学，大大提升学生的学习兴趣、分析问题的能力和动手能力，同时也为教师教学带来更多方便，使专业教学更轻松、更具实效性。

# 目　录

# 第一部分

# 概述

要排除发动机电控系统的故障，首先应熟悉发动机电子控制系统各部分的结构和工作原理。其次，针对某个故障，应用所掌握的相关知识进行分析，找出症结所在，然后对故障进行维修，直至故障完全排除。

## 情境：发动机电子控制技术概述

**电子控制系统包括发动机运行状况的各种传感器、电控单元和执行器三部分。电子控制系统的作用是接收来自表示发动机工作状态的各个传感器送来的信号，并根据ECU预置的程序，对喷油时刻、喷油量以及点火时刻等进行控制。**

随着计算机控制功能的不断扩展，其控制项目也在不断增加，如怠速控制等，形成了多功能控制的集中管理控制系统。

### 一、传感器

传感器是一种信号转换装置，安装在发动机的各个部位，其作用是检测发动机运行状态的各种电量参数、物理量和化学量等，并将这些参量转换成计算机能够识别的电量信号输入电控单元。

车用传感器分类可见表1-1。电控发动机传感器主要包括空气流量计或进气歧管压力传感器、曲轴位置传感器/凸轮轴位置传感器、节气门位置传感器等，具体可见表1-2。

◎**表1-1 车用传感器分类**

| 类型 | | 释义 |
|---|---|---|
| 按能量关系 | 主动型 | 不需额外增加增加电源，本身可以在一定条件下产生电信号的传感器。发动机电控系统中的爆燃传感器就属于此类 |
| | 被动性 | 需要外加输入电源才能在移动条件下产生电信号的传感器。汽车中大多数传感器属于此类，例如进气压力、节气门位置、曲轴/凸轮轴转速传感器等 |
| 按信号转换关系 | 非电量转换传感器 | 两种非电量信号之间的转换，在此过程中没有电量信号参与。例如弹性敏感元件和气动传感器 |
| | 电量转换传感器 | 由一种非电量信号转换成电量信号，或者两种电量信号之间的转换传感器。例如温度传感器、压电式传感器等 |
| 按输入量 | | 即被测量的分类，可分为位移、速度、力、力矩、压力、真空度、温度、电流、气体流量、浓度传感器等 |
| 按工作原理 | | 包括电阻式、电容式、应变式、电感式、光电式、光敏式、压电式、热电式等 |

（续表）

| 类型 | | 释义 |
| --- | --- | --- |
| 按输出信号 | 模拟式 | 根据一定的条件输出模拟电信号的传感器。例如温度传感器、压力传感器等 |
| | 数字式 | 根据一定的条件能够输出数字信号的传感器 |
| 按功能 | | 根据功能可以将传感器分给反映汽车运行特征的传感器和控制汽车运行的传感器：前者是向驾驶员反映汽车行驶运行的状况的传感器，如发动机转速表传感器、里程表传感器、冷却液温度表传感器等；后者是汽车电控单元控制汽车各部分工作必须的传感器，例如节气门位置传感器、进气测量传感器（进气压力、温度、空气流量计等）、曲轴/凸轮轴位置传感器 |

◎表1-2 电控发动机主要传感器

| 传感器 | 分类 | 一般安装位置 | 作用 |
| --- | --- | --- | --- |
| 空气流量计（AFS） | 翼片式、热线/热膜式、卡门涡旋式、量芯式 | 进气管上 | 检测进入发动机的进气量信号并输入电控单元。空气量信号是确定基本燃油喷射量的基本信号 |
| 进气歧管压力传感器（MAP） | 压敏电阻式、电容式、膜盒式、表面弹性波式 | 进气歧管上 | 根据发动机的负荷大小测出进气歧管内的绝对压力，并转换成电信号一起送入ECU，作为决定基本喷油量的依据 |
| 曲轴位置传感器（CPS） | 磁感应式、光电式、霍尔式 | 分电器或曲轴前端皮带轮之后 | 检测发动机曲轴转角和转速信号。这两项是发动机燃油喷射控制和点火控制的基本信号 |
| 凸轮轴位置传感器（CIS） | 磁感应式、光电式、霍尔式 | 分电器或曲轴前端皮带轮之后 | 检测活塞上止点位置，判别是哪一个缸将进行做功工作。在有一些分电器车型里面并不需要凸轮轴位置传感器信号。在相当一部分汽车上，曲轴位置传感器和凸轮轴位置传感器是制做成一体的，统称为曲轴位置传感器 |
| 节气门位置传感器（TP） | 开关式、线性式 | 节气门体上 | 检测节气门开度和加、减速信号。如节气门全开、全闭和部分开启等，通过电脑对节气门开度信号进行处理，即可得到加、减速信号，用于燃油喷射控制及其他辅助控制（如EGR、开闭环控制等） |
| 进气温度传感器（IAT） | 负温度系数热敏电阻式 | 进气管上 | 检测供给发动机的空气温度信号，作为计算空气量的修正信号。一般用于D型电控系统上 |
| 冷却液温度传感器（CTS） | 负温度系数热敏电阻式 | 冷却水道上 | 亦称“水温传感器”。其作用是检测发动机冷却液温度信号，用于启动控制、空调控制、风扇控制等 |
| 氧传感器信号（$O_2S$） | 氧化钛式、氧化锆式 | 排气管上 | 通过检测废气中氧离子的含量检测空燃比信号，ECU根据氧传感器的反馈信号对喷油量进行修正，控制混合气的成分 |
| 爆燃传感器（DS） | 共振型、非共振型、垫圈型 | 发动机缸体上（垫圈型一般装于火花塞垫圈与气缸盖间） | 检测发动机有无爆燃信号。作为点火提前角的反馈信号 |

由于电子技术在汽车上的应用越来越广泛，集成控制和智能控制将成为未来汽车的发展趋势。车用传感器将变得越来越重要，种类也将会越来越多。

## 二、控制器

**电子控制器又被称为电控单元（ECU或ECM），俗称电脑，是发动机控制系统的核心部件。其功用是根据各种传感器和控制开关输入的信号参数对喷油量、喷油时刻和点火时刻等进行实时控制。**发动机工作时，节气门位置传感器（TPS）检测驾驶员操作的节气门开度信号，空气流量传感器（AFS）检测进入气缸的空气量，曲轴位置传感器（CPS）检测发动机的转速信号，这三个信号作为确定汽油喷射量的主要信息被输入电控单元（ECU），再由ECU计算确定基本喷油量；与此同时，ECU还要根据水温传感器、进气温度传感器和氧传感器等输入的信息计算确定辅助喷油量，用以对基本喷油量进行必要的修正，最终确定实际喷油量；当实际喷油量确定后，ECU再根据曲轴位置传感器输入的曲轴转速与转角信号、凸轮轴位置传感器输入的第一缸活塞上止点位置信号，确定最佳喷油时刻和最佳点火时刻，并向各执行器发出指令信号，控制喷油器、点火线圈、怠速控制阀等动作。

电控单元主要由以下几个部分组成：

### 1. 中央处理器

中央处理器是汽车电子控制单元的核心，具有译码指令和数据处理能力。其作用是对各种反映汽车工况的输入信号进行数学运算和逻辑判定，确定在此工况下汽车运行的最佳控制参数。

### 2. 存储器

存储器分为只读存储器（ROM）和随机存储器（RAM）两种。只读存储器一旦写入程序则不能再更改，因此在汽车电控系统上被用来存储汽车厂家编制的控制程序、运行程序和原始数据（如喷射系统最佳混合气的喷油三维脉谱图数据、最佳点火提前角三维脉谱图数据等）。随机存储器的内部信息可随时写入或读出，也可随时改写，同时也会因突然断电而导致信息丢失，因此只用来存储单片机工作时暂时需存储的数据（如故障代码、空燃比修正数据等）。

### 3. 输入/输出接口

I/O接口是CPU与传感器或执行器之间进行数据交换和下达控制指令的通道。它们的作用是协调和控制各种传感器或执行器的信号速度、频率等并与CPU匹配。

### 4. 总线

总线是电脑内部传递信息的电路连线。在单片机内部，CPU、ROM、RAM与I/O接口的信息交换都是通过总线来实现的。按传递信息的不同，总线可分为数据总线、地址总线、控制总线三种。

### 5. 驱动回路

由于微机只能输出微弱的电信号，不能直接驱动各种执行器，因此需进行放大、译码等步骤。输出回路作为单片机与执行器之间的中继站，其作用是根据微机发出的指令控制执行器动作。主要包括喷油驱动器、点火控制器、怠速电机驱动模块等。

捷达ATK发动机控制电脑结构如图1-1所示。

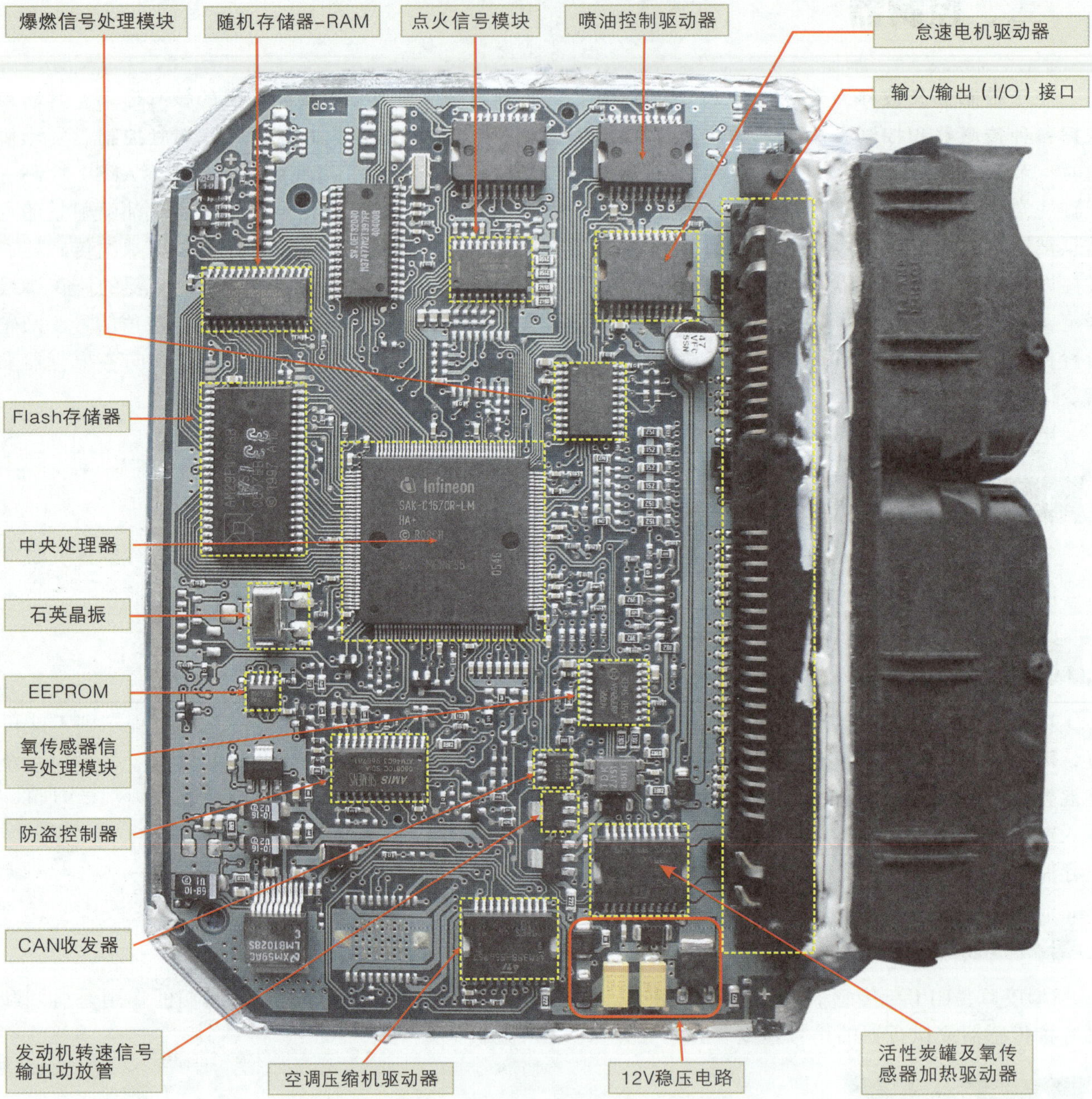


图1-1　捷达ATK发动机控制电脑结构

## 三、执行器

**执行器又被称为执行元件，是控制系统的执行机构，其功用是接受电控单元(ECU)的控制指令，完成具体的控制动作。**发动机电子控制系统常见的执行器有：

### 1. 电动燃油泵

供给燃油喷射系统规定压力的燃油。

## 2. 喷油器

根据ECU的喷油脉冲信号精确计量燃油喷射量。

## 3. 冷启动喷油器及热限时开关

根据ECU的喷油脉冲信号和发动机冷却液温度信号控制发动机启动时的喷油量和喷油持续时间。

## 4. 怠速控制阀（ISC或ISCV）

怠速控制阀（ISC或ISCV）的作用是控制发动机的怠速转速。控制内容包括两个方面：一方面是在发动机正常怠速运转时稳定怠速转速，达到防止发动机熄火和降低燃油消耗的目的；另一方面是在发动机怠速运转状态下，当发动机负载增加（如接通空调器、动力转向器或液力变矩器等）时，自动提高怠速转速（即快怠速），防止发动机熄火。

## 5. 活性炭罐电磁阀（VSV）

活性炭罐电磁阀的作用是根据电控单元的控制指令信号回收发动机内部的燃油蒸汽，以减少排气污染。

## 6. EGR电磁阀

根据电控单元的控制指令信号接通真空与EGR阀，使得部分废气被吸入进气歧管并进入气缸燃烧，以使降低发动机功率和温度，有效控制废气中$NO_x$含量，改善尾气排放，同时有助于防止爆燃的发生。

## 思考与练习

### 一、填空题

1. 电子控制系统包括 ____________、____________和____________三部分。

2. 电子控制系统的作用是接收各个传感器送来的信号，根据ECU预置的程序，对 __________、以及____________等进行控制。

3. __________ 是发动机控制系统的核心部件。

4. 电控单元主要由__________、__________、__________、__________ 和 __________ 等部分组成。

5. __________ 接受电控单元（ECU）的控制指令，完成具体的控制动作。

### 二、选择题

1. 冷启动喷油器的喷油量和喷油持续时间是根据ECU的喷油脉冲信号和（　　）来决定的

A. 氧传感器信号　　B. 发动机冷却液温度传感器信号

C. 空气流量计信号　　D. 进气温度传感器信号

2. 在曲轴位置传感器的类型中不包括（　　）

A. 磁感应式　　B. 光电式

C. 电容式　　D. 霍尔式

3. ECU中的随机存储器（RAM）主要用来存储（　　）

A. 故障码　　B. 控制程序

C. 运行程序　　D. 原始数据

# 第二部分

# 发动机电控系统

一辆帕萨特轿车发动机怠速不稳，急加速时有“坐车”现象。用V.A.G1551故障阅读仪读取数据流，发现发动机空气质量流量仅为1.4g/s，而正常应为2.0~4.0g/s。

对于以上故障，很明显是空气供给系统方面出现故障。因此，我们首先来了解一下空气供给系统的组成部分以及空气供给系统对电控汽车的影响。

## 情境一：空气供给系统

### 一、空气供给系统简介

**空气供给系统为发动机提供必要的空气，并测量出进入气缸的空气量。**

电控汽车燃油喷射系统测量空气流量的方式有三种。**一种是质量流量式，另一种是速度密度式，第三种是节流速度式。**

#### 1. 质量流量式

利用空气流量计直接测量进入的空气量的测量方式。空气流量计主要有叶片式、热线/热膜式等几种。其空气进入路径如图2-1（a）（b）所示。

热线/热膜式空气流量计直接测量进气质量，精度高；而叶片式空气流量计测得的是吸入空气的体积，还需要根据进气温度与大气压力等信息计算出空气质量，故在现代汽车上应用并不广泛。

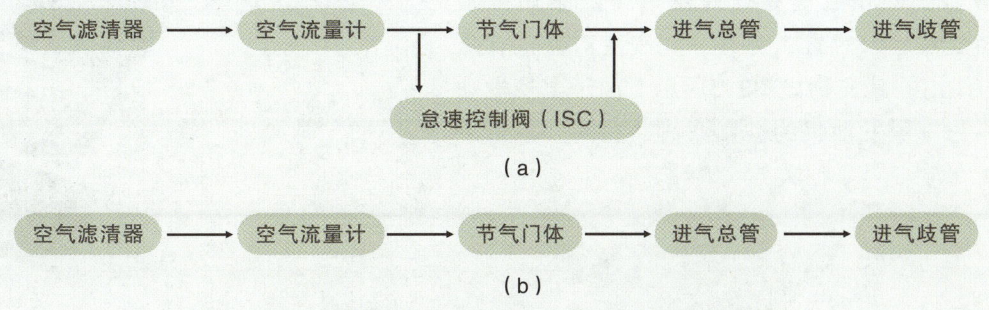


**图2-1　质量流量式空气供给系统空气进入路程**

### 2. 速度密度式

利用绝对压力传感器测出进气歧管的绝对压力的测量方式。根据进气歧管绝对压力和发动机转速推算出每一循环吸入发动机的空气量，其与质量流量方式的区别在于用压力传感器代替了空气流量计，空气进入路径如图2-2（a）（b）所示。

由于空气在进气歧管内是不断变化的，因此，不易精确检测吸入的空气量。

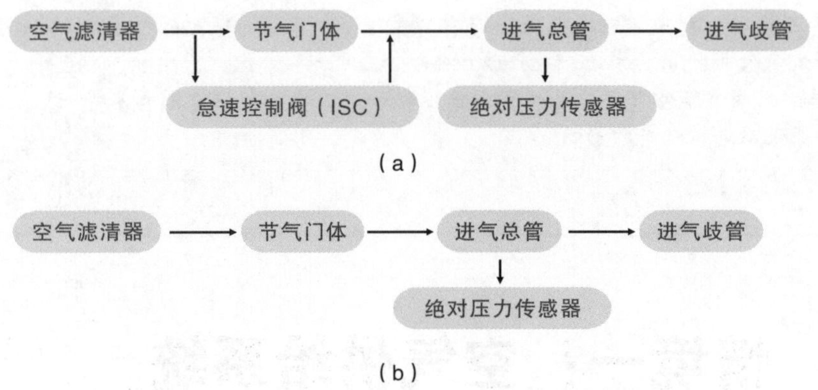


图2-2　速度密度式空气供给系统空气进入路径

### 3. 节流速度式

利用节流阀开度和发动机转速来间接计算进气质量的测量方式，又称为a/n方式。因其很少在民用车上使用，故本书不做介绍。

## 二、空气供给系统组成

**空气供给系统主要由空气滤清器、空气流量计或进气歧管绝对压力传感器、节气门体等组成。**

### 1. 空气滤清器

**空气滤清器的功用主要是滤除空气中的杂质或灰尘，让洁净的空气进入气缸。**另外，空气滤清器也有降低进气噪声的作用，其实物如图2-3所示。由于电控发动机空气滤清器与一般发动机的空气滤清器相同，本书不作过多介绍。

图2-3　空气滤清器

## 2. 空气测量装置

空气测量装置一般安装于空气滤清器后的进气管道中，如图2-4所示。它的作用是测量进入气缸的空气量，并将其转化为电信号送入发动机控制单元，用于喷油量控制。

在L型电子控制燃油喷射发动机中应用的空气测量装置主要有翼片式空气流量计、卡门旋涡式空气流量计、热线式空气流量计和热膜式空气流量计；在D型电子控制燃油喷射发动机中应用的是进气歧管绝对压力传感器。

图2-4　空气测量装置安装位置

### （1）翼片式空气流量计

翼片式空气流量计结构如图2-5所示，两个铸成一体的测量翼片和缓冲翼片是主要部件，被安装在空气流量计壳体上的翼片转轴上；螺旋复位弹簧安装在电位计部分内；空气旁通气道也设置在空气流量计上。

翼片式空气流量计

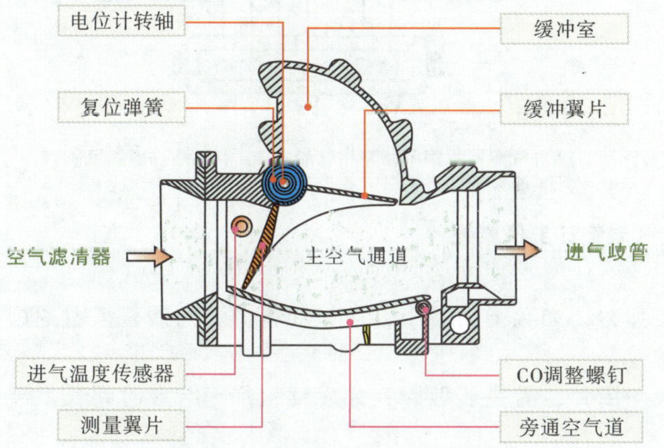


图2-5　翼片式空气流量计结构

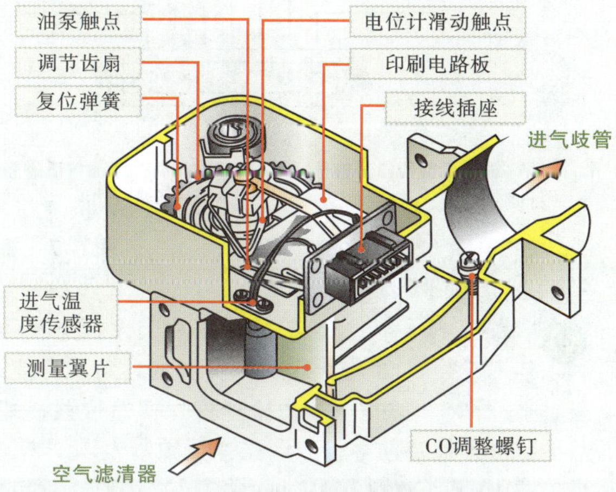


图2-6　电位计结构

测量翼片随空气流量的变化在主空气通道内偏转，缓冲翼片在缓冲室内偏转。缓冲室内的空气阻力对缓冲翼片起阻尼作用（当发动机吸入的空气量急剧变化和气流脉动时，能够减小测量翼片的脉动）以保证输出信号平稳。当复位弹簧的弹力与吸入的空气气流对测量翼片的推力平衡时，翼片即处于某一稳定位置。

空气流量计主空气道下方，设置有空气旁通通道，在旁通通道的一侧设有可改变旁通空气量的CO调整螺钉，以便在小空气流量时对空气流量计的输出特性进行调节。

电位计部分布置在空气流量计壳体上方，由油泵触点、电位计滑动触点、螺旋复位弹簧、调节齿扇和印刷电路板组成，如图2-6所示。

螺旋复位弹簧的一端固定在翼片转轴上，另一端固定在调整齿圈上，调整齿圈由一卡簧锁止。调整齿圈上有刻度标记，改变调整齿圈的固定位置，可以调整弹簧的预紧力，以便在使用中调整空气流量计的输出特性。翼片转轴上端固定着平衡配重和滑臂，随测量翼片一起转动，滑臂与印刷电路上的镀膜电阻接触，并在其上滑动。印刷电路板采用陶瓷基镀膜工艺制成。

**工作原理：**

如图2-7所示，当吸入发动机的空气流过传感器主进气道时，传感器测量翼片就会受到空气气流压力产生的推力力矩和复位弹簧弹力力矩的作用。当空气流量增大时，气流压力对翼片产生的推力力矩增大，推力力矩克服弹力力矩使测量翼片偏转角度增大，直到推力力矩与复位弹簧力矩平衡为止。进气量越大，测量叶片偏转角度也就越大。因为叶片总成和电位计的滑臂均固定在转轴上，所以在翼片偏转的同时，滑臂也随之偏转。当空气流量增大时，端子$V_C$与$V_S$之间的电阻值减小，两端子之间输出的信号电压$U_S$降低。

当空气流量减小时，气流压力对翼片产生的推力力矩减小，推力力矩克服弹力力矩使翼片偏转的角度减小，端子$V_C$与$V_S$之间的电阻值增大，两端子之间输出的信号电压$V_S$升高。

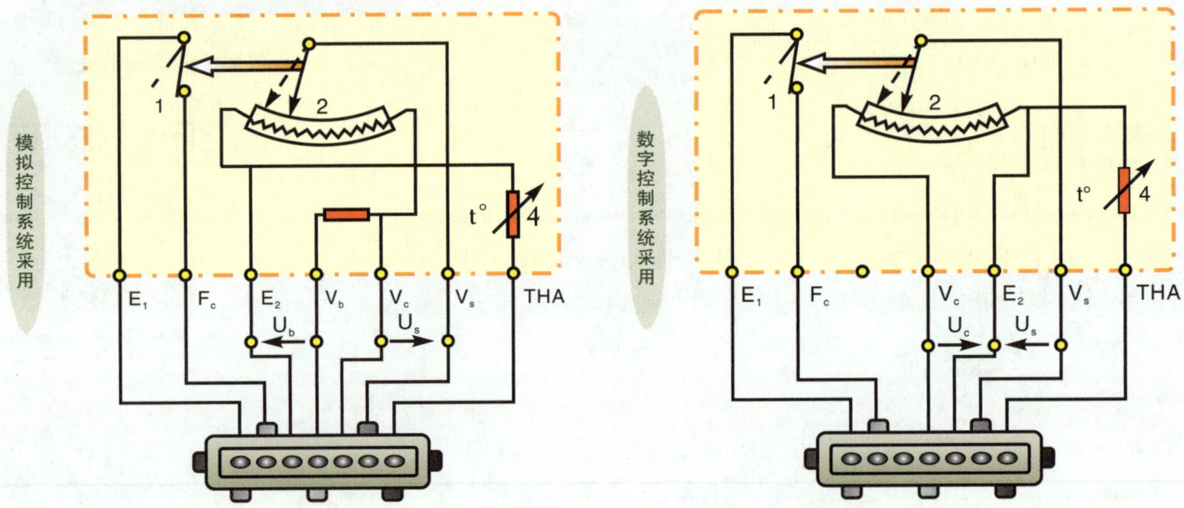


THA–进气温度传感器信号　$U_S$–空气流量传感器输出信号　$V_C$–空气流量传感器输出信号　$V_B$–电源电压

$F_C$–油泵开关　$E_2$–搭铁　$E_1$–油泵开关搭铁

**图2-7　翼片式空气流量计工作原理**

**检测：**

①检查翼片工作状态及回位弹簧弹力，如果弹力减小，应拨动电位计内调整齿圈的齿增大回位弹簧弹力，每次只能调1~2个齿。

②检查翼片初始位置，即进气量与翼片位置是否匹配；如发动机加速响应时间长、动力不足、不能启动等，应调整弹簧预紧力。

③检测ECU侧$V_b$、$V_c$、$V_s$和THA与端子$E_2$间的电压。将点火开关置于“ON”，测量到$V_b$与$E_2$端子间的电压应为13.5V，$V_c$与$E_2$端子间电压应为10V，测量时轻推计量板，它的值几乎不变。测量$V_s$与$E_2$端子间的电压时，不但要读取流量计全关和全开时的电压，而且要让计量板从全关状态慢慢开启，直到全开，检查电压上升情况。全闭时电压应为2.5V，全开时为8V。

④检测空气流量计的电阻。将点火开关置于“OFF”，拔下空气流量计插接器，测量到$V_b$与$E_2$之间的电阻约为400Ω，$V_c$与$E_2$间的电阻约为300Ω；测量$V_s$与$E_2$之间电阻时，应将计量板从关闭位置缓慢打开，阻值应逐渐增大，关闭时为50Ω，全开时为200Ω；测量THA与$E_2$之间的电阻（即进气温度传感器的阻值），其阻值随车型和温度的不同而变化；检查油泵开关，计量板（翼板）稍开，$F_c$和$E_1$之间的电阻应为0，即触点处于“ON”状态，当计量板全关闭时阻值为∞。

丰田PREVIA翼片式传感器检测数据如表2-1所示。

**◎表2-1　翼板式空气流量传感器各端子间的电阻（丰田PREVIA）**

| 端子 | 标准电阻（kΩ） | 温度（℃） |
|---|---|---|
| $V_s$-$E_2$ | 0.20~0.60 | — |
| $V_c$-$E_2$ | 0.20~0.60 | — |
| | 10.00~20.00 | -20 |
| | 4.00~7.00 | 0 |

| 端子 | 标准电阻（kΩ） | 温度（℃） |
|---|---|---|
| THA-$E_2$ | 2.00~3.00 | 20 |
| | 0.90~1.30 | 20 |
| | 0.40~0.70 | 60 |
| $F_c$-$E_1$ | 不定 | - |

| 端子 | 标准电阻（kΩ） | 测量条件 |
|---|---|---|
| $F_c$-$E_1$ | ∞ | 测量片全关闭 |
| | 0 | 测量片开启 |
| $V_s$-$E_2$ | 200~600 | 全关闭 |
| | 20~1200 | 从全关到全开 |

### （2）热线式空气流量计

热线式空气流量计的基本构造如图2-8所示，它主要由铂丝制成的热线（发热体）、温度补偿电阻、控制热线电流并输出信号的控制电路、采样管和流量计壳体等组成。

根据铂丝热线在流量计中安装位置的不同，又分为主流测量方式和旁通测量方式两种结构形式。

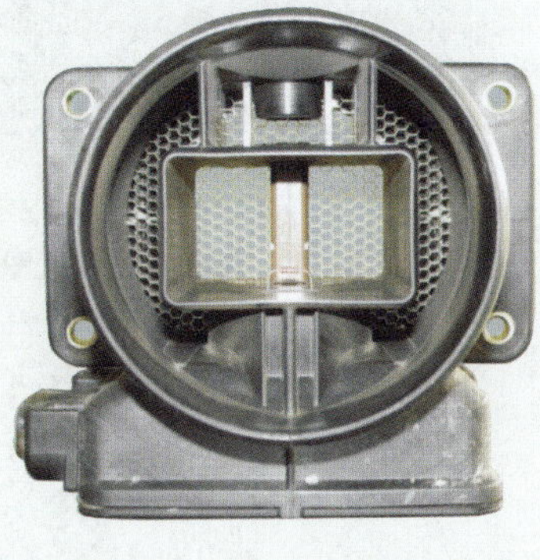


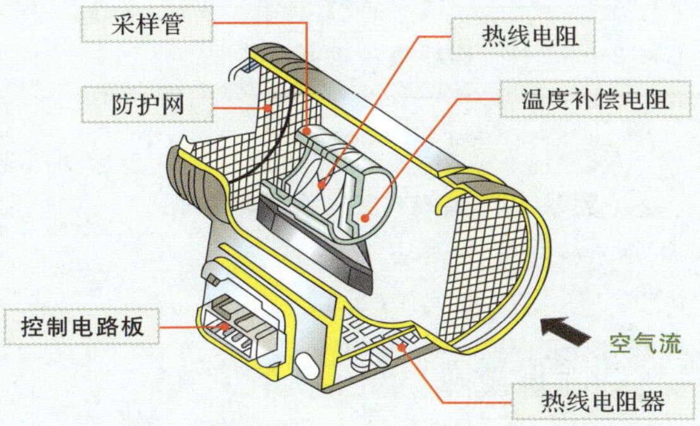


图2-8　热流式空气流量计的构造

**工作原理：**

如图2-9所示，当温度较低的进气气流流过放置在空气通道中温度较高的热线时，热线与空气发生热量交换，使热线温度下降。通过热线的空气质量流量越大，被空气带走的热量也越多，热线温度下降幅度越大。由于热线是惠斯顿平衡电桥电路的一个组成部分（即电阻$R_2$）当热线温度下降、电阻值发生变化时，电桥出现不平衡。为了使电桥平衡，必须加人流过热线的电流，使热线温度升高，阻值恢复到使电桥平衡的值。由此可知，流过热线的空气质量越大，空气带走的热量也越多，为保持电桥平衡，维持热线温度所需的电流也越大，反之则越小。热线式空气流量计正是利用流过热线的空气质量与保持热线温度所需热线电流的对应关系测量空气的质量流量的。发动机工作时，热线所需的加热电流一般在50~120mA之间。

为了克服热线易受污染的缺陷，有些电控系统在控制单元（ECU）中设有自洁电路，在发动机熄火后，自动将热线加热至1 000℃，持续1s，将尘埃烧掉；也有一些电控系统将热线的保持温度提高至200℃，防止污染物沾污热线。

热线式空气流量计

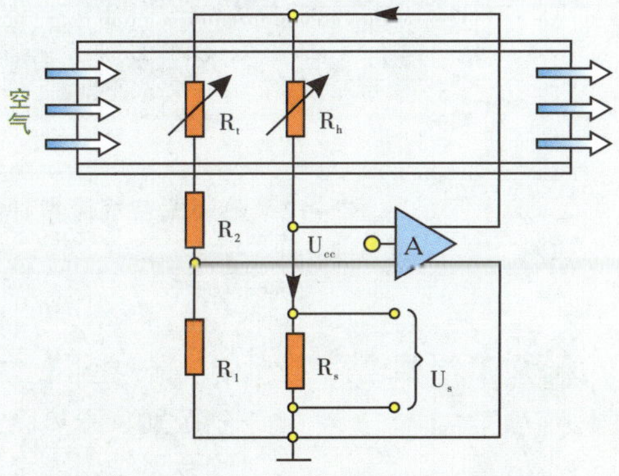


图2-9　热线式空气流量计的工作原理

**检测：**

①空气流量计输出电压信号的检查

如图2-10所示，检查时拔下空气流量计的插接器，拆下空气流量计。把蓄电池电压施加于流量计端子电源与地之间，然后测量输出端子与地之间的电压，其标准值在1.1~2.1V（NISSAN VG30E）之间。若电压值不符，则需要更换空气流量计。在进行上述检查后，从热线式空气流量计进气口吹风，与此同时，测量输出端子与地之间的信号电压，电压值应为2.4V。

②自洁功能检查

装好空气流量计及其插接器，启动发动机，并高速运转，然后使发动机熄火。当发动机熄火5s后，从空气流量计的进气口处可以观察到热线自动烧红1s。如无此现象发生，需测量自洁信号或更换空气流量计，如图2-11所示。

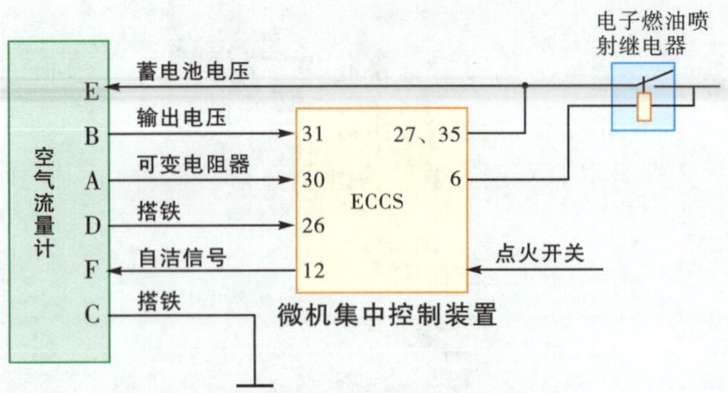


图2-10　热线式空气流量计电路

2-11　自洁功能示意图

## （3）热膜式空气流量计

热膜式空气流量计的结构如图2-12所示。

热膜式空气流量计

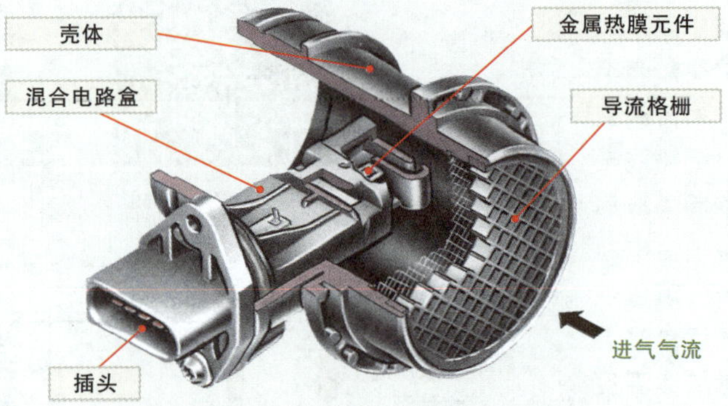


图2-12　热膜式空气流量计的结构

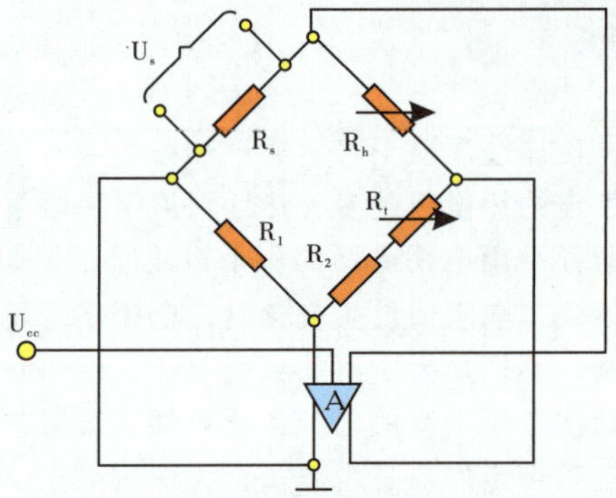


图2-13　热膜式空气流量计工作原理

**工作原理：**

如图2-13所示，热膜式空气流量计的工作原理与热线式空气流量计基本相同。唯一区别在于热膜式空气流量计的发热体由热线改为热膜。热膜为固定在薄的树脂膜上的金属铂，或者用厚膜工艺将热线、冷线、精密电阻镀在一块陶瓷片上，有效地降低了制造成本。

热膜式空气流量计的发热体不直接承受空气流动所产生的作用力，从而提高了发热体的强度和工作可靠性，且结构简单，使用寿命长，不易受尘埃污染。这种流量计的主要缺点是空气流速不均匀，易影响测量精度。采用这种空气流量计的车型有上海大众的桑塔纳2000型时代超人、马自达626等。

大多数国产大众系列乘用车都采用热膜式空气流量计。在使用中经常会出现因空气流量计性能衰减而导致发动机出现故障的现象；但发动机ECU并不储存有关空气流量计的故障代码，这是因为空气流量计的性能并未完全丧失。

## （4）卡门旋涡式空气流量计

主要由设置在空气通道中央的锥状卡门旋涡发生器和相应的旋涡检测装置等组成。当空气流过卡门旋涡发生器时，在其后部将会不断产生卡门旋涡。在单位时间内产生的卡门旋涡的个数（即发生频率）与气流的速度有关，只要测出卡门旋涡的发生频率，即可得出空气流量的大小。

检测卡门旋涡频率有两种方法：反光镜检测方式和超声波检测。

卡门旋涡式空气流量计的结构如图2-14所示。

卡门旋涡式
空气流量计

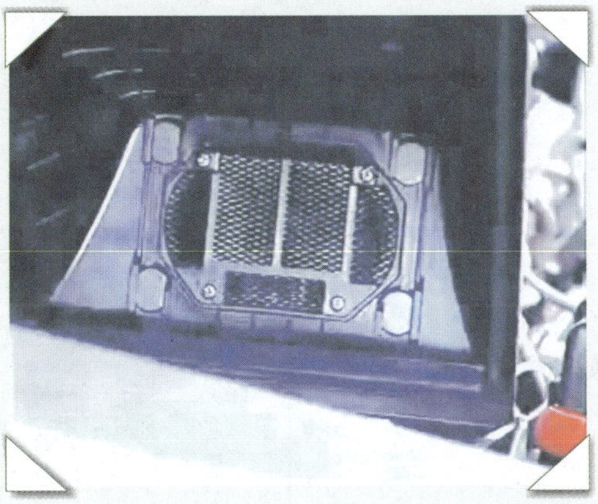

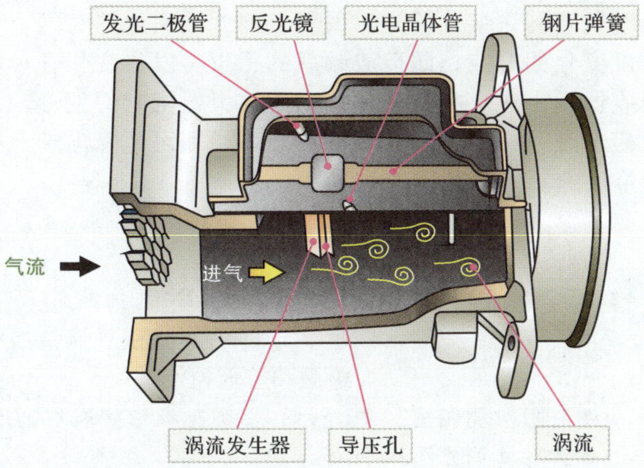


图2-14 卡门旋涡式空气流量计结构

**检测方法1:**

**反光镜检测法：**

反光镜检测方式的旋涡检测装置由反光镜、发光二极管和光敏晶体管、板弹簧等组成，如图2-15所示。

当空气流过卡门旋涡发生器时，受交替产生的卡门旋涡的影响，发生器两侧压力也交替发生变化。用导压孔把旋涡发生器两侧的压力引到薄金属制成的反光镜背面，受发生器两侧交替变化压力的作用、反光镜将产生与旋涡发生频率相同的偏转振动，如图2-16所示。在反光镜产生偏转振动的同时，发光二极管投射到反光镜上的反射光束的方向也以相同的频率变化。当发射光束发射到光敏晶体管上时，光敏晶体管输出高电平，反之则为低电平。对应连续产生的卡门旋涡，光敏晶体管输出与之对应的脉冲数，通过对光敏晶体管发出的电脉冲计数，即可算出旋涡的发生频率，进而算出空气的流速和体积流量。

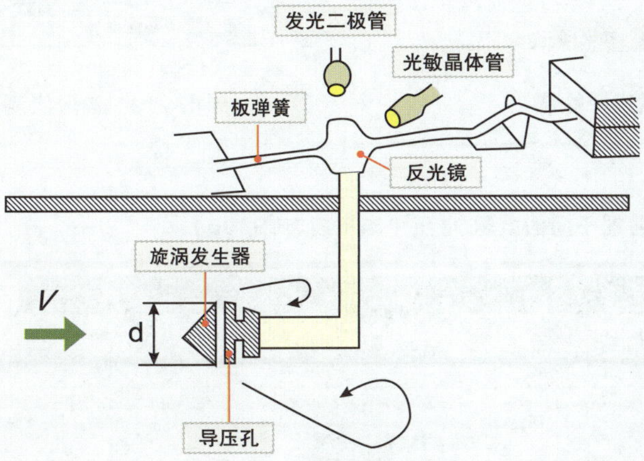


图2-15 反光镜检测方式

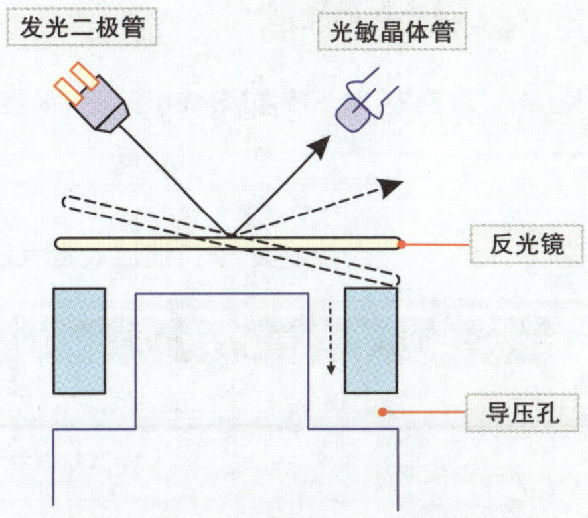


图2-16 反光镜检测方式原理

## 检测方法2:

**超声波检测法：**

超声波检测方式的检测装置由超声波信号发生器、超声波接收器等组成。它是利用卡门旋涡会使通道横截面空气密度发生变化这一现象来测量旋涡的发生频率。超声波信号发生器安装在空气流动的垂直方向，在它的对面装有超声波接收器，如图2-17所示。

发动机运行时，超声波信号发生器不断地向接收器发出一定频率的超声波。当超声波通过发动机进气气流到达接收器时，因受卡门旋涡引起的空气密度变化的影响，超声波频率的相位将发生变化，接收器测出这一相位变化，利用放大器把它们整形为矩形波，根据矩形波的脉冲频率，即可计算出卡门旋涡的发生频率。

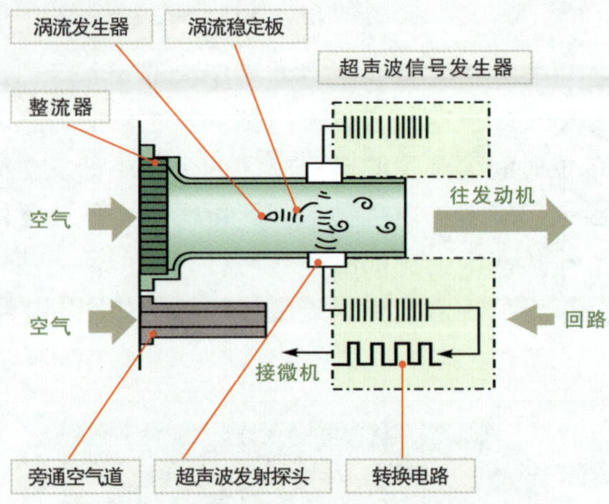


**图2-17　超声波检测方式**

## 示例检测：

以凌志LS400为例。

卡门涡旋式空气流量的检测项目有电阻检测和波形检测。

◆电阻检测如图2-18所示，其数据参数如表2-2所示。

◆波形检测如图2-19所示。

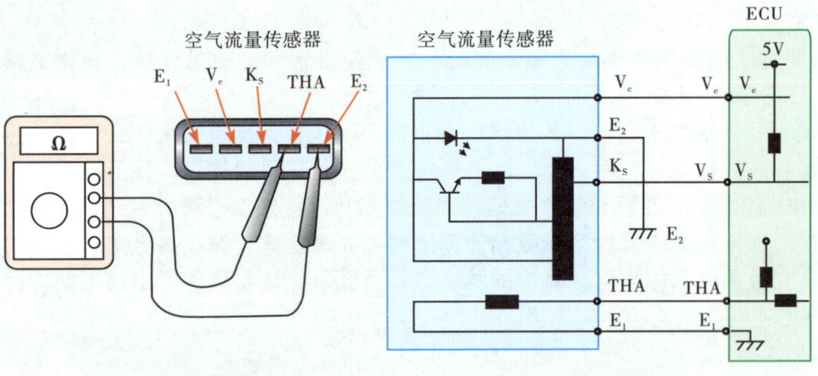


（a）测量示意图　（b）电路图

**图2-18　凌志LS400车卡门涡旋式空气流量电阻检测**

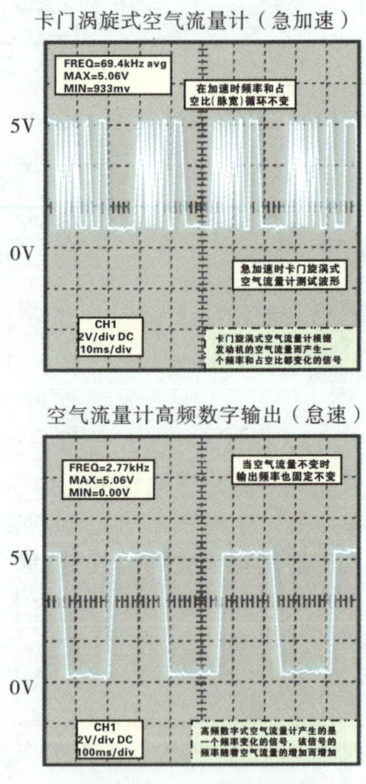


**图2-19　波形检测**

◎**表2-2 卡门涡旋式空气流量传感器各端子间的电阻/电压（丰田凌志LS400）**

| 端子 | 标准电阻（kΩ） | 温度（℃） |
|---|---|---|
| THA-$E_2$ | 10.0~20.0 | -20 |
| | 4.0~7.0 | 0 |
| | 2.0~3.0 | 20 |
| | 0.9~1.3 | 40 |
| | 0.4~0.7 | 60 |

| 端子 | 标准电压（V） | 条件 |
|---|---|---|
| THA-$E_2$ | 0.5~3.4 | 怠速、进气温度20℃ |
| $K_S$-$E_1$ | 4.5~5.5 | 点火开关ON |
| | 2.0~4.0（脉冲形式） | 怠速 |
| $V_c$-$E_1$ | 4.5~4.5 | 点火开关ON |

## （5）进气歧管绝对压力传感器

进气歧管绝对压力传感器一般装于发动机机舱内，用一根真空管与进气歧管相接或直接装在节气门后方的进气歧管上，如图2-20所示。

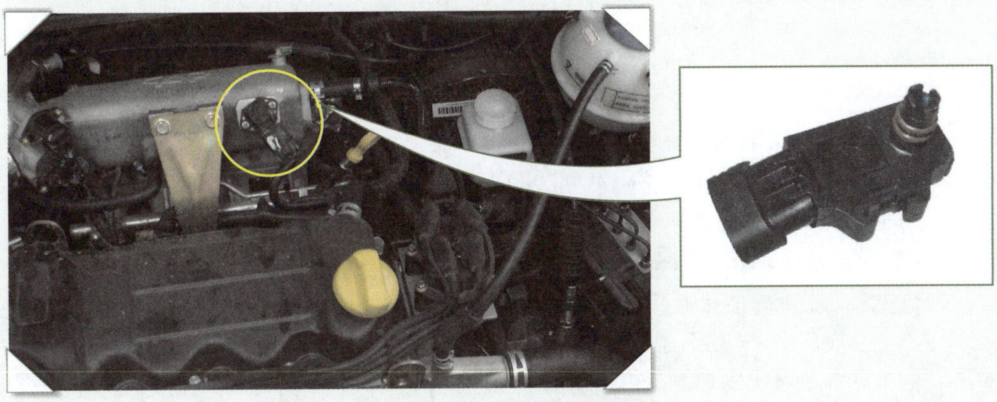

图2-20 进气歧管绝对压力传感器位置

进气歧管绝对压力传感器

在D型电控燃油喷射系统中，由进气管绝对压力传感器测量进气管压力，并将信号输入ECU，作为燃油喷射和点火控制的主控制信号。

**进气管绝对压力传感器的种类较多，按其检测原理可分为压敏电阻式、电容式、膜盒式、表面弹性波式等。在D型**电控燃油喷射系统中应用最多的有**压敏电阻式和电容式**两种。

### ①压敏电阻式

如图2-21所示是压敏电阻式进气歧管绝对压力传感器。它由压力转换元件和对输出信号进行放大的混合集成电路等构成。

压力转换元件是利用半导体压阻效应制成的硅膜片。硅膜片为边长约3mm的正方形，其中部经光刻腐蚀形成直径约2mm、厚约50μm的薄膜。在膜片表面规定位置有四个应变电阻，以惠斯顿电桥方式连接，如图2-22所示。

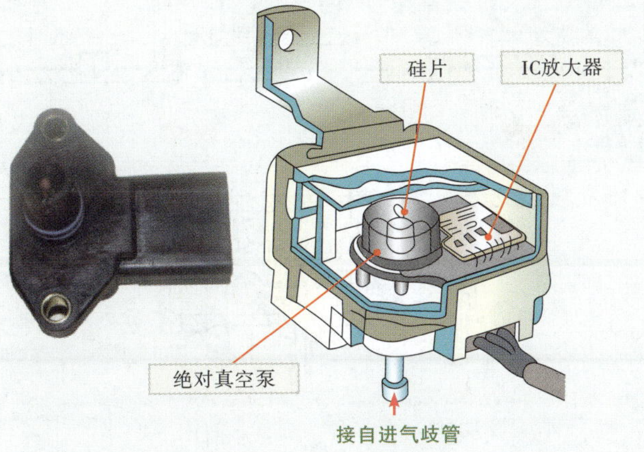


图2-21 压敏电阻式进气管绝对压力传感器

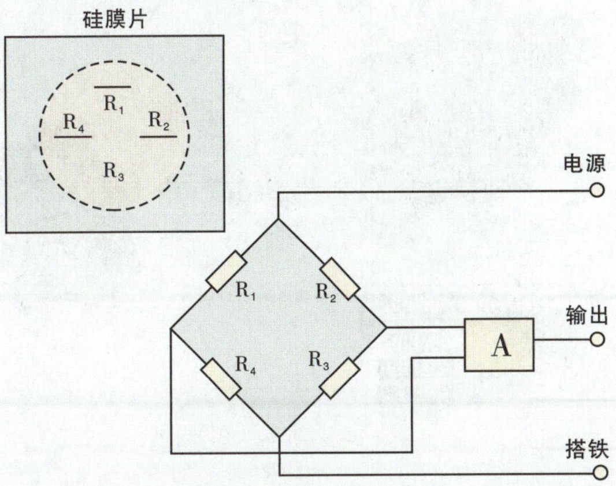


图2-22 压敏电阻式压力传感器工作原理

硅膜片的一侧是真空室，另一侧导入进气歧管压力。进气歧管侧的绝对压力（即进气歧管压力）越高，硅膜片的变形程度越大，其变形程度与压力成正比，膜片上的应变电阻阻值的变化也与变形程度成正比。这样就可利用惠斯顿电桥将硅膜片的变形转换成电信号。由于压力转换元件输出的电信号很弱，所以需用混合集成电路进行放大后才输出。

压敏电阻在早期的电控汽油喷射系统中应用较为广泛，如博世的DJetronic系统及丰田HIACE小客车2RZ-E发动机和丰田皇冠3.0车的2JZ-GE发动机等。

### ②电容式

位于传感器壳体内腔的弹性膜片用金属制成，弹性膜片上、下两个凹玻璃的表面也均有金属涂层，这样在弹性膜片与两个金属涂层之间形成了两个串联的电容，如图2-23所示。

**工作原理：** 利用电容效应检测进气管绝对压力。发动机工作时，进气管内的空气压力作用于弹性膜片上，使弹性膜片产生位移，弹性膜片与两个金属涂层之间的距离发生变化，一个距离减小，而另一个距离增大，在弹性膜片与两个金属涂层之间形成的两个电容的电容量也就一个增加，另一个则减小。电容量的变化量与弹性膜片的位移成正比，而弹性膜片的位移取决于上、下两个空腔的气体压力，只要弹性膜片上部的空腔为绝对真空，下部空腔通进气管，则可通过检测电容量的变化来检测进气管的绝对压力。电容量的变化量再经过测量电路转换成电压信号输送给ECU，测量电路可以是电容电桥电路或谐振电路等。

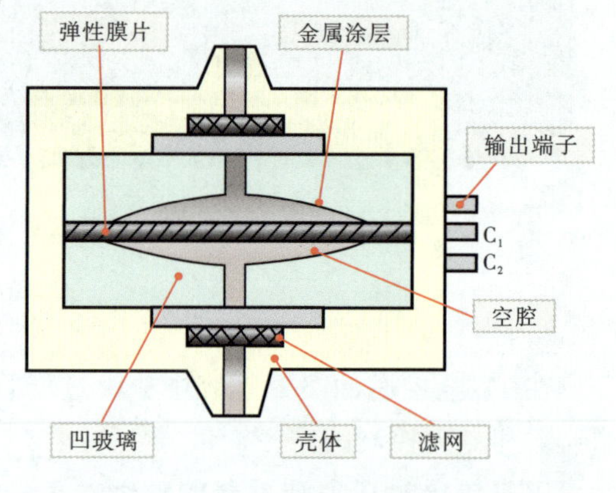


**图2-23　电容式进气管绝对压力传感器**

## 3. 节气门体

**节气门体装在空气流量计和发动机进气总管之间。它由节气门、怠速旁通气道、怠速调节螺钉、辅助空气阀等组成，如图2-24所示。**节气门与加速踏板联动，驾驶员通过加速踏板控制节气门开度，对发动机的输出功率进行控制。

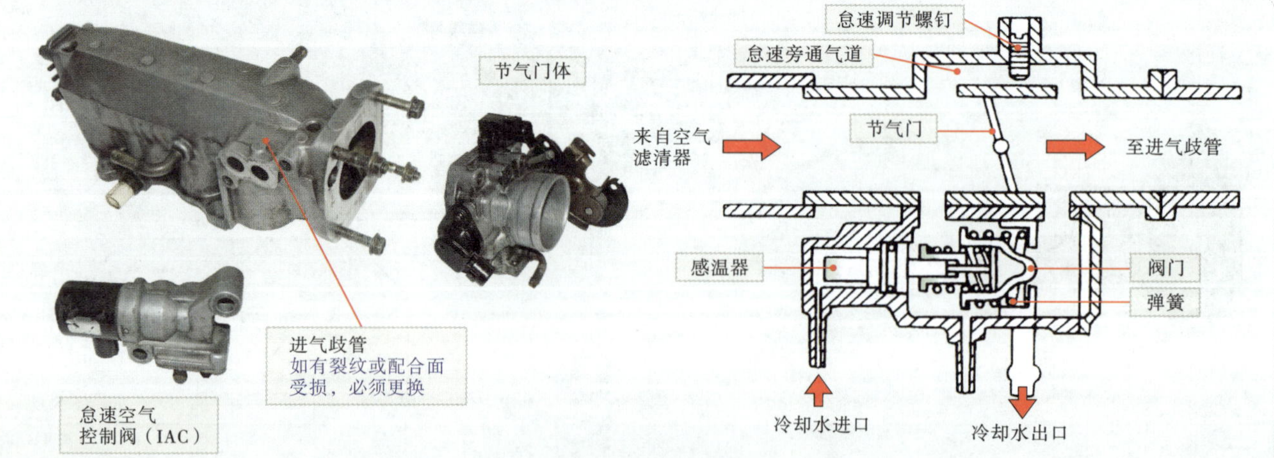


**图2-24　节气门体**

### （1）节气门位置传感器

节气门与加速踏板联动，驾驶员通过加速踏板控制节气门开度。节气门位置传感器装在节气门轴上，用来检测节气门开度，并将开度信号输入到电控单元（ECU）中。当节气门开度增大时，输入信号增大；当节气门开度减小时，输入信号减小。电控单元通过节气门开度的变化对发动机运动工况的输出功率进行控制。

节气门位置传感器

### （2）怠速旁通气道和怠速调整螺钉

发动机怠速时，节气门处于全关闭的位置，怠速运转所需要的空气经怠速空气旁通气道进入进气总管，在旁通气道中安装了能改变通道截面积的怠速空气调整螺钉，通过旋进或旋出怠速调整螺钉，调整发动机怠速转速。

在电控汽车中，越来越多的汽车采用发动机集中管理系统，由专门的电控怠速系统对怠速进行控制，怠速的调整也不再是简单地采用上述的怠速调整和控制方法，更多的是同时对电控怠速控制装置和怠速调整螺钉的调整，以使怠速达到原厂规定要求。此电控怠速控制内容将在后面内容中详细介绍。

### 4. 空气阀

发动机低温启动后，进入暖机运转时，发动机温度比较低，内部的摩擦阻力较大，**为了克服发动机的内部摩擦阻力，提高怠速转速，加快暖机过程，在发动机的进气系统中设置了辅助空气阀（又称高怠速控制），以增加暖机过程中所需的空气量。**

发动机低温启动后，辅助空气阀打开，使空气绕过节气门，直接经过辅助空气阀进入进气总管。由于这些空气是从空气流量计下游引来的，因此通过辅助空气阀补充的空气也被空气流量计测出。由于空气量增加，ECU使喷油器的喷油量增加，从而使发动机怠速转速提高。

发动机完成暖机（即达到一定温度）后，通过辅助空气阀的气流被自动切断，此时，所需的空气由怠速空气旁通气道供给，发动机恢复到正常怠速工况。

## 三、故障维修实际操作

初步学习了空气供给系统的结构、组成及在电控发动机中所起的作用，了解了空气测量装置的检修方法，对于本情境开头的案例是否有了头绪？下面就让我们试着来分析这个故障。

### 故障分析

帕萨特B5发动机采用了德国博世（BOSCH）公司先进的莫特朗尼克（Motronic）电子控制多点燃油顺序喷射系统。该系统采用热膜式空气流量计检测发动机进气流量，可直接反映发动机负荷。从数据流可以看到，此发动机空气进气量过低，那么，引起进气量过低的原因有哪些呢？主要有以下两个：

①进气系统有泄漏。

②ECU接收到的空气流量信号反映的进气量低于其实际进气量。

### 故障检查

①经认真检查发现，进气系统无泄漏。因此，重点检查第2个原因。

②拔下空气流量计线束侧连接器后，发现故障现象消失（此时发动机ECU仅用节气门位置传感器和曲轴位置传感器的信号来计算进气量，发动机在故障保护模式下运转）。由此初步判断空气流量计有故障。

③检测空气流量计输出的信号电压，发现发动机怠速时，信号电压仅为0.3~0.4V。而正常应为0.8~1.2 V。拆下空气流量计，发现其热膜处比较脏。用化油器清洗剂清洗热膜后再将空气流量计装复，故障排除。在发动机怠速时测得的信号电压和空气质量流量分别为0.9V和2.5g/s。

### 故障原因

因空气流量计的热膜脏后，其散热不良，要维持热膜正常温度所需的电流强度下降。造成输入ECU的信号电压过低。ECU误认为进气量小而减小供油量。在加速时ECU又断开了λ控制，从而导致混合气过稀，出现上述故障。

前面是L型电子控制燃油系统的案例，对于D型的系统，其原理相同，只是空气测量装置由热膜式传感器等变成了测量歧管压力的歧管绝对压力传感器，下面再来看D型控制系统的案例。

### 故障现象

一款2.2L丰田佳美（美国加州车型）采用压力型电喷发动机，出现怠速时排气管大量冒黑烟而高速时工作正常的现象。接通故障自诊系统后，故障灯报警，利用读码器读出的故障码是26（即空燃比A/F过浓）。

### 故障分析

引起空燃比过浓的原因有很多，包括冷启动喷油器故障、气缸压力过低、进气歧管压力传感器故障、燃油压力不正常、氧传感器工作不良、ECM故障等等。对于汽车上每个故障，都可能会有多个引起的原因，我们在进行排查时，应逐一进行检查。

①检查冷启动喷油器。对冷启动喷油器实施断电、断油试验诊断法后，故障依旧存在。排除冷启动喷油器故障。

②检测气缸压缩压力，正常。

③测量歧管绝对压力（MAP）传感器软管处的压力值，只有30kPa，规定值应在60kPa。不符合规定。观察歧管压力传感软管接在了炭罐管口处。而炭罐软管却接在了歧管处。

④将两根软管接头调换，清除故障码，经试车故障消除。

### 故障原因

D型系统进气歧管压力（MAP）信号是决定喷油量的基准信号，在怠速条件下，由于进气门基本关闭，其后方与发动机气缸相接，应该处于较高的真空状态；而前方通过空气滤清器与大气相接，应该处于较低的真空状态。由于MAP的软管接头与炭罐软管接头错接，使其错取了节气门前方较高真空状态而输出高电压信号，ECU接收到高电压信号，认为汽车处于负荷较大情况下，控制加大喷油量，造成怠速冒黑烟；而高速时节气门前后的压力几乎相等，故工作正常。

## 思考与练习

### 一、填空题

1. 空气供给系统的作用是________________________________________。

2. 电控轿车测量空气的方式有____________、____________、____________三种。

3. 空气流量计的种类有__________、__________、__________、__________、__________五种。

4. L型电子燃油喷射控制系统，一般使用的空气流量计是____________，D型电子燃油喷射控制空气流量计一般使用的是____________。

### 二、判断题（正确的打“√”，错误的打“×”）

1. 在L型电子燃油控制系统中，进气歧管绝对压力传感器输入信号越大，表示发动机负荷越大。（ ）

2. 热线/热膜式空气流量计输出信号越大，表示进入气缸的空气量越大。（ ）

3. 叶片式流量计输出信号越大，表示进入气缸的空气量越大。（ ）

4. 卡门涡旋式流量计输出信号越大，表示进入气缸的空气量越大。（ ）

5. 进气歧管压力传感器输出信号越大，表示进气歧管负压越大。（ ）

一辆广州本田雅阁2.0L轿车以70～80km／h的速度行驶时，急加速时车辆抖动严重，而缓慢加速时车速可慢慢上来，在无负荷时加速，发动机工作正常。

此车在进行试车时，感觉是急加速时燃油供给不足导致车辆抖动。因此，在进行故障排除前，让我们先来进行本单元情境的学习，了解一下燃油供给系统的组成和作用等。

# 情境二：燃油供给系统

## 一、燃油供给系统作用

汽车燃油供给系统的作用是贮存、输送清洁燃油，并根据发动机各种不同工况，将适量的压力燃油与空气混合，以供给气缸一定浓度和数量的可燃混合气。

## 二、燃油供给系统组成与原理

燃油供给系统组成与原理

**电控汽油机的燃油供给系统由油箱、电动燃油泵、燃油滤清器、燃油分配管、喷油器、燃油压力调节器等组成**，系统组成如图2-25所示。

对于不同类型的电控汽油机，燃油供给系统的组成部件可能会有些差异，如有的电控汽油机还有冷启动喷油器、油压脉动缓冲器等部件，但总体构成上基本相似。

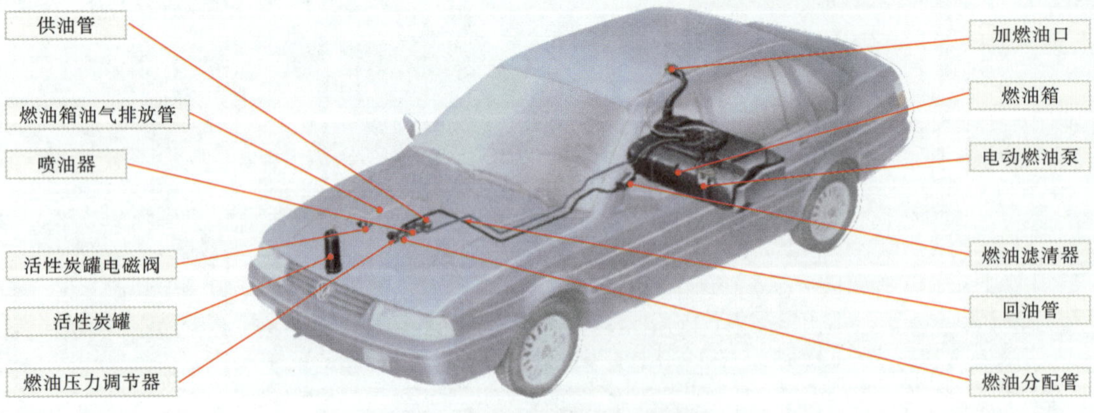


**图2-25 燃油供给系统组成**

电动燃油泵将汽油从油箱里泵出，先经汽油滤清器过滤，再经油压调节器调节油压，使油路中的油压高于进气管负压300±20kPa，最后经燃油分配管分配到各缸喷油器和冷启动喷油器。喷油器根据电控单元ECU的指令将汽油适时适量喷在进气门附近。当油路压力超过规定值时，汽油压力调节器工作，多余的燃油经回油管返回到油箱，从而保证送给喷油器的燃油压力不变。当冷车启动发动机时，冷启动喷油器按电控单元ECU发出的控制指令喷油，用以改善发动机的低温启动性能。桑塔纳2000GLi、2000GSi、捷达GTX等型轿车经过改进设计，取消了冷启动喷油器，如图2-26所示。

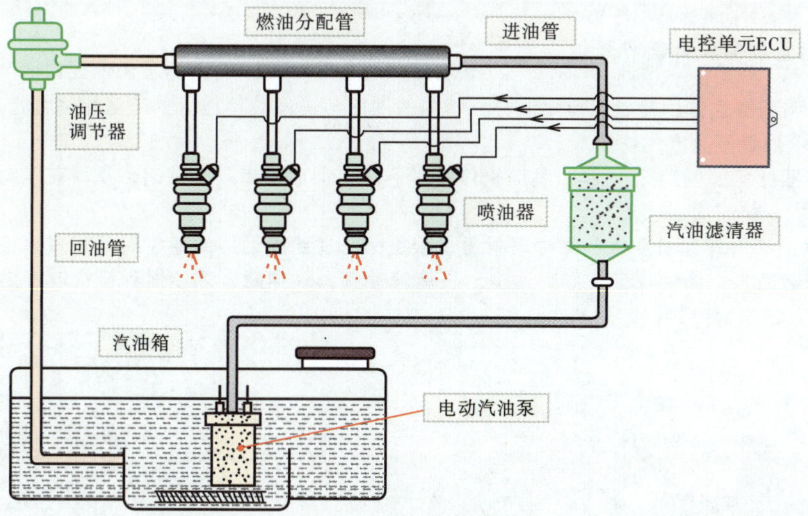


图2-26 桑塔纳、捷达轿车燃油供给系统的结构原理

## 三、燃油供给系统部件原理与作用

### 1. 燃油泵与燃油压力调节器

**故障现象**

一辆捷达轿车，发动机刚停机后再启动能顺利着车，启动后工作一切正常。但放置一会儿后发动机不启动，要启动3~4次才能着车。

**故障分析**

由于故障发生在发动机停机后一段时间，刚停机及启动后工作都正常，因此，初步判断为燃油系统有泄露，不能蓄压，停机后一段时间管路压力为0，导致下一次的启动困难，需要启动多次使管路压力增加。

在发动机供油管路和燃油主管之间串接燃油压力表V.A.G1318，将其手柄拨到“接通”位置，然后启动发动机，测量燃油系统压力为260kPa，正常，发动机熄火后，系统压力立即降为0。因此，确认故障原因是燃油系统泄露。

## 故障原因

根据此车故障现象及上述分析，燃油系统泄露主要有以下两个方面的原因：
①燃油压力调节器故障。
②燃油泵故障。

下面就上述两个故障原因进行详细的故障排除说明。

### 故障检修1：检查燃油压力调节器

燃油压力调节器如图2-27所示，燃油压力调节器一般安装于燃油分配管上。燃油压力调节器的作用就是保持燃油分配管中的油压与进气歧管压力的差值始终恒定（约0.3MPa），进气管的压力波动时对喷油量不会产生作用。

燃油压力调节器结构如图2-28所示。发动机停转时，压力调节器单向阀关闭，从而在压力调节器和油泵单向阀之间产生一个恒定的保持压力。

注：因电控燃油喷射发动机要求的燃油喷射量是根据ECU加给喷油器的通电时间长短来控制的。同样的通电时间，如油压高，则喷油多；如油压低，则喷油少。只有喷油压力一定时，才能做到符合电控燃油喷射的要求：通电时间长，喷油量多；通电时间短，喷油量少。

图2-27　燃油压力调节器

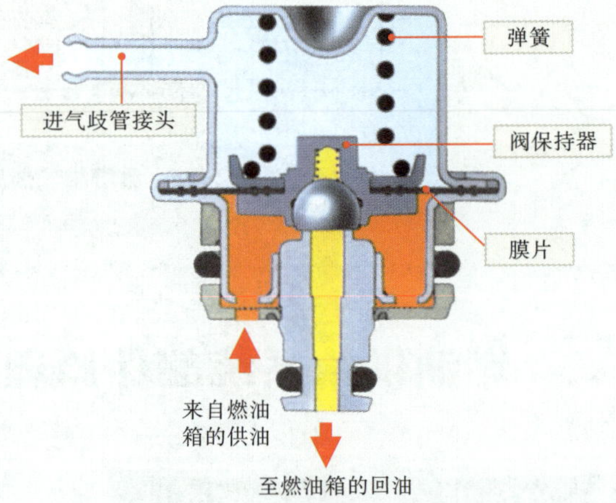


图2-28　燃油压力调节器结构

**检查方法：**

**连接燃油压力表，当发动机刚停止工作时，用力夹住回油管，观察燃油压力是否下降。如下降，表明压力调节器正常，泄露点不是出在压力调节器上；如不下降，说明压力调节器损坏，应更换。**

### 故障检修2：检查燃油泵

燃油泵将汽油从油箱中吸出来，加压后经喷油器喷入发动机气缸。燃油泵一般有机械式和电动式两种。目前电喷式发动机的汽车大都采用电动燃油泵。

电动燃油泵的直流电动机和油泵做成一体，密封在一个泵壳中，按其结构主要有叶片泵和滚柱泵等。滚柱式转子泵结构如图2-29所示。按其位置可分为外装式和内装式，由于油泵内装不易产生气阻和燃油泄漏，噪声小，应用广泛。

在燃油泵上装有单向止回阀（单向阀）和安全阀，单向阀的作用是在发动机熄火后，防止燃油系统的燃油泄漏回油箱内，以保持燃油系统有一定的压力，减小气阻现象，保证下次启动顺利进行。安全阀的作用是防止油路压力过高。

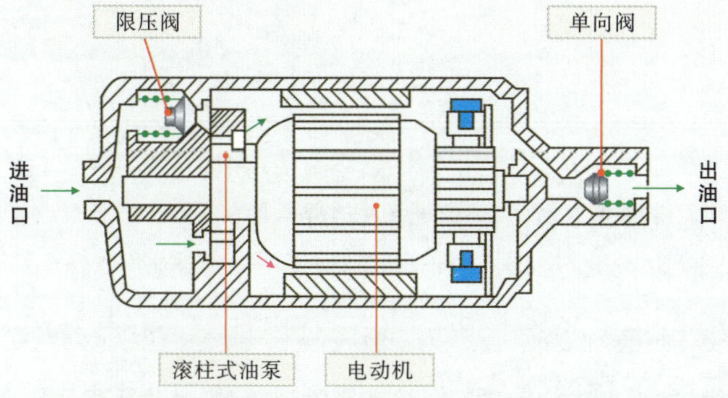


图2-29 滚柱式转子泵的结构

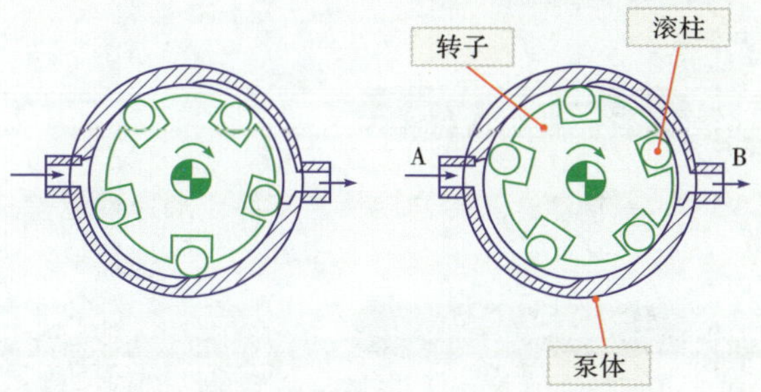


图2-30 滚柱式转子泵工作原理图

捷达轿车采用的是滚柱式转子泵，滚柱式转子泵主要由转子、与转子偏心的定子（即泵体）以及在转子和定子之间起密封作用的滚柱等组成，如图2-30所示。

滚柱泵的转子由电动机驱动，当转子在电机带动下旋转时，位于转子凹槽内的滚柱在离心力的作用下，压靠在定子的内表面上，两个相邻的滚柱之间形成一个封闭的空腔。在转子旋转过程中，这些空腔的容积随转子的转动产生变化，在容积由小变大一侧汽油被吸入，在容积由大变小一侧汽油被压出。

燃油泵的控制过程将在后面进行详细的介绍。

**检查方法：**

**当发动机刚停止工作时，用力夹住进油管路，观察燃油压力是否下降。如下降，表明燃油泵正常；如不下降，表明泄露由燃油泵引起。结果油压在10min内无明显变化，表明油泵出现故障。更换油泵后，故障消失。**

从以上案例可知，燃油泵在电控发动机中起着非常重要的作用。捷达轿车使用的是滚柱式转子泵。对于叶片泵可见图2-31。其工作过程与滚柱式转子泵类似，在此不再赘述。

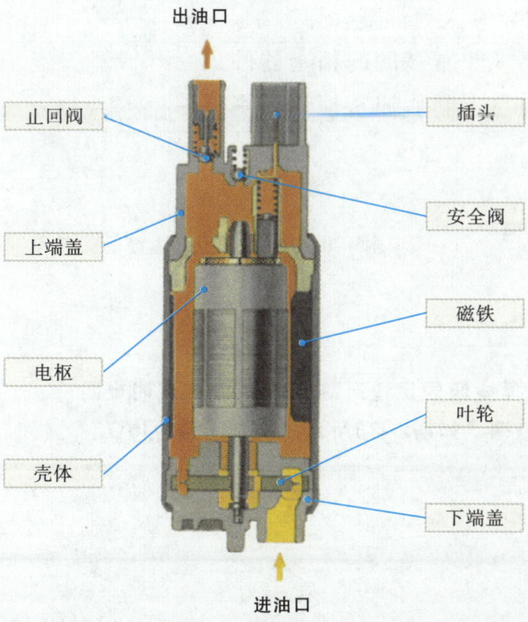


图2-31 叶片泵结构

## 2. 喷油器

### 故障现象

一辆捷达王冷启动性能不好，加速性能差，冷车时怠速极其不稳，热车时情况稍好一些。

### 故障检查

用故障诊断仪V.A.C1551对执行元件（喷油器、活性炭罐电磁阀）进行自诊断，发现第4缸喷油器无开启和闭合的“咔咔”声。

注意：如果没有V.A.G1551，可以直接将喷油器通电进行检查。

### 故障原因

对以上故障检查可知，此故障可能原因有两个：

①第4缸喷油器损坏。

②喷油器控制电路出现故障。

在以下内容中，我们将对喷油器及其控制电路进行学习。

**喷油器是电控燃油喷射系统中的重要执行器，是一种电磁阀，它的作用是接受来自发动机控制模块的信号，精确地喷射燃油。**喷油器如图2-32所示。由于喷油器处于压力状态，每次计算机使喷油器通电时，燃油就以高度雾化状态喷射出来。喷油器的电磁线圈也浸没在燃油中，可有效防止线圈过热，以免造成线圈之间短路。喷油器入口处有一个滤网，阻止任何外部颗粒进入喷油器。

电控喷油器是一种加工精度非常高的的精密器件，一般不容易损坏，喷油器喷油质量下降后通常使用专用喷油器清洗器进行清洗。

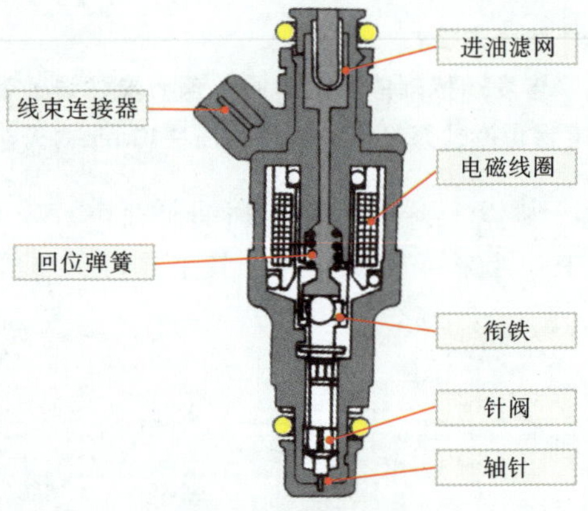


图2-32 喷油器

**故障检修1：检查喷油器电阻**

由于喷油器的类型、温度等条件不同，喷油器的电阻也产生差异。

**检查方法：**

**捷达采用的是标准喷油器，其电阻规定值为13~18Ω，在热态时电阻增加4~6Ω。对喷油器进行电阻检测，如图2-33所示。测量结果为16Ω，符合规定值。**

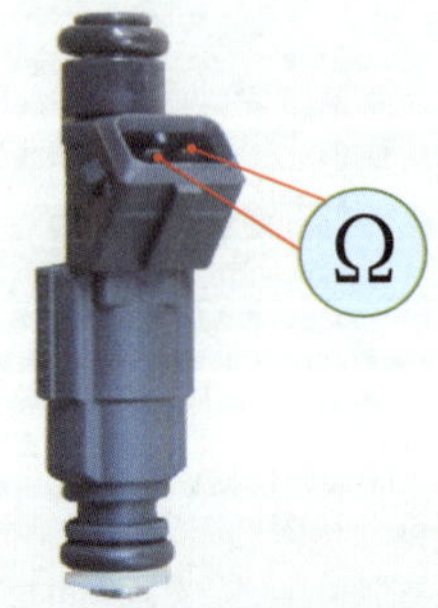


图2-33 喷油器电阻检测

对于喷油器的类型，除了前面涉及到的标准喷油器，还有峰值—保持型喷油。两种喷油器的特点及控制过程可见以下分析。

### （1）标准喷油器

标准喷油器用在大部分多点喷射系统上，其内部电阻一般在12~22Ω之间，发动机控制只是简单地通过一个驱动器完成持续脉冲接地电路，使喷油器工作。

图2-34为捷达发动机喷油器控制电路，其喷油器电阻冷态时为13~18Ω，热态时为17~24Ω。

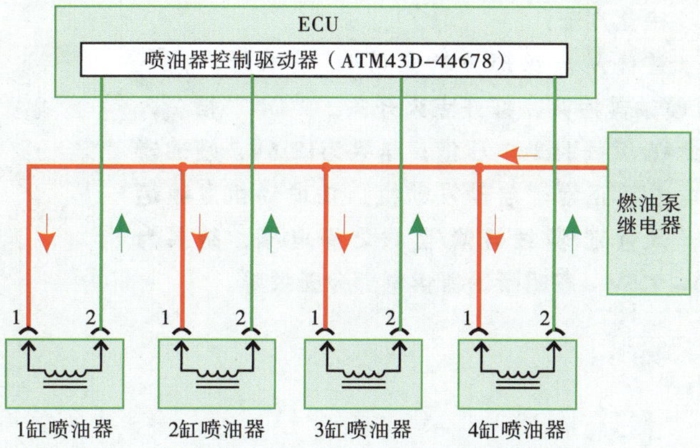


**图2-34 捷达ATK发动机喷油控制电路**

**工作过程：**

电源经燃油泵继电器，由4缸喷油器1#输入，2#接ECU，为接地控制端。ECU根据发动机转速等信号，由驱动模块（ATM43D-44678）控制喷油器电路的持续脉冲接地电路。

### （2）峰值—保持喷油器

大多数节气门体喷射系统（以及少数多点喷射系统）使用的是低电阻喷油器，即峰值—保持喷油器。这些喷油器的线圈电阻只有2~3Ω，能够通过接近5A的电流。这就使得喷油器能够更快地开启，与点火系统的转速参考脉冲保持同步。

喷油器由两个驱动器控制，其中一个驱动器提供直接接地通道，而另一个驱动器通过计算机内的一个电阻提供接地通道。如图2-35所示。

所谓的峰值，是指喷油器开始工作时，由不通过电阻的驱动器控制，保证喷油器有最大的电流通过，产生良好的机械响应；而保持，是指当喷油器开启后，驱动器电路经过计算机内电阻，电流立即减小到大约1A，维持脉冲，防止喷油器线圈过热。

**工作过程：**

当喷油器刚开始工作时，由驱动器$V_2$驱动喷油器线圈工作，其电流流向：蓄电池电压→喷油器线圈→驱动器$V_2$→接地。由于此时电流直接经驱动器接地，因此此时电流最大，使的喷油器产生良好的机械响应。

当喷油器开启后，由驱动器$V_1$驱动喷油器线圈工作，其电流流向：蓄电池电压→喷油器线圈→电阻→驱动器$V_1$→接地。由于此时电流流经电阻后经驱动器$V_1$接地，此时电流减小到规定值，大约1A，使的喷油器线圈不会因电流过大而过热。

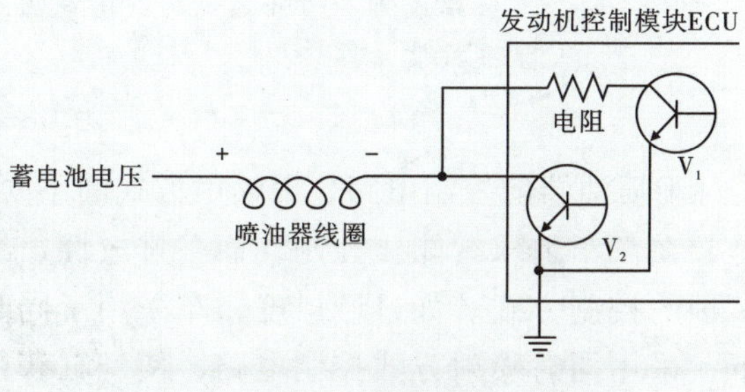


**图2-35 峰值—保持型喷油器电路**

**故障检修2：检查喷油器控制电路**

捷达轿车喷油器控制电路采用的是顺序喷射方式的控制电路，ECU根据各传感器的输入信号判断给哪一个缸喷油器通电，使喷油器喷油。其控制电路如图2-36所示。

**检查方法：**

**首先从电路部分检查第4缸喷油器，拔下4缸喷油器接头，打开点火开关（“ON”挡），测量红/黄线对地电压值，结果为12.6V，喷油器供电电压正常。启动发动机，使发动机怠速运转，测量红/黄线与紫/蓝线之间电压，结果为7.0～9.5V，表明喷油器供电部分无故障。**

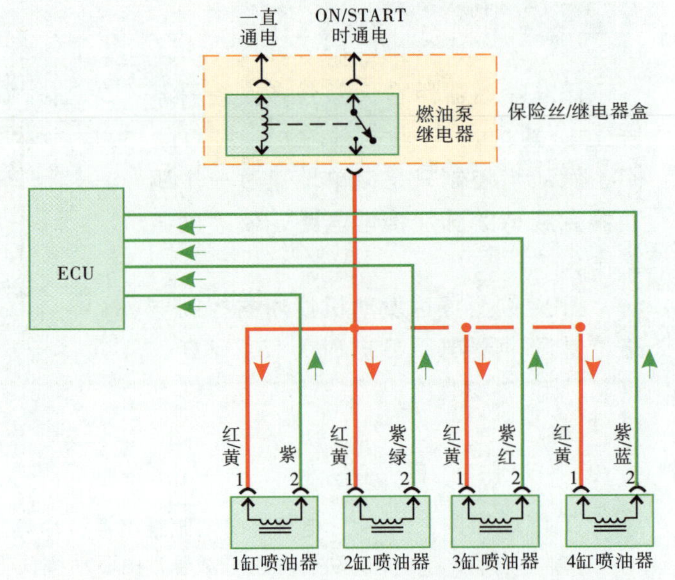


**图2-36 捷达ATK发动机喷油器控制电路**

**故障检修3：检查喷油器机械部分**

通过对第4缸喷油器的电阻检测及控制电路的检查，可以表明喷油器电路部分工作正常。因此可以确定4缸喷油阀不工作的原因是喷孔堵塞或针阀发卡。用免拆清洗机清洗喷油器或者拆下喷油器清洗，清洗30min，试车，故障排除。

**提示：**

对于喷油器的机械检查，也可以用测听（就车检测）方法进行判断。

步骤1：发动机热车后使其怠速运转。

步骤2：用螺丝刀或听诊器测听各缸喷油器工作的声音。

步骤3：若某缸喷油器的工作声音很小，则说明该喷油器工作不正常，可能是针阀卡滞，应做进一步的检查。

步骤4：若听不见某缸喷油器的工作声音，说明该喷油器不工作。对此，应检查喷油器控制线路或测量喷油器电磁线圈电阻。若控制线路及电磁线圈正常，则说明喷油器针阀完全卡死，应更换喷油器。

对于喷油器的控制电路，因喷射方式的不同可以分为三种，具体控制特点可见以下分析部分。应注意的是，在汽车追求智能化控制，而且排放性、经济性要求更高的今天，一辆汽车可以同时采用下述一种或多种的控制方式。如日产风度轿车采用了同时喷射方式和顺序喷射方式的控制电路。在启动和加速工况下，采用同时喷射方式控制电路，使气缸获得更多的喷油量以保证工作的需要；在正常工况下，采用顺序喷射方式控制，以满足排放及经济性的要求。

### （1）同时喷射方式的控制电路

这种喷射方式的控制电路是将各缸喷油器全部并联在一起。喷油器一端接电源，另一端与发动机控制单元的一个控制端相连接，由电脑集中控制喷油器接地电路（图2-37）。在发动机的每个工作循环中（曲轴每转2圈），各缸喷油器同时喷油一次或两次（图2-38）。

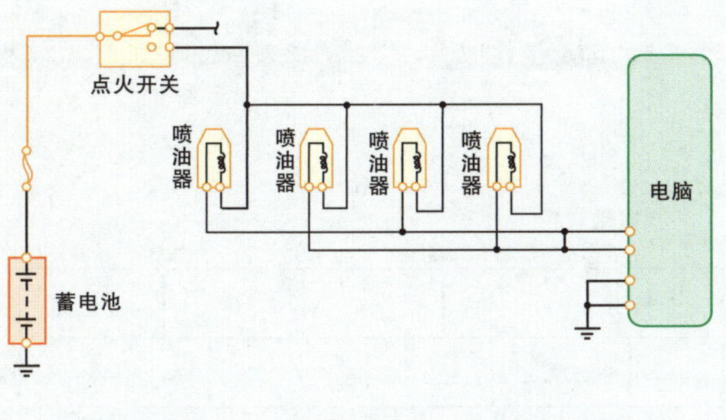


**图2-37　同时喷射方式的控制电路**

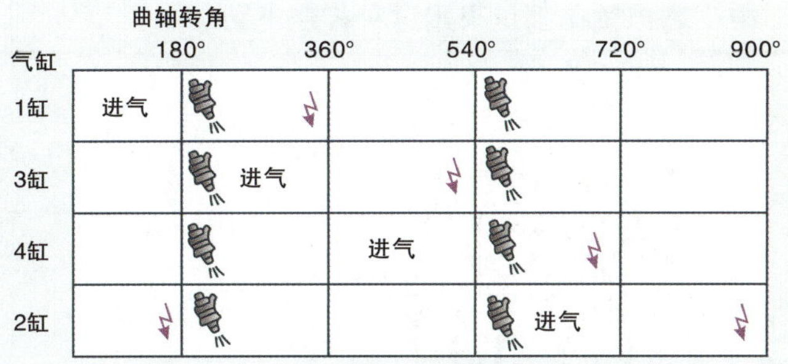


**图2-38　同时喷油一次或两次示意图**

采用这种控制方式可以简化电脑中喷油的控制电路，降低成本。但由于各缸喷油时刻距进气行程开始的时间间隔差别太大，喷入的燃油在进气歧管内停留的时间不同，导致各缸混合气品质不一，影响了各缸工作的均匀性。采用这种喷射控制方式的主要是一些早期的低档或经济型的轿车。

### （2）分组喷射方式的控制电路

这种喷射方式的控制电路是将多缸发动机的喷油器分成2～3组，每组有2～4个喷油器，分别通过一条线路和电脑连接，如图2-39所示。在发动机每个工作循环中，各组喷油器各自同时喷油1次，如图2-40所示。在每组的几个喷油器中，有一个喷油器是在该缸正好处于进气行程上止点时喷油，其余喷油器是在各自的气缸接近进气行程开始的时刻喷油。这样既可简化控制电路，又可提高各缸混合气品质的一致性。

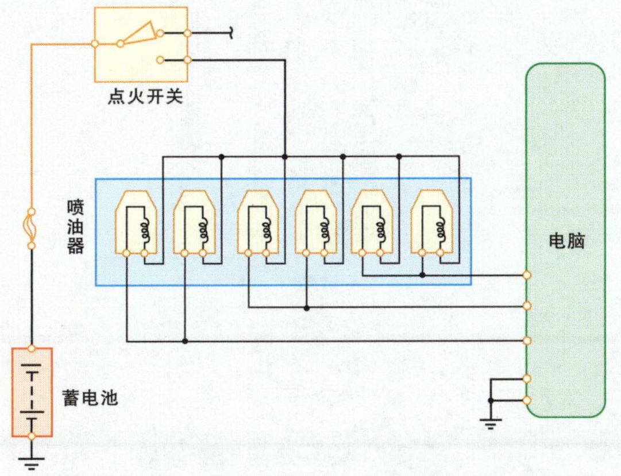


**图2-39　分组喷射方式的控制电路图**

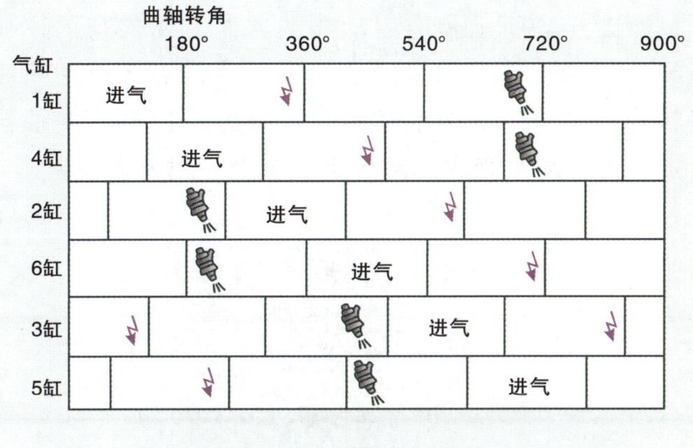


**图2-40　分组喷油一次示意图**

### （3）顺序喷射方式的控制电路

这种喷射方式的控制电路是将各缸喷油器分别由各自的线路和电脑连接，如图2-41所示。电脑分别控制各喷油器在各自的气缸接近进气行程开始的时刻喷油，如图2-42所示。由于电脑每增加一条独立的喷油器控制电路，在电脑内部就要相应增加一套喷油器控制线路，这样增加了电脑控制程序的复杂性和制造成本。因此顺序喷射方式的控制电路最复杂，但各缸混合气品质最均匀。最近几年，由于电脑的集成化程度越来越高，成本不断下降，这种喷射方式得到越来越广泛的应用，目前大部分中、高档轿车都是采用这种控制电路。

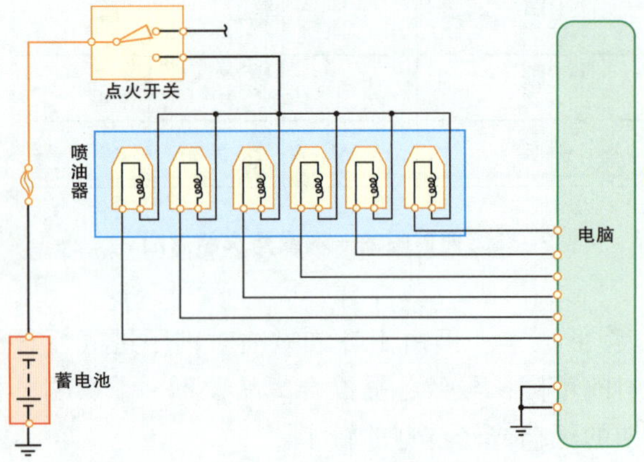


图2-41　顺序喷射方式的控制电路

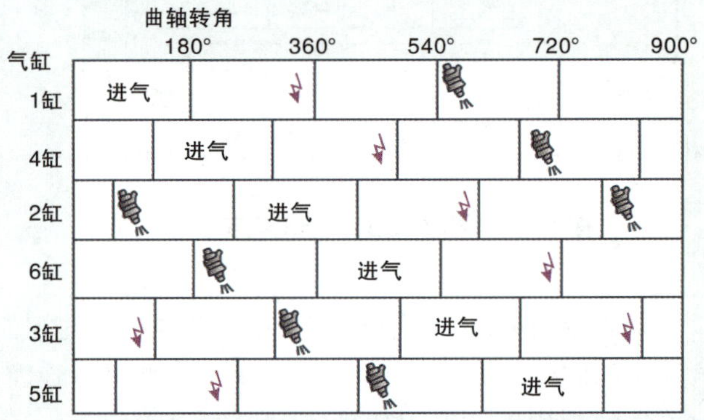


图2-42　顺序喷油示意图

## 3. 冷启动喷油器

冷启动喷油器安装在进气总管上，它的作用是在发动机冷启动时喷油，以加浓混合气，改善发动机的冷启动性能。

如图2-43所示是冷启动喷油器，其结构与前述喷油器不同之处主要是采用紊流式喷孔，喷油时将燃油喷成螺旋雾状旋流，有利于燃油的雾化和蒸发。冷启动喷油器一般由安装在冷却水套内的冷启动喷油器正时开关控制。

冷启动喷油器

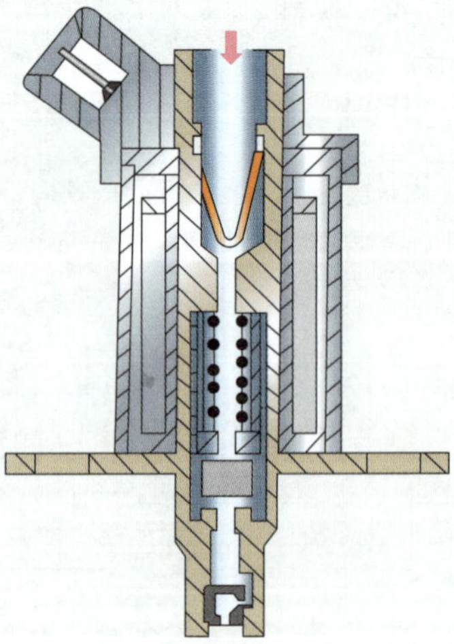

图2-43　冷启动喷油器

## 4. 燃油滤清器

燃油滤清器串接在燃油泵和油箱之间的出油管路上，如图2-44所示。它的作用是在燃油进入燃油泵之前把含在油中的水分和氧化铁、粉尘等杂物除去，防止燃油系统堵塞，减少机械磨损，确保发动机稳定运行，提高可靠性。

图2-44 燃油滤清器

**注意：**

①燃油滤清器必须定期更换。

②安装时须注意表示燃油的流进方向的箭头，不允许倒装。即使它在倒装状态工作很短的时间也必须更换。

初步了解了燃油供给系统各组件作用之后，接着我们来试着解决开篇案例的问题。

### 故障分析

经试车后感觉好像是燃油系统供油不足，根据故障现象，初步判断是供油不畅，在急加速时由于油路的堵塞造成无法快速地供给足够的燃油导致发动机发抖；在缓加速时，由于燃油供给增大变化趋势较缓，因此故障现象不明显。

### 故障排除

①检查燃油滤清器，发现滤清器过脏。由于此车滤清器未到规定更换时间，因此，怀疑是油箱脏引起。

②拆下燃油泵，发现燃油泵滤网堵塞严重，再查看油箱，发现杂质和铁屑很多。

③将油箱彻底洗净，将燃油泵滤网、喷油器及燃油管路也清洗干净，更换燃油滤清器，再试车，故障排除。

其实在日常维护中，我们不仅要及时更换燃油滤清器，对油箱也应及时进行清洗。若不及时清洗，会对燃油泵的使用寿命产生影响，同时也易堵塞或损坏喷油器，造成许多故障。

## 思考与练习

### 一、填空题

1. 燃油供给系统的作用是________________________________________________。

2. 压力调节器的作用是__________________________________________________。

3. 冷启动喷油器的作用是________________________________________________。

4. 燃油滤清器的作用是__________________________________________________。

5. 燃油泵的作用是_____________________________________________________。

6. 根据下列给出的元件名称写出燃油供给过程：______→______→______→______→______→______。

   a. 供油管　b. 喷油器　c. 燃油箱　d. 燃油泵　e. 燃油滤清器　f. 燃油分配管

### 二、选择题

1. 燃油压力调节器上有三个管接口，它们不接　（　　）

   A. 供油管　B. 回油管
   C. 进气歧管　D. 燃油分配管

2. 电控发动机的燃油供给分为（　　）喷油方式

   A. 一种　B. 两种
   C. 三种　D. 四种

3. 某些发动机为改善冷启动性能，装上了　（　　）

   A. 加热器　B. 点火器
   C. 预热器　D. 冷启动喷油器

一辆2001款宝来1.8T，装有自动变速器和带涡轮增压的四缸发动机，行驶里程40 800km。在行驶途中，发动机突然熄火，无法启动。据车主讲，这是购车以来首次出现的故障。经技师检查，发动机机械部分正常，初步判断是点火系统的故障。因此学习完电控点火系统的控制原理后再对这一故障进行分析和排除。

# 情境三：点火系统

## 一、点火系统简介

**点火系统的发展经历过了三个阶段：传统断电器点火系统、电子点火系统和微机点火系统。**

### 1. 传统断电点火系统

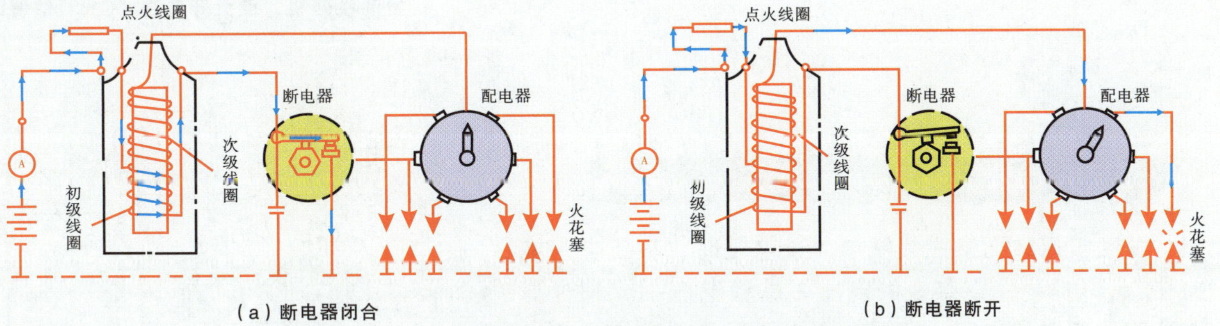


**图2-45 点火系统的组成（取自凌凯发动机点火系统示教台）**

**工作原理：**

（1）断电器触点闭合，见图2-45（a），电流从蓄电池经初级线圈的正端子、负端子、断电器触点至接地。结果线圈周围便产生磁场。

（2）断电器触点断开，见图2-45（b），当曲轴带动凸轮轴时，分电器凸轮使触点张开，于是流经初级线圈的电流突然中断。结果，在初级线圈内产生的磁通开始减弱。由于初级线圈的自感效应和次级线圈的互感效应，每个线圈内都产生电动势，阻止已有的磁通减弱。自感电动势升至约0.5kV，而互感电动势升至约30kV，火花塞放电产生火花。随着电流瞬间中断，磁通突然增加，因此每个单位时间内都产生非常高的电压。

（3）断电器触点再次闭合，见图2-45（a），当断电器触点再次闭合时，电流又开始流入初级线圈，初级线圈的磁通开始增加。由于初级线圈自感效应，产生一个反电动势，阻止初级线圈内的电流增加。结果电流并非突然增加，次级线圈内也仅有极小的互感电动势产生。

**缺点：**

（1）分火头与分电器盖旁电极之间必须保留一定间隙才能进行高压电分配，因此必然损失一部分火花能量，同时也是一个主要的无线电干扰源；

（2）为了抑制无线电的干扰信号，高压线用了高阻抗电缆，也要消耗一部分能量；

（3）分火头、分电器盖或高压导线破裂时易漏电，会导致高压电火花减弱、缺火或断火；

（4）曲轴位置传感器转子由分电器轴驱动，旋转机构机械磨损会影响点火时刻的控制精度；

（5）分电器的体积和安装的位置要占据一定的空间，会给发动机的布置和汽车的外形设计造成一定的困难。

（6）传统的点火系统是机械装置的，存在滞后性、易磨损性及装置本身的局限性，很难保证点火时刻在最佳值。

## 2. 电子点火系统

**电子点火器由信号放大器、触点闭合角控制器、整流器、功率晶体管组成。**信号放大器放大信号；准确地断开点火线圈初级电流；触点闭合角控制器根据发动机转速的增大修正初级信号；整流器将信号发生器发生的电动势整流；功率晶体管根据放大的信号放大功率。某些点火器还有电流限制电路，可控制最大初级电流。

### （1）发动机停机，点火开关在“ON”位置时

发动机不工作但点火开关“ON”时，P点处有个电压（如图2-46所示）。由于电阻$R_1$和$R_2$分压，使P点电压保持在低于晶体管工作所需要的基极电压。所以，发动机不工作时，晶体管处于截止状态，点火线圈中没有初级电流。

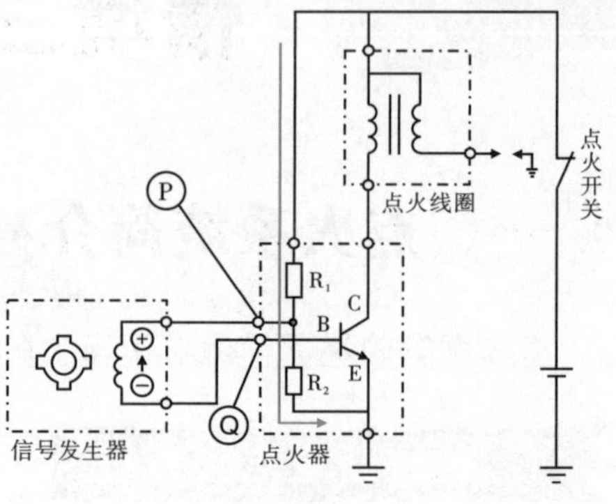

**图2-46**
**发动机停机，点火开关在“ON”位置时**

### （2）发动机运转而感应线圈中为正电压时

发动机运转而感应线圈中为正电压时，该正电压施加在P点，提高了Q 点处的电压（基极电压），超过晶体管工作所需的电压。所以，点火线圈初级电流从集电极C至发射极E，晶体管导通，如图2-47所示。

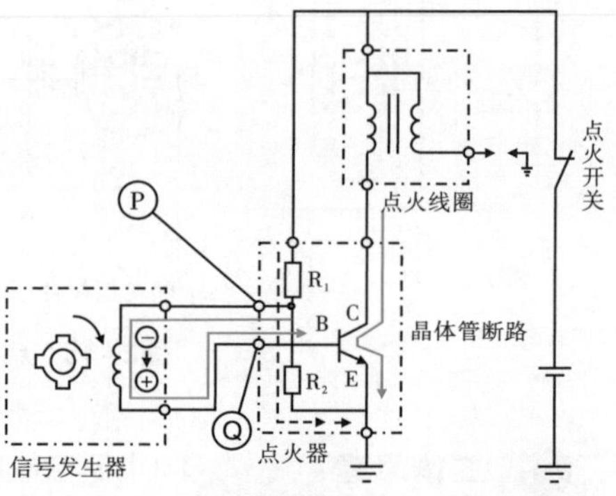

**图2-47**
**发动机运转而感应线圈中为正电压时**

### （3）发动机运转而感应线圈中为负电压时

发动机运转而感应线圈中产生负电压时，该电压被加在P点上，使Q点处电压降至晶体管工作电压之下，于是晶体管停止工作。所以，点火初级电流断开，在次级线圈中就产生一个很高的感应压，火花塞点火，如图2-48所示。

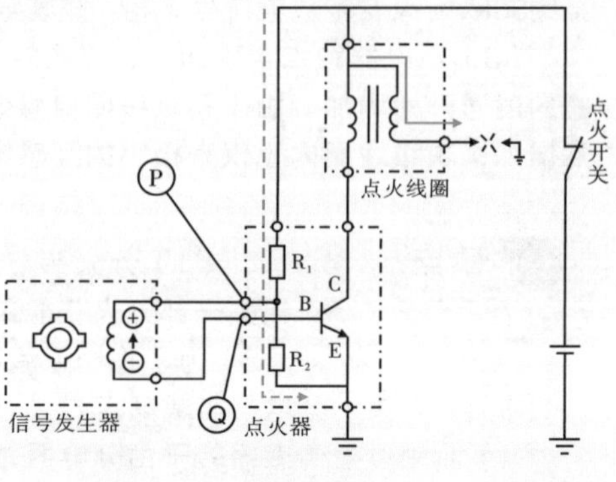

**图2-48**
**发动机运转而感应线圈中为负电压时**

### 3. 微机控制点火系统

ECU控制的点火系统可综合考虑对点火前角影响的因素，是发动机在各种工况下均能达到最佳点火时刻，从而提高发动机的动力性、经济性、改善尾气排放。ECU控制的点火系统是汽车电子化发展过程的一门新技术。因此，ECU控制点火系统将是学习的重点，接下来将详细作介绍。

图2-49是带分电器的ECU控制点火系统。

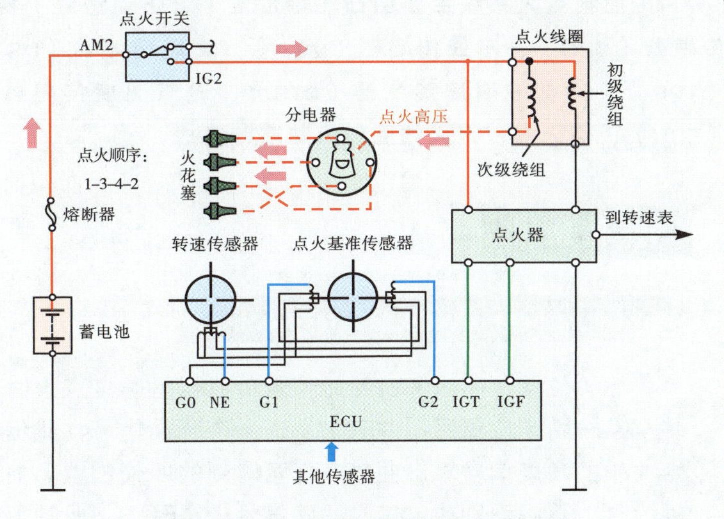


图2-49　带分电器的微机控制点火系统

## 二、ECU控制点火系统组成

如今的汽车绝大部分都搭载电子控制燃油喷射（EFI）的发动机，这些发动机上一般都采用ECU控制点火系统。系统组成如图2-50所示。

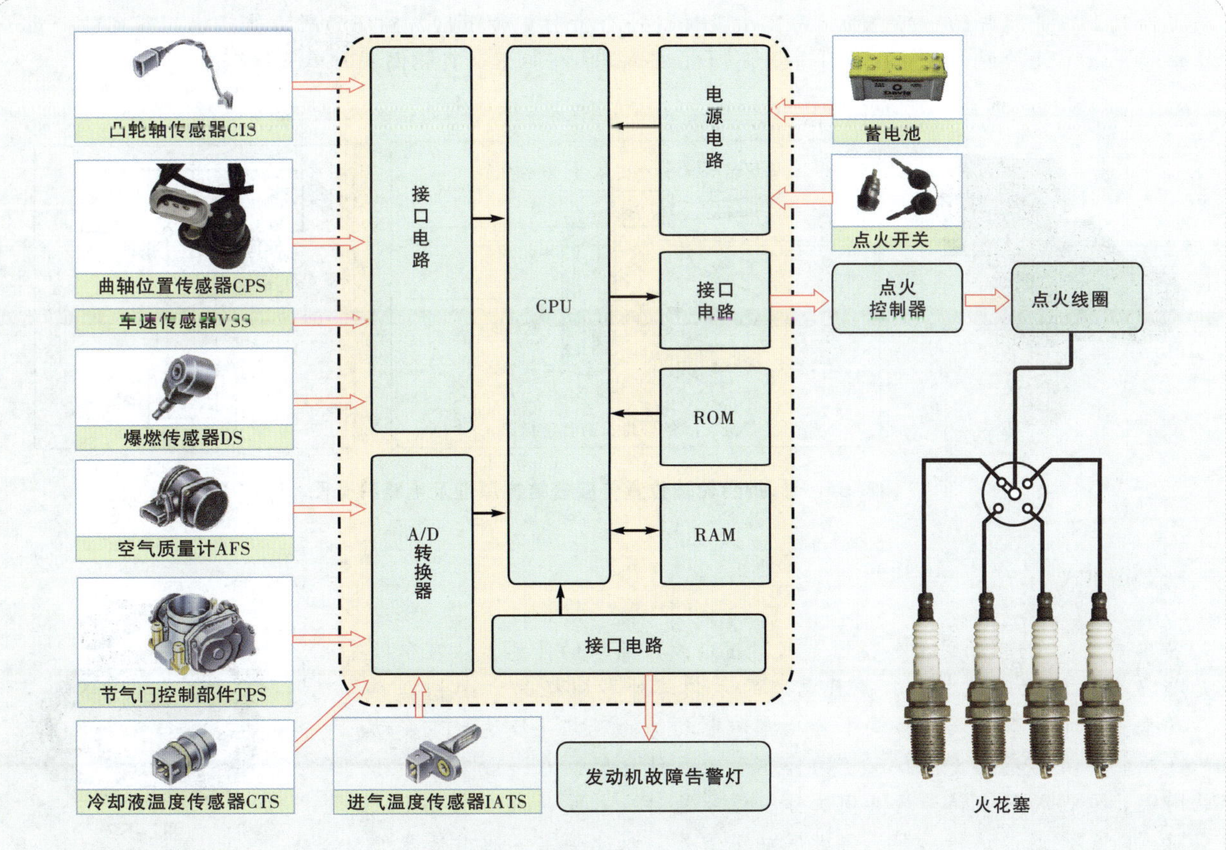


图2-50　ECU控制点火系统组成

ECU控制点火系统主要由凸轮轴位置（上止点位置）传感器（CIS）、曲轴位置（曲轴转速与转角）传感器（CPS）、车速传感器（VSS）、爆燃传感器（DS）、空气流量计（AFS）、节气门位置传感器（TPS）、冷却液温度传感器（CTS）、进气温度传感器（IATS）、各种控制开关、发动机电控单元（ECU）、点火器、点火线圈和火花塞等组成。

## 1. 传感器

### （1）曲轴和凸轮轴位置传感器

曲轴位置传感器和凸轮轴位置传感器是确定点火时间的基本信号。凸轮轴位置传感器在曲轴旋转至某一特定位置时，向ECU发送一个脉冲信号，此信号是计算曲轴位置传感器的基准信号，再结合曲轴的角度信号算出曲轴在任意时刻的所处位置。曲轴位置传感器的作用是将曲轴旋转的角度转换为ECU可以识别的电信号，此信号送至ECU，曲轴每转过一定的角度都会发出一个脉冲信号，因为曲轴每转一周的脉冲数都是一样的，所以ECU通过不断检测脉冲的数量便可得出曲轴转过的角度。此外，ECU也根据单位时间内接收到的曲轴位置传感器输出脉冲数量来计算发动机的转速。

曲轴位置传感器和凸轮轴位置传感器的结构和工作原理基本相同，常见的有磁脉冲式、霍尔式和光电式三种。

#### ①磁脉冲式

磁脉冲式曲轴/凸轮轴位置传感器主要由软铁芯、信号盘、壳体和接线端等组成。信号盘固定于曲轴前端或飞轮盘上，并随曲轴一起转动，每当齿盘转过一个齿时，齿顶切割磁场的磁力线，感应线圈便产生一个脉冲信号，ECU便按照预定的比率计算出发动机的转速。传感器的外形与内部结构如图2-51所示。

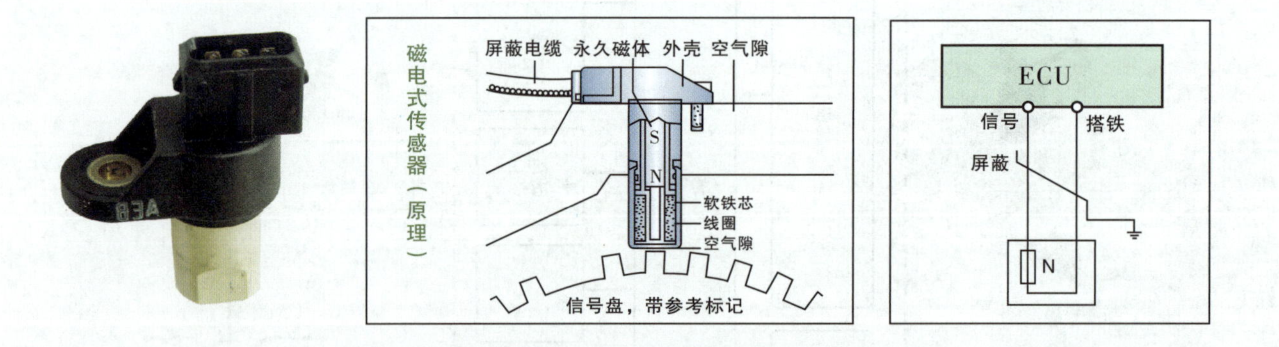


图2-51　曲轴/凸轮轴位置传感器结构原理及电路符号图

#### ②霍尔式

霍尔式曲轴/凸轮轴位置传感器是利用霍尔效应原理的传感器。霍尔效应是指当半导体上通过电流，并且电流的方向与外界磁场的方向相垂直时，在垂直于电流和磁场的方向上产生霍尔电动势的现象。捷达ATK发动机的凸轮轴位置传感器（图2-52）为霍尔效应式传感器，它一般安装于凸轮轴附近，与凸轮轴上信号轮共同工作。信号轮对应着发动机活塞上止点位置时，ECU便通过该传感器测得数字电压信号，以此确定各缸喷油器喷油开始时间和点火时间。霍尔传感器的工作原理如图2-53所示。

图2-52
捷达ATK发动机的凸轮轴位置传感器

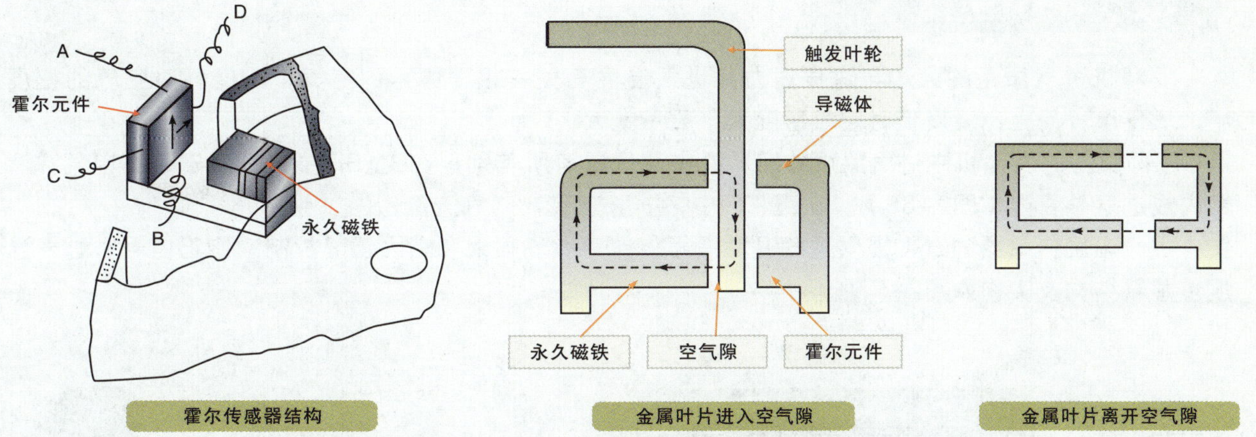


图2-53 霍尔式传感器工作原理示意图

霍尔传感器在工作时需要ECU提供一个稳定的电压（一般为5V）。汽车用霍尔传感器与ECU有三根引线相连，当点火开关接通时，ECU通过其中一根导线向传感器送出一个稳定的5V基准电压信号，另一根线为传感器输出信号，第三根是传感器的搭铁线，如图2-54所示。旋转转子的凸齿经过磁场时使磁场强度改变，霍尔晶体管产生的霍尔电压经放大后输送给ECU。ECU根据霍尔电压产生的时刻确定凸轮轴位置，根据霍尔电压产生的次数确定曲轴转角和发动机转速。

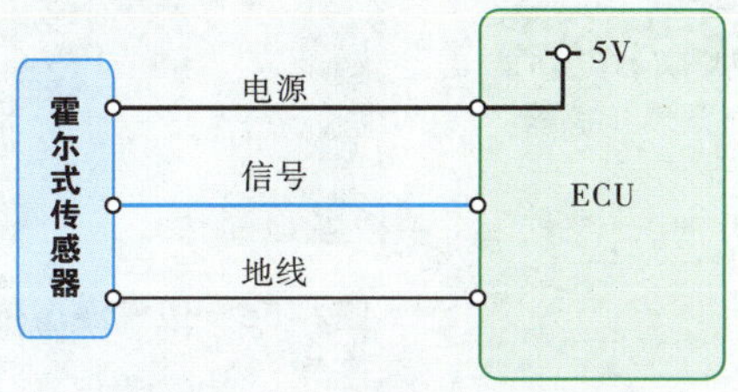


图 2-54 霍尔式传感器电路

### ③光电式

光电式曲轴/凸轮轴位置传感器主要由转子、发光二极管、光敏三极管和放大电路等组成，如图2-55所示。转子上制有一定数量的透光孔，利用发光二极管作为信号源，随着转子的转动，当透光孔与发光二极管对正时，光线照射到光敏二极管上产生电压信号，经放大电路放大后输送给ECU。转子内、外两圈的透光孔数量不等，分别用以产生G信号或$N_e$信号。

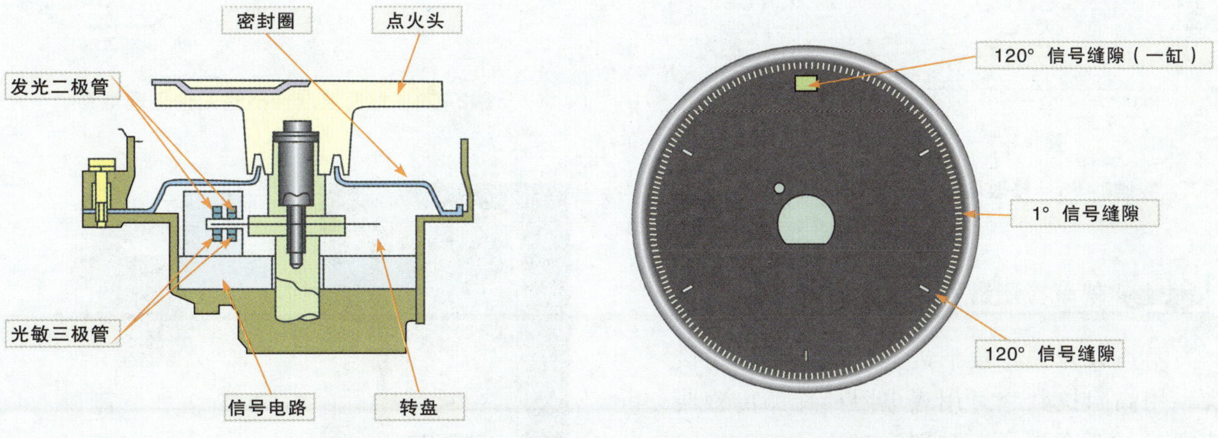


图2-55 光电式分电器曲轴转角与转速传感器原理结构图

## （2）进气温度传感器

发动机进气质量的大小与进气压力和进气温度有关：相同体积的空气，温度高时空气的密度小，质量小；反之，温度低时空气密度大，质量就大。

不同类型的发动机中进气温度传感器的安装位置有所差别；在D型EFI中，一般安装在空气滤清器内或进气总管内（图2-56）；在L型EFI中，一般安装在空气流量计内。

进气温度传感器向ECU提供进气温度信号，作为燃油喷射和点火正时控制的修正信号。进气温度传感器结构及实物如图2-57所示。

进气温度传感器

图2-56　进气温度传感器安装位置

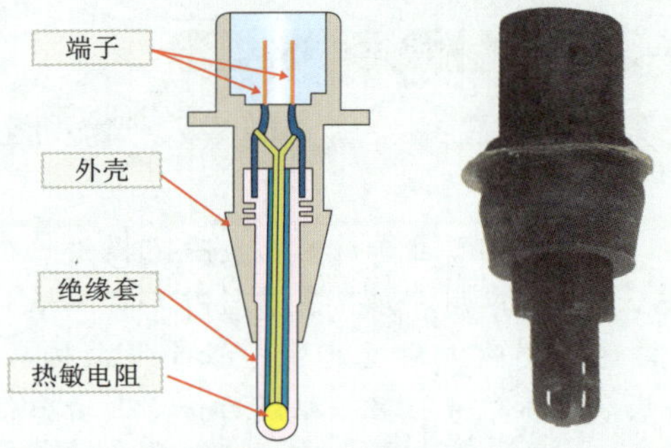


图2-57　进气温度传感器结构及实物

进气温度传感器的核心部件是负温度系数的热敏电阻，也就是当温度升高时传感器的电阻明显减小，热敏电阻变化特征曲线见图2-58。它是用来检测发动机的进气温度，将温度的变化转换为电信号输送到ECU中，ECU根据该信号对喷油量和点火时刻进行修正。

进气温度的工作原理电路如图2-59所示。

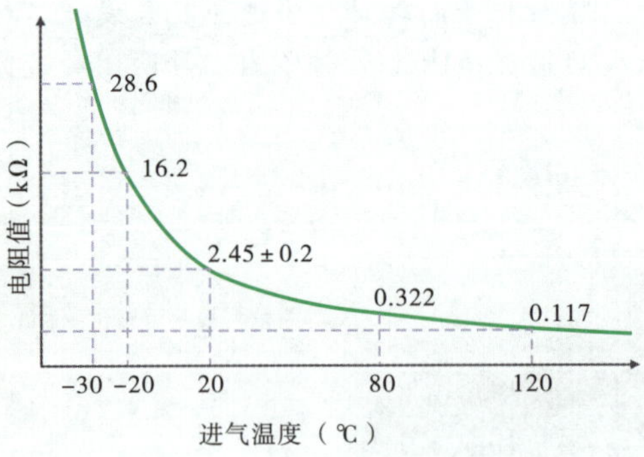


图2-58　热敏电阻变化特征曲线

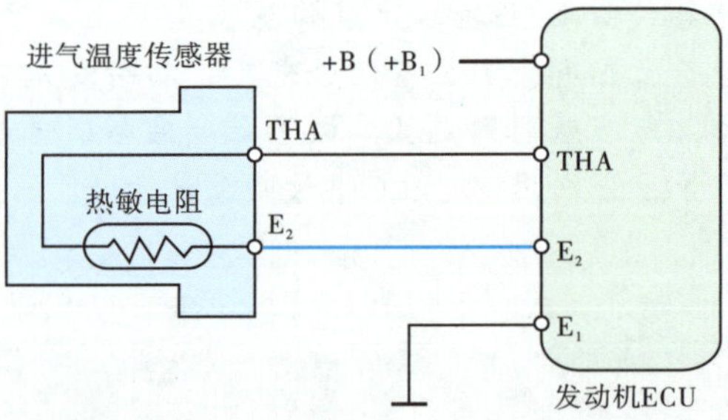


图2-59　进气温度传感器工作原理电路

### 就车检测进气温度传感器：

关闭点火开关，拔下进气温度传感器连接插头，用高阻抗数字万用表电阻档检测传感器连接插头的两个端子，如图2-60所示，阻值应在0.2~20kΩ之间，否则说明传感器已损坏或失效，应该更换。

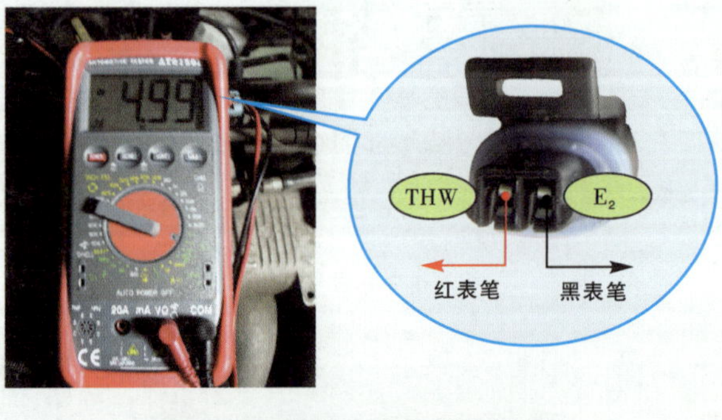


图2-60　进气温度传感器检测

## （3）冷却液温度传感器

发动机冷却液温度传感器（ECT）向ECU提供一个随冷却液温度变化的模拟信号。这种传感器通常固定在冷却水管上，其下端浸入发动机的冷却水中，结构如图 2-61所示。其特性与进气温度传感器类似，同样为负温度系，特征曲线如图2-62所示。它的工作原理基本上与进气温度传感器相同。

冷却液温度传感器

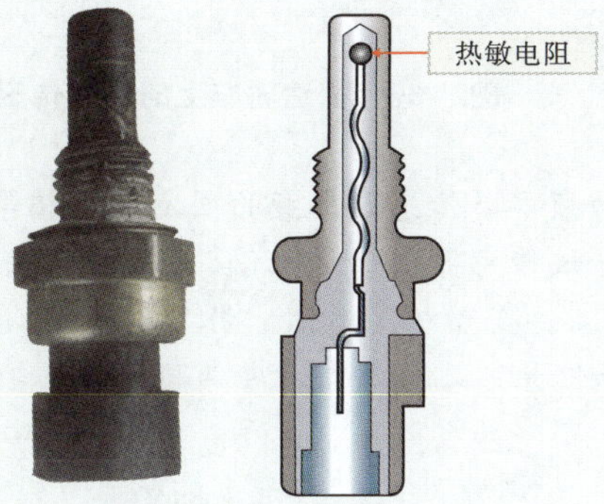


图2-61 冷却液温度传感器结构（捷达BJG）

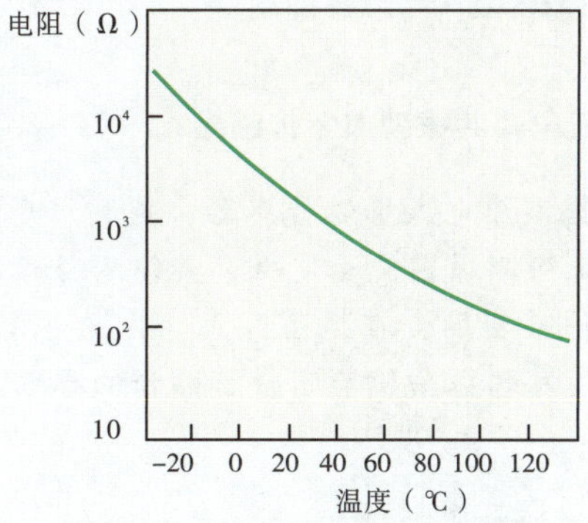


图2-62 冷却液温度传感器特性曲线

**工作原理：** 从图2-63中可以看出，ECU是5V的电压通过1kΩ电阻和晶体三极管的串联后再与10kΩ电阻并联的电路，然后经过传感器接地。当温度较低时，传感器上的热敏电阻的阻值较大，这时ECU使晶体管截止，5V的电压只通过10kΩ电阻及传感器后接地，由于传感器的热敏电阻的阻值与10kΩ电阻的阻值相差不大，这样传感器所测得的数值比较准确；而当温度达到一个特定值（51.6℃）时，热敏电阻的阻值发生了很大的变化，此时其阻值相对10kΩ已经较小，测得的数值不准确，此时ECU使晶体管导通，这样5V电压就通过1kΩ电阻和晶体管串联后再与10kΩ的电阻并联，继而经过传感器接地。因为并联后的阻值与1kΩ相差不大，即与温度升高后的传感器的阻值相差不大，这样即使温度升高后发生变化，也能使测量结果准确。

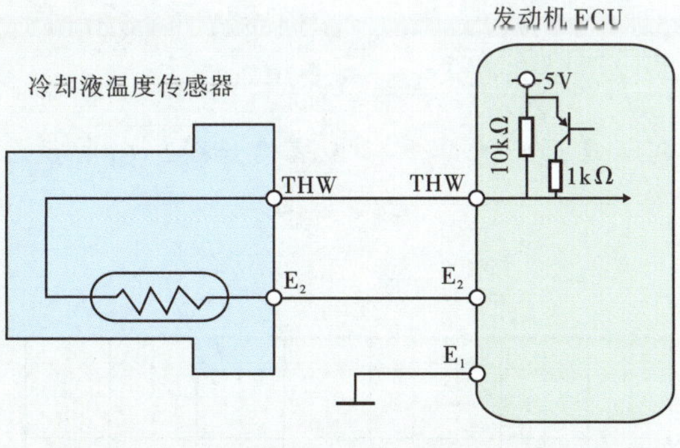


图2-63 典型冷却液温度传感器电路原理

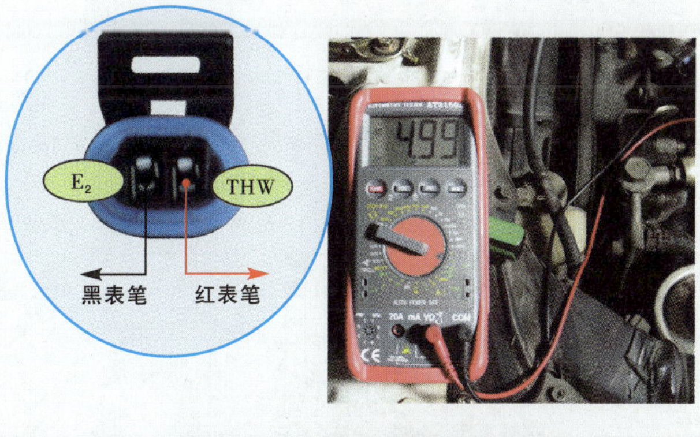


图2-64 冷却液温度传感器检测

**就车检测冷却液温度传感器：**

关闭点火开关，拔下冷却液温度传感器连接插头，用高阻抗数字万用表电阻挡检测传感器连接插头的两个端子间的电阻，如图2-64所示，阻值应在0.2~20kΩ之间，否则说明传感器已损坏或失效，应该更换。

## （4）爆燃传感器

爆燃传感器按结构的不同，可分为压电式和致磁伸缩式等。

图2-65所示是在大众捷达轿车上的爆燃传感器。

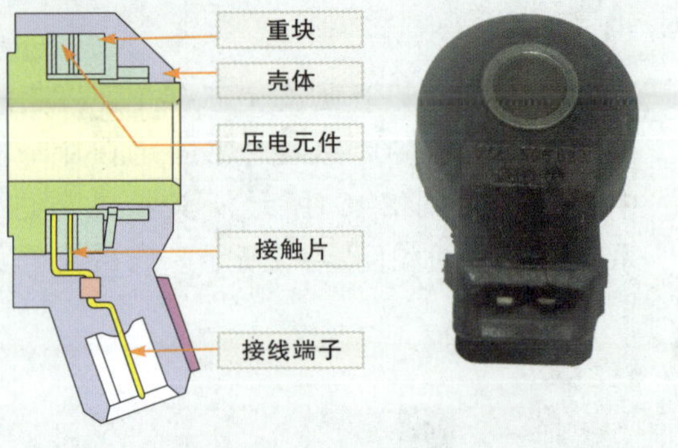


图2-65 捷达轿车上的爆燃传感器

### ①压电式爆燃传感器

#### 压电式共振型爆燃传感器

共振型压电式爆燃传感器，是利用产生爆燃时的发动机振动频率与传感器本身的固定频率相等时产生的共振现象来检测爆燃是否发生，其结构与工作原理如图2-66所示。该传感器由压电元件、振荡片、基座等构成。压电元件紧密贴合在振荡片上，振荡片则固定在传感器的基座上。发动机工作时，振荡片随机体的振动而振荡，振荡片的振荡使与它紧密贴合的压电元件变形，并产生电压信号，此电压信号即是传感器的输出信号。

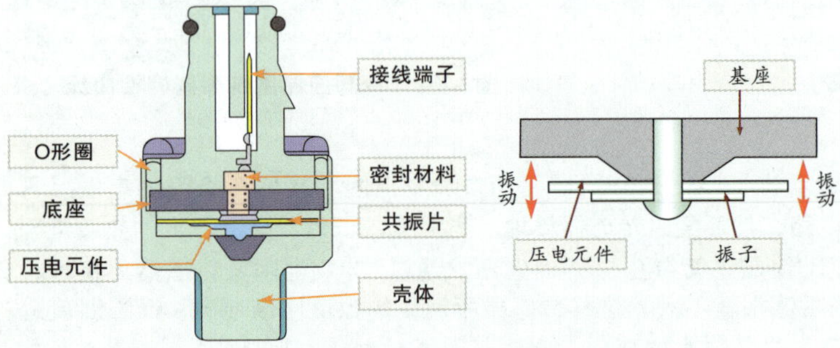


图2-66 压电式共振型爆燃传感器结构与工作原理

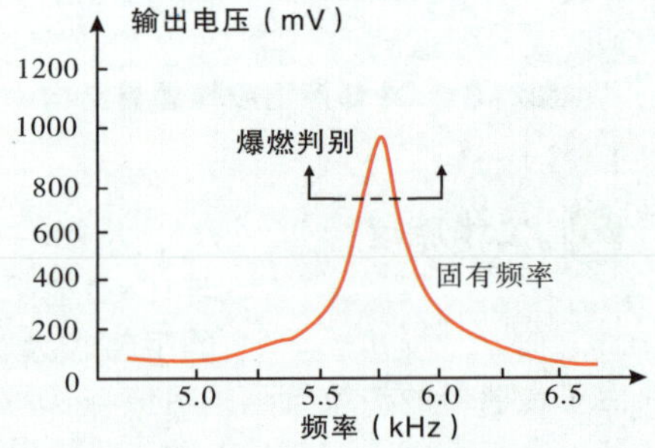


图2-67 压电式共振型爆燃传感器输出特性

振荡片有一个固有频率，当发动机爆燃时的振动频率与振荡片的固有频率一样时，振动荡片产生共振，此时压电元件产生的电压最大，如图2-67所示。这种传感器在爆燃发生时的输出电压比非共振（即无爆燃）时的输出电压高得多，因此不需要滤波器，ECU即可判别是否发生爆燃。

#### 压电式非共振型爆燃传感器

压电式非共振型爆燃传感器是以接收加速度信号的形式来判断是否产生爆燃，其结构如图2-68所示。它由两个同极性相向对接的压电元件和配重构成。

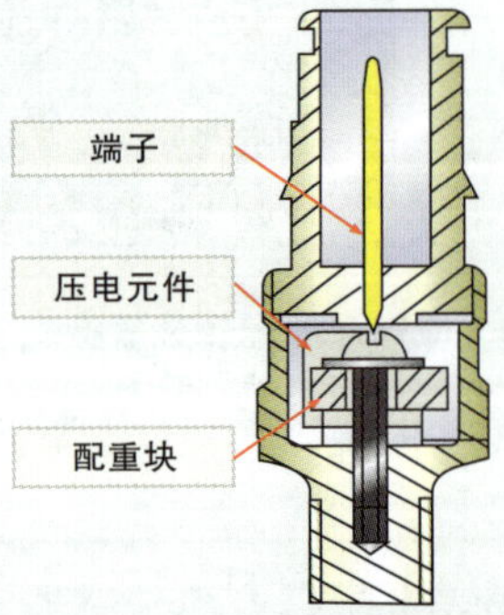


图2-68 压电式非共振型爆燃传感器结构

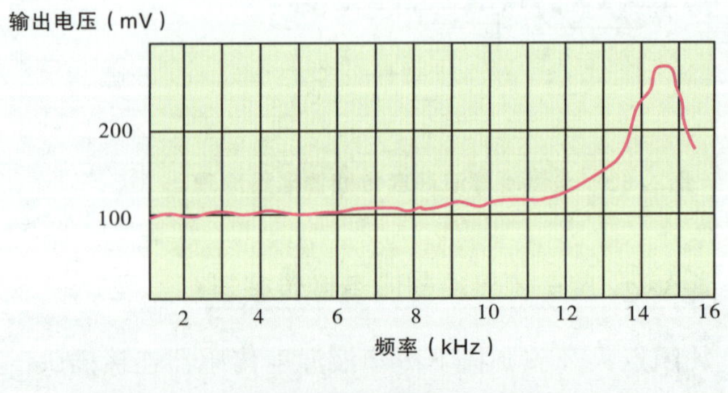


图2-69 压电式非共振型爆燃传感器输出特性

发动机机体振动时，传感器内部的配重受机体振动的影响而产生加速度，压电元件就会受到配重加速时惯性力的作用，而产生电压信号。在爆燃发生时的频率及该频率附近，输出的信号不会很大，而是具有平缓的输出特性，如图2-69所示。因此，为了能够根据该传感器输出的电压对发动机是否发生爆燃作出判断，必须将反映发动机振动频率的输出电压信号传送到识别爆燃的滤波器中，以判别是否有爆燃信号产生。

### 压电式火花塞座金属垫型爆燃传感器

压电式火花塞座金属垫型爆燃传感器是由压电元件制成，安装在火花塞的垫圈处，每缸安装一个，这类传感器也叫垫圈型压力传感器，结构如图2-70所示。根据各缸的燃烧压力直接检测各缸的爆燃信号，并转换成电信号输送给ECU。

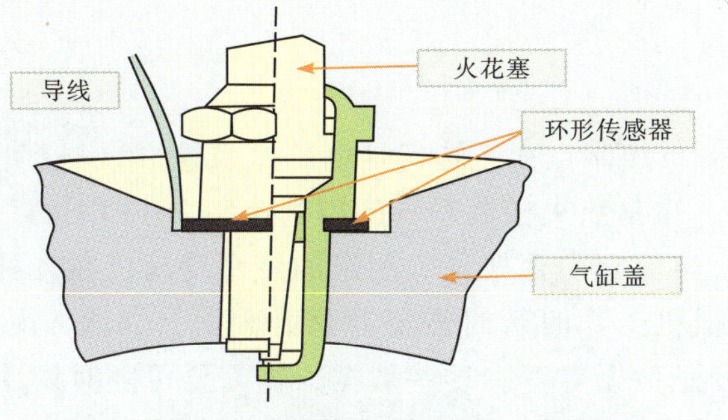


图2-70 压电式火花塞座金属型爆燃传感器结构

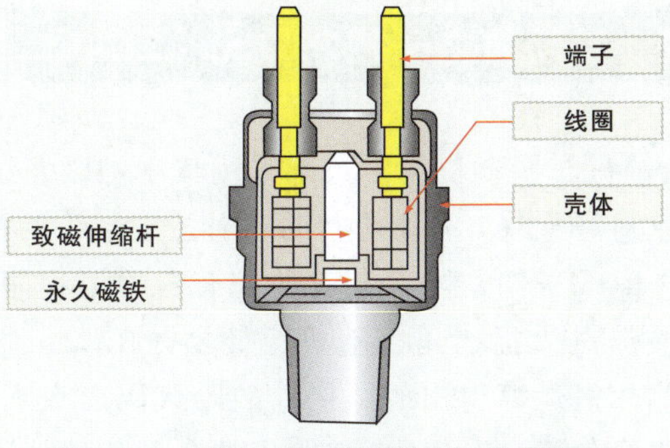


图2-71 致磁伸缩式爆燃传感器结构

### ②致磁伸缩式爆燃传感器

致磁伸缩式爆燃传感器的外形和结构如图2-71所示。它由高镍合金的致磁伸缩杆、永久磁铁、线圈、壳体等组成。当机体振动时，致磁伸缩杆受到机体振动的影响，在传感器内产生轴向振动，使通过感应线圈的磁通发生变化，在感应线圈产生感应电动势，此电动势即是爆燃传感器输出的电压信号。传感器输出的电压信号的大小与发动机振动的频率有关，当传感器自振频率与设定爆燃强度时发动机的振动频率产生谐振时，传感器的输出电压将达到最大值，ECU根据该传感器的输出电压就可以对发动机是否爆燃作出判断。

### 爆燃传感器的检修：

一般检测爆燃传感器常见的方法有检测电阻和波形检测两种：

①关闭点火开关：拆开爆燃传感器线束连接器，用高阻抗万用表的欧姆挡检查传感器端子与传感器壳体之间电阻，应不导通（电阻为无穷大），否则说明内部短路，应更换传感器，如图2-72所示。

②打开点火开关：在怠速运转时用示波器检测爆燃传感器工作情况的检查。拆开爆燃传感器线束连接器，用示波器检查传感器端子与搭铁之间的信号电压，应有脉冲信号输出，否则说明传感器不良，应更换新件，如图2-73所示。

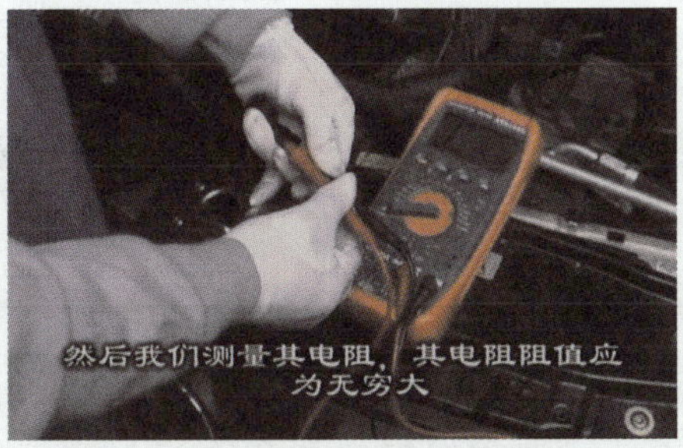


图2-72 爆燃传感器电阻检测

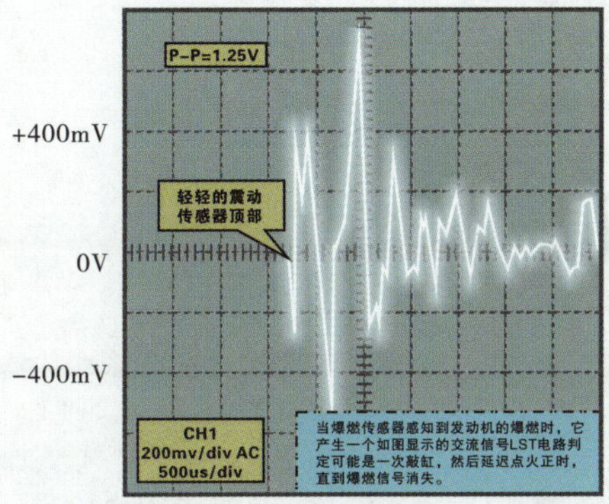


图2-73 爆燃传感器波形检测

#### （5）其他传感器及各种开关

空气流量传感器信号输入ECU，除了用于计算基本喷油量外，还用来确定基本的点火提前角；节气门位传感器信号与车速传感器一起综合判断发动机所处的工况，对点火提前角进行修正；启动开关主要在发动机启动时修正点火提前角；空调开关信号在怠速工况下使用空调时修正点火提前角；在装有自动变速器的车辆上，ECU利用空挡安全开关信号判断发动机是处于怠速工况还是行驶工况，从而对点火提前角进行必要的修正。

### 2. 发动机电子控制单元（ECU）

目前汽车发动机大多数都采用集中控制系统，其中微机控制点火系统仅是电子控制器的一个子系统。电子控制器（ECU）既是燃油喷射控制系统的控制核心，也是点火控制系统的控制核心。在ECU的只读存贮器（ROM）中，除存储有监控和自检等程序之外，还存储有由台架试验测定的该型发动机在各种工况下的最佳点火提前角；随机存储器（RAM）用来存储微机工作时暂时需要存储的数据，如输入/输出数据、单片机运算得出的结果、故障代码、点火提前角修正数据等等，这些数据根据需要可随时调用或被新的数据改写。CPU不断接收上述各种传感器发送的信号，并按预先编制的程序进行计算和判断后，向点火控制器发出最佳点火提前角和点火线圈初级电路导通时间的控制信号。

### 3. 点火执行器

#### （1）点火器

点火器是ECU控制点火系统的功率输出端，它将ECU的点火控制信号进行放大驱动点火线圈。点火器的电路、功能与结构在不同的车型上有所差异，有的与ECU被制作在同一电路板上；而有的是与点火线圈做成一体；还有的只是一个功率晶体管。

#### （2）点火线圈

可将火花塞跳火所需的能量存储在线圈的磁场中，并将电源提供的低压电转变为足以在电极间产生击穿点火的15~20kV高压电。在有分电器的电控点火系统中，只有1个点火线圈，而无分电器点火系统中则有多个点火线圈。

#### （3）分电器

在有分电器的电控点火系统中，分电器根据发动机的点火顺序，将点火线圈产生的高压电依次输送给各缸火花塞。ECU控制点火系统中有些是不带分电器的直接点火系统。

#### （4）火花塞

火花塞主要是利用点火线圈产生的高电压产生电火花，点燃气缸内的混合气。

# 三、ECU控制点火系统基本类型与工作原理

ECU控制点火系统的分类如图2–74所示。

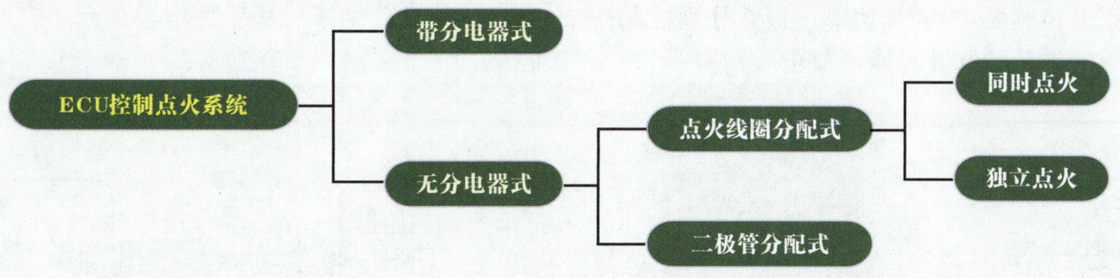


**图2–74　ECU控制点火系统的分类**

## 1. 带分电器式

ECU控制带分电器式点火系统的组成如图2–75所示。带分电器式点火系统电路如图2–76所示。

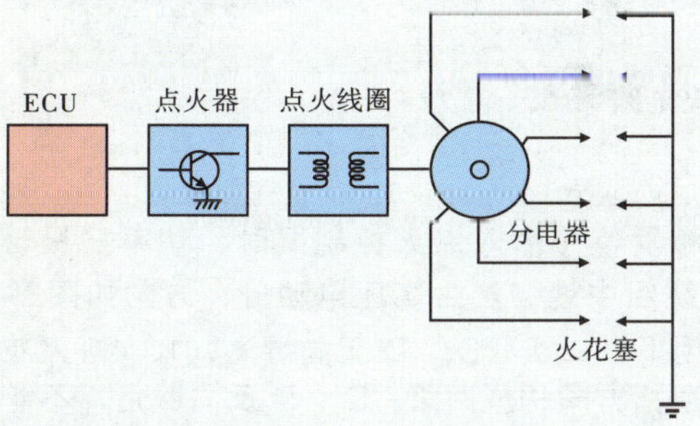


**图2–75　ECU控制带分电器式点火系统**

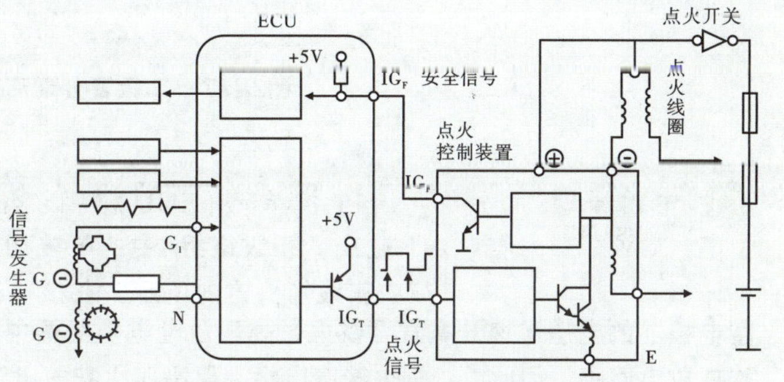


**图2–76　带分电器式点火系统电路**

ECU根据各输入信号，确定点火时刻，并将点火正时信号$IG_T$送至点火器，当$IG_T$信号变为低电平时，点火线圈初级线圈被切断，二次线圈中感应出高压电，再由分电器送至相应缸火花塞点火。

为了产生稳定的二次线圈感应电压和保证系统的可靠工作，在点火器中设有闭合角控制回路和点火确认信号（$IG_F$）安全保护电路。

## 2. 无分电器式

**无分电器的点火控制系统又有两种类型，分别是二极管分配式和点火线圈分配式。**

## （1）二极管分配式

二极管分配高压电的双缸同时点火电路原理如图2-77所示。点火线圈由2个初级绕组和1个次级绕组构成，次级绕组的两端通过4只高压二极管与火花塞构成回路。4只二极管有内装式（安装在点火线圈内部）和外装式两种。对于点火顺序为1-3-4-2的发动机，1、4缸为一组，2、3缸为另一组。点火控制器中的2只功率三极管分别控制一个初级绕组，2只功率三极管由电控单元（ECU）按点火顺序交替控制其导通与截止。

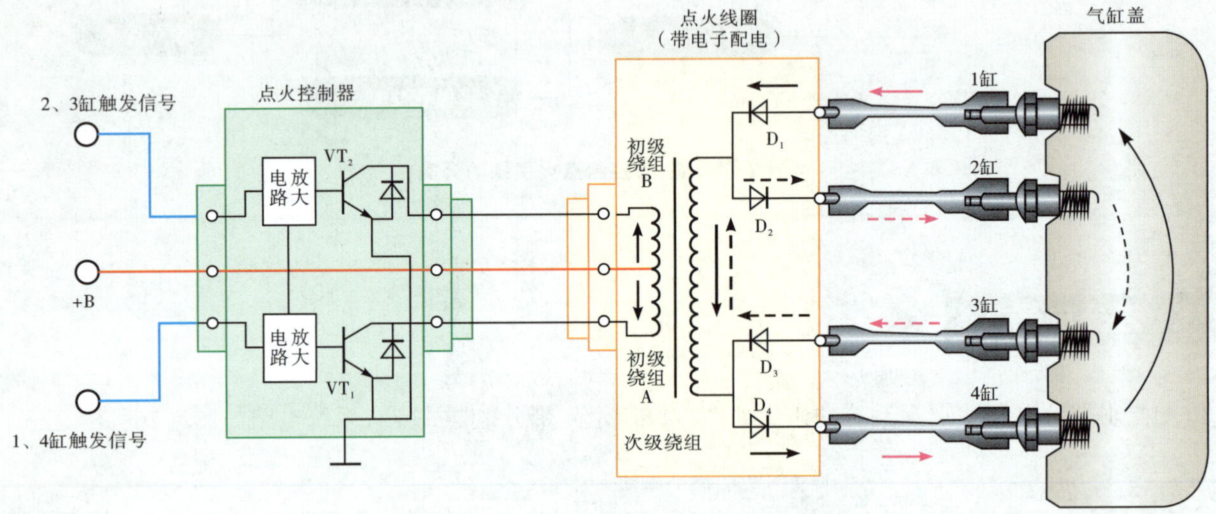


**图2-77　二极管分配高压同时点火电路**

**电路原理：** 当电控单元（ECU）将1、4缸的点火触发信号输入点火控制器时，功率三极管$VT_1$截止，初级绕组A中的电流切断，次级绕组中就会产生高压电动势，方向如图2-77中实线箭头方向所示。在该电动势的作用下，二极管$D_1$、$D_4$正向导通，1、4缸火花塞电极上的电压迅速升高直至跳火，高压放电电流经图中实线箭头所指方向构成回路；$D_2$、$D_3$反向截止，不能构成放电回路，因此2、3缸火花塞电极上无高压火花放电流而不能跳火。

当ECU将2、3缸点火触发信号输入点火控制器时，三极管$VT_2$截止，初级绕组B中的电流切断，次级绕组产生高压电动势，方向如图中虚线箭头方向所示。此时二极管$D_1$、$D_4$反向截止，$D_2$、$D_3$正向导通，因此2、3缸火花塞电极上的电压迅速升高直至跳火，高压放电电流经图中虚线箭头所指方向构成回路。

## （2）点火线圈分配式

点火线圈无分电器点火系统是将点火线圈的高压电直接分配给火花塞，又可分同时点火和单独点火两种类型。

### ①同时点火

点火线圈直接分配高压的双缸同时点火电路原理如图2-78所示。桑塔纳2000GSi、捷达AT、GTX和奥迪200型轿车点火系统采用了这种配电方式。

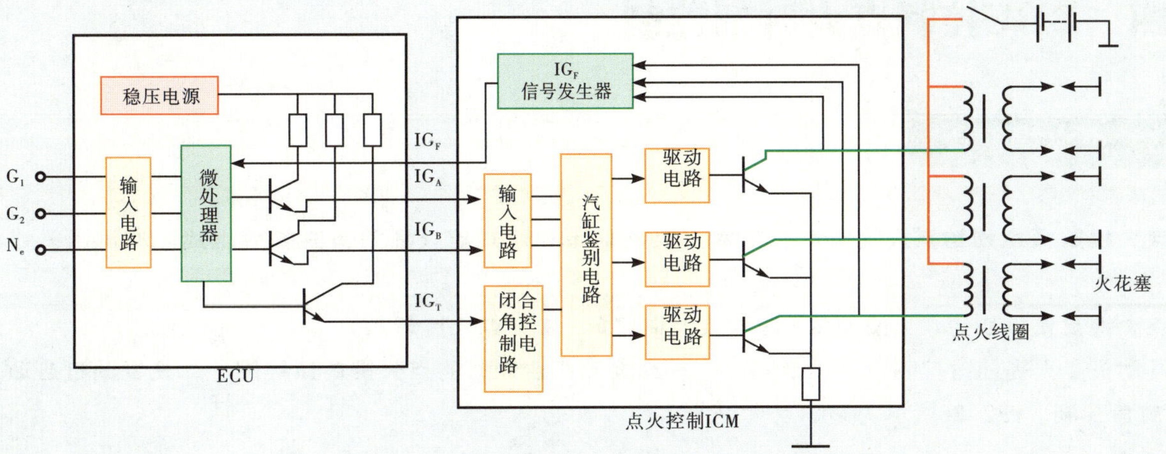


**图2-78 点火线圈分配高压同时点火电路**

**电路原理：** 点火线圈组件由2个4缸发动机或3个6缸发动机独立的点火线圈组成，每个点火线圈供给成对的两个火花塞工作（4缸发动机的1、4缸和2、3缸分别共用1个点火线圈；6缸发动机1、6缸、2、5缸和3、4缸分别共用1个点火线圈）。电子点火控制器中配有与点火线圈数量相等的功率三极管，分别控制一个点火线圈工作。点火控制器（ICM）根据电控单元（ECU）输出的点火控制信号，按点火顺序轮流触发功率三极管导通、截止，从而控制每个点火线圈轮流产生高压电，再通过高压线直接输送到成对的两缸火花塞电极间隙上跳火点燃可燃混合气。

### ②单独点火

无分电器单独点火方式的控制电路基本相同，但随车型不同也存在一些差异，图2-79所示为日产公司无分电器点火系统的电路控制原理图。它主要由各缸分别独立的点火线圈和电子点火器及发动机ECU等组成。各缸点火线圈的初级绕组分别由点火器中的一个功率管控制，整个点火系统的工作由ECU控制。发动机工作时，发动机ECU根据曲轴位置及发动机与存储器中储存数据相比较分析，并经计算后适时地向点火器输出点火信号，由点火器中的功率管分别接通与切断各缸点火线圈的初级电路。单独点火系统因为取消了高压线，能量损失小，效率高，电磁干扰少。

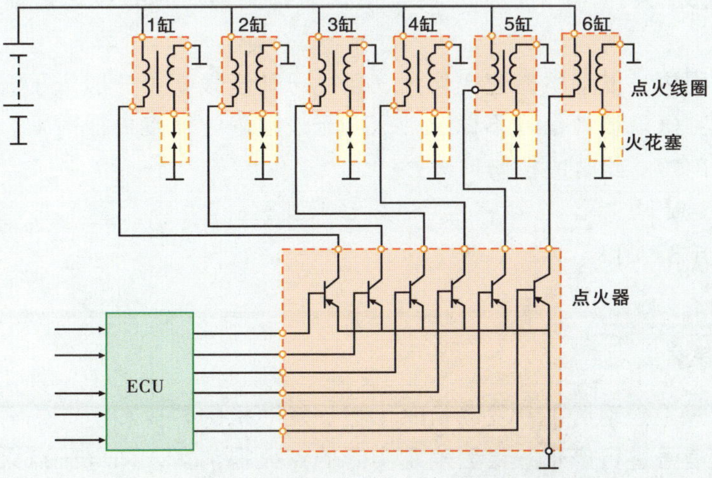


**图2-79 无分电器单独点火系统电路控制原理**

# 四、ECU控制点火时刻控制

## 1. 点火提前角

**点火提前角由初始点火提前角、基本点火提前角和修正点火提前角三部分组成。**亦可用公式这样描述：

**点火提前角＝初始点火提前角＋基本点火提前角＋修正点火提前角**

发动机点火提前角控制包含两个阶段：**一是发动机启动时的点火提前角控制，二是发动机启动后的点火提前角控制**。图2–80所示为影响点火提前角的因素。

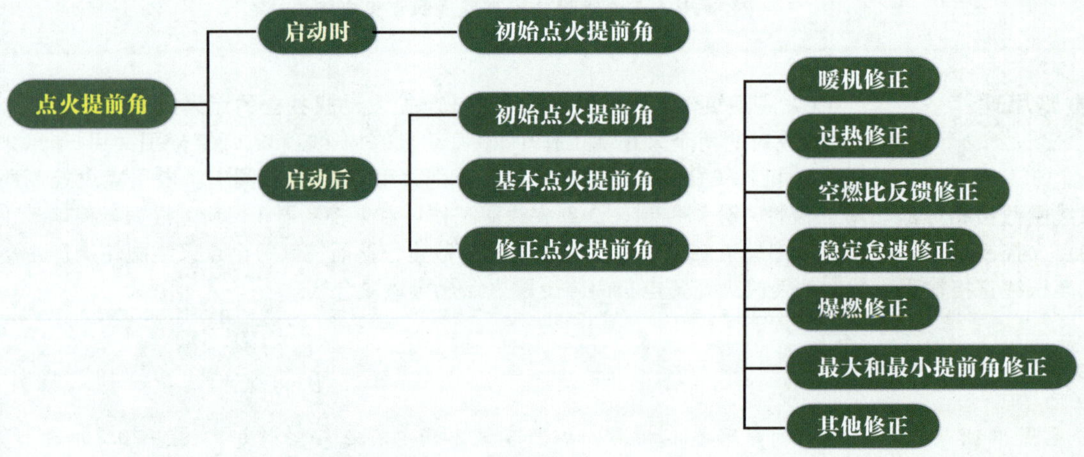


**图2–80　影响点火提前角的因素**

### （1）启动时点火提前角控制

发动机启动时，按ECU内存储的初始点火提前角（设定值）对点火提前角进行控制。启动时点火提前角的设定值随发动机而异，对一定的发动机而言，启动时的点火提前角是固定的，一般为10°左右。

在发动机启动过程中，发动机转速变化大，且由于转速较低（一般低于500r/min），进气管绝对压力传感器信号或空气流量计信号不稳定，ECU无法正确计算点火提前角，一般将点火时刻固定在设定的初始点火提前角。此时的控制信号：

◆发动机转速信号（$N_e$）；

◆启动开关信号（STA）。

### （2）启动后点火提前角控制

发动机正常运转时（启动后），发动机ECU根据发动机的转速和负荷信号，确定基本点火提前角，并根据其他有关信号进行修正，最后确定实际的点火提前角，向电子点火控制器输出点火指令信号，以控制点火系的工作。

## ①基本点火提前角

发动机正常运转时，电控单元按怠速工况和正常工况两种情况，确定基本点火提前角。

### 怠速工况时

发动机处于怠速工况时，电控单元根据节气门位置信号（怠速触点闭合）、发动机转速信号及空调开关信号，确定基本点火提前角，如图2–81所示。主要控制信号:

- ◆进气歧管压力或进气量信号；
- ◆发动机转速信号；
- ◆节气门位置信号；
- ◆爆燃信号。

基本点火提前角

### 非怠速工况时

发动机处于非怠速工况时，电控单元根据发动机转速和节气门位置信号，从预置在储存器中的数据表中查出相应的基本点火提前角，如图2–82所示。主要控制信号:

- ◆节气门位置信号（IDL）；
- ◆发动机转速信号；
- ◆空调开关信号。

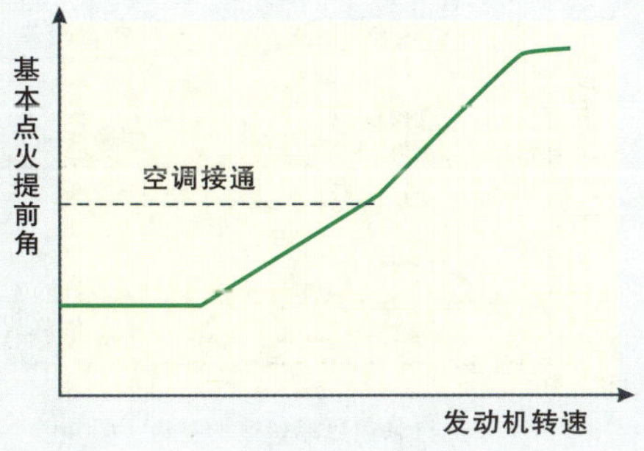


图2–81
怠速工况基本点火提前角随发动机转速度的变化规律

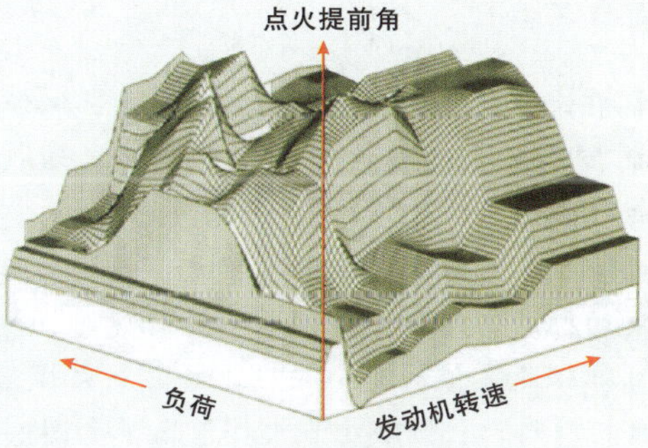


图2–82
非怠速工况基本点火提前角与发动机转速和负荷的关系

## ②修正点火提前角

为了获得良好的动力性、经济性和排放性能，点火提前角须适应发动机的运行状况。点火提前角必须根据冷却液温度、进气温度、开关信号等因素适当增大或减小，即对点火提前角进行必要修正。

### 暖机修正

发动机冷车启动后，冷却水温度较低时，应增大点火提前角。在暖机过程中，随冷却水温度的升高，点火提前角修正值逐渐减小，如图2–83所示。修正值的变化规律及大小随车型不同而不同。发动机暖机修正的主要控制信号：

- ◆冷却液温度信号；
- ◆进气歧管压力（进气量）信号；
- ◆节气门位置信号。

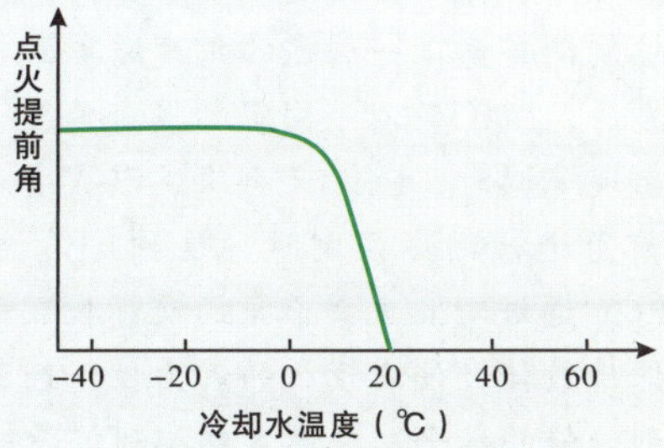


图2–83 暖机修正曲线

### 过热修正

发动机处于正常运行工况时（怠速触点断开），若冷却水温度过高，为了避免产生爆燃，应将点火提前角推迟。发动机处于怠速工况时（怠速触点闭合），若冷却水温度过高，为了避免发动机长时间过热，应将点火提前角增大。过热修正值的变化规律如图2-84所示。主要控制信号：

◆冷却液温度信号；

◆节气门位置信号。

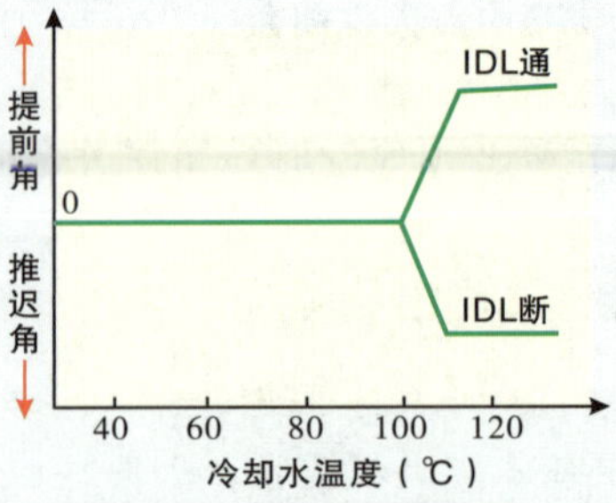

图2-84　过热修正曲线

### 空燃比反馈修正

有氧传感器的电控汽油喷射系统，其电控单元根据氧传感器的反馈信号空燃比进行修正。随着修正喷油的增加或减少，发动机转速在一定范围内波动。为了提高怠速的稳定性，在反馈修正油量减少时，点火提前角相应地增加，如图2-85所示。

◆氧传感器；

◆冷却液温度信号；

◆节气门位置信号；

◆车速信号。

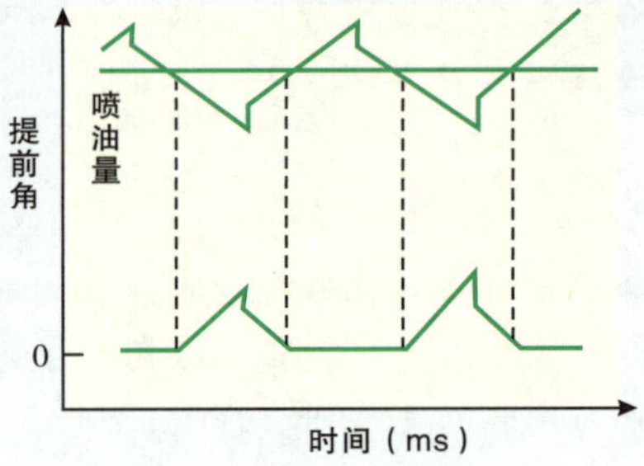

图2-85　空燃比反馈修正

### 稳定怠速修正

发动机在怠速工况运行时，由于负荷变化使发动机转速发生变化，电控单元要调整点火提前角，使发动机在规定的怠速转速下稳定运转。

发动机处于怠速工况时，电控单元不断地计算发动机的平均转速，当发动机的转速低于规定的怠速转速时，电控单元根据实际转速与目标转速差值的大小相应地增大点火提前角；当发动机转速高于目标转速时，则减小点火提前角，如图2-86所示。

◆发动机转速信号；

◆空调信号；

◆节气门位置信号；

◆车速信号。

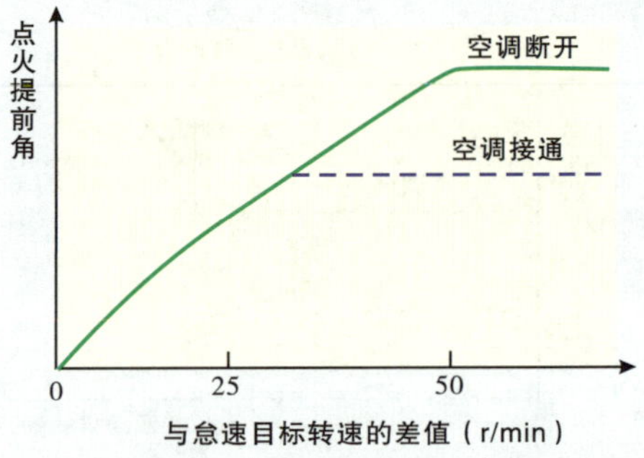

图2-86　怠速稳定性修正

### 稳定怠速修正

爆燃修正控制是一个闭环控制过程，如图2-87所示。当发动机产生爆燃时，ECU根据爆燃信号的强弱，控制推迟角度的大小。爆燃强，推迟的角度大；爆燃弱，推迟的角度小。每一次的反馈控制调整都以一固定的角度递减，直到爆燃消失为止。当爆燃消失后，ECU又以一固定的提前角度逐渐增大点火提前角；当再次出现爆燃时，ECU又再次逐渐减小点火提前角。在需要对点火提前角进行闭环控制时，这种反馈控制调整过程是反复进行的。ECU通过对点火提前角的反馈控制可以使实际的点火提前角始终保持最佳，使发动机的动力性、经济性和控制有害物的排放都达到较佳的水平。爆燃主要控制信号：

◆爆燃传感器信号。

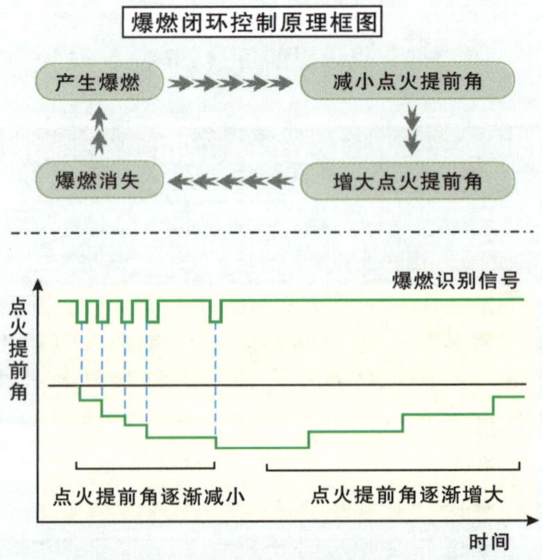

图2-87　点火提前角的闭环控制过程

### 最大和最小点火提前角控制

如果发动机实际点火提前角不合理，发动机将很难正常运转。在初始点火提前角已设定时，受ECU控制的实际点火提前角则为基本点火提前角与修正点火提前角之和，该值应保证在一定范围内。

**最大提前角一般为35°～45°。**

**最小提前角一般为-10°～0°。**

电控点火系统的原理已经介绍完了，最后对开篇所提到的那一则案例进行故障排除。

## 故障分析

1.8T发动机的点火线圈属于点火控制模块和点火线圈集成一起的一体式点火线圈，如图2-88所示。其中，点火控制模块位于顶端，下部为线圈部分，次级线圈被初级线圈缠绕在中间并由硬质绝缘材料封装，最外层则是金属屏蔽层。

经过对多个已经损坏的点火线圈进行解体，发现这些点火线圈几乎都是次级线圈绝缘层被击穿，有的在绝缘层上端（如图2-89所示）被击穿，有的在绝缘层下端被击穿。绝缘层被击穿并非其电路设计问题，主要是绝缘层绝缘性能不良，使匝间、层间与极间出现短路现象，从而导致点火能量下降或根本没有能量输出。

另一方面，涡轮增压器对点火电压有影响。车辆正常行驶时，发动机、火花塞电极温度都很高，混合气稀，此时的混合气很容易被电离击穿。涡轮增压器在此时也开始工作，进气系统的充气效率提高，气缸内的压力相对普通汽油机也要提高，混合气的密度变大。而此时击穿火花塞的电压要比普通发动机高出2～6kV（普通发动机8～12kV）。在大负荷和急加速时点火击穿电压将达到20kV左右，所以有些车在急加速时故障特别明显。

现在轿车的发动机点火线圈一般都可以提供30kV以上的点火电压，比带有增压系统的汽油机的点火电压还要高一些。从以上的情况来看，如果次级线圈的耐压能达到30kV以上，此故障应该不会出现。

图2-88　1.8T发动机的点火线圈

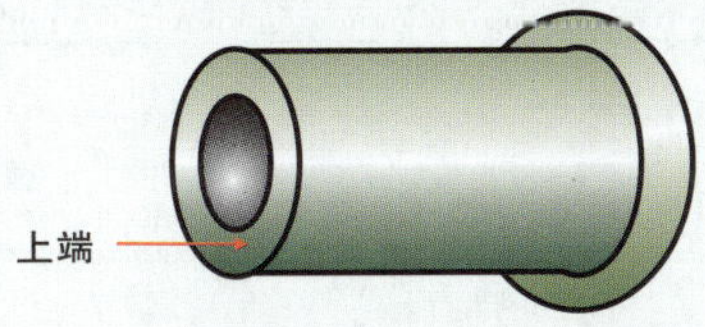


图2-89　次级绝缘层上端

## 故障排除

①首先用V.A.G1551诊断仪进行诊断查询，诊断仪不能与发动机控制单元通讯，但进入其他控制单元都很正常。这说明发动机控制单元可能无电源，假如无电源应与其供电线路有关，需要按以下供电线路的布置顺序诊断。

该发动机采用的是各缸独立点火系统。发动机控制单元的供电线有两根，如图2-90所示，一根是30号线（常火）另一根是15号线（通过点火开关，供电由428号继电器控制）。常火经保险盒上的10号（15A）保险丝并通过红绿线至插头T6的4号插脚，然后到发动机舱线束的D78正极连接点，线束颜色变成白红线，再到428号继电器的被控端。428号继电器是受点火开关控制的，当点火开关闭合后428号继电器吸合，白红线的常火通过428号继电器后，变成了受点火开关控制的火线（白红线），再经过插头T2的1号插脚后，通过黑紫色线到发动机舱线束的D52正极连接点。D52正极连接点将黑紫色线的电分配给发动机控制单元的121号插脚和4个点火线圈，作为发动机控制单元和点火线圈的供电电源。

②接着检查了10号保险丝，正常。再拔下发动机舱左侧保护壳体内的428号继电器，发现各个插脚都无电压，说明问题出在10号保险丝到428号继电器之间。

③这段线束只有插头T6在流水槽左侧的保护壳内，于是检查该插头的4号插脚，结果也无电压，确定是10号保险丝到插头T6之间的线束出现断路。

④然后，在10号保险丝和插头T6之间跨接一段电线，并对相关接头进行绝缘处理，将点火开关打开，V.A.GI551可以进入发动机控制单元了。通过“02”功能查询，系统内储存了表明“第3缸失火”“控制单元没有供电故障”的故障码。

⑤根据修理经验，3缸失火一般都是点火线圈的次级线圈被击穿造成的。将3缸点火线圈更换，再将跨接线处理好，用V.A.G1551清除故障记忆，发动机工作正常，故障彻底排除了。

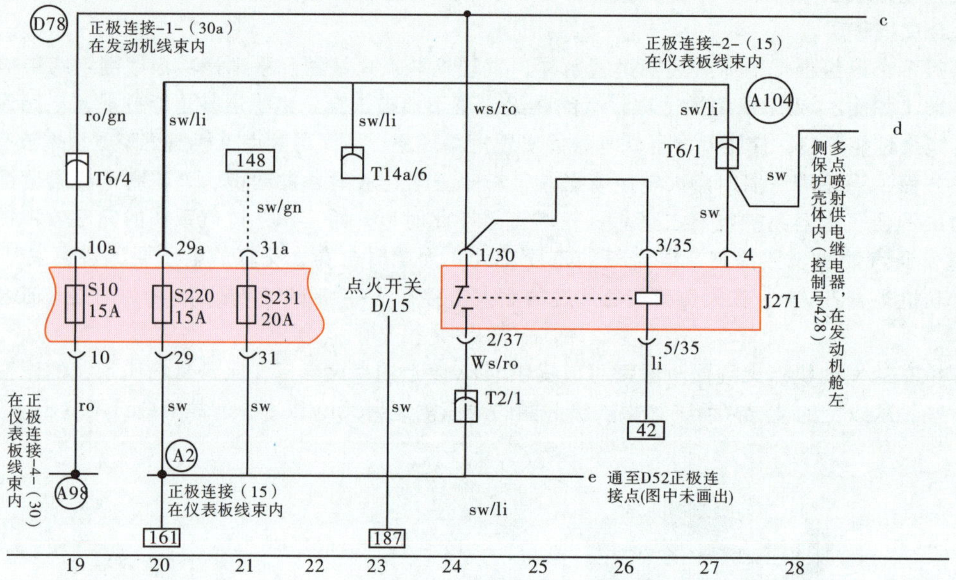


图2-90 点火控制

## 思考与练习

**填空题**

1. ________是点火系统工作的基本原理。

2. 点火系统的发展经历过了三个阶段，________点火系统、________点火系统、________点火系统。

3. 微机控制点火系统可以实现发动机在各种工况下均能达到最佳点火时刻，从而提高发动机的________性、________性，改善________。

4. ________信号和________信号是确定点火时间的基本信号。

5. 发动机进气质量的大小与进气________和进气________有关，相同体积的空气，温度高时空气的密度小，质量________；反之，温度低时空气密度大，质量就________。

6. 进气温度传感器的核心部件是________，也就是当温度升高时传感器的电阻明显________。

7. 压电式共振型爆燃传感器振荡片有 个固有频率，当发动机爆燃时的振动频率与振荡片的固有频率一样时，振动荡片产生共振，此时压电元件产生大电压________。

8. 在电控点火系统中，________根据发动机的点火顺序，将点火线圈产生的高压电依次输送给各缸火花塞。

9. 火花塞主要是利用________产生的________产生电火花，点燃气缸内的混合气。

10. 点火提前角由________、________和________三部分组成。

汽车的排放污染对生态环境和人类的健康造成了很大的危害，国际上各个国家或地区对汽车的排放标准越来越严格。面对严格的汽车排放标准，各个汽车厂商采取了各种新技术以减低汽车危害气体的排放。汽车尾气检测是车辆每次年检必检项目，不合格年检就不能通过。这里有这样一个汽车排放的故障案例，学完下面情景的内容后再对该故障进行分析和排除。故障现象如下：

一辆一汽大众奥迪C3，行驶了120 000km，到服务站修理。用户反映此车加速不良，排气管冒黑烟，安装的是德国原装2.4LV6发动机，采用MPFI电控喷射系统。排气管安装三元催化器，用来降低尾气的有害气体。催化器前部安装氧传感器，作为发动机电脑控制单元的反馈信号，修正喷油量进而控制尾气排放。

# 情境四：排放系统

随着汽车工业的发展，汽车的保有量不断增加，汽车排放污染对人类生存环境造成了极大的危害。汽车的排放污染主要来源于发动机排出的废气（约占65%以上）、曲轴箱窜气（约占20%）和燃料供给系统中蒸发的燃油蒸气（占10%~20%），如图2-91所示。汽油机的主要排放污染物是一氧化碳（CO）、碳氢化合物（HC）和氮氧化合物（$NO_x$），柴油机的主要排放污染物是HC、$NO_x$和碳烟。

针对汽车污染源和各种污染物的产生机理，近年来，为了减少四类废气排放（尾气排放、曲轴箱排放、燃油蒸发排放和NOX排放），在汽车尤其是轿车上装用了多种排放控制系统。针对尾气，采用闭环控制技术、催化转换控制技术和二次空气供给技术；针对曲轴箱废气，采用了曲轴箱强制通风（PCV）技术；针对燃油蒸发问题，采用了汽油蒸气排放（EVAP）控制技术；针对氮氧化物，采用废气再循环（EGR）技术。随着国际上对汽车排放要求的提高，各个汽车厂商会针对排放问题不断改进和研发新技术，改善汽车的排放。

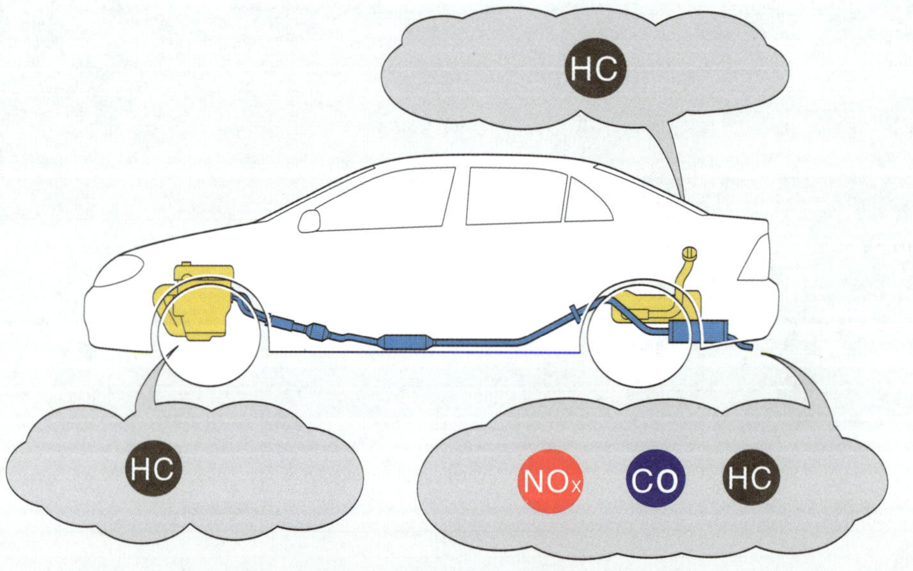


图2-91　汽车排放废气组成

# 一、尾气排放控制

汽车尾气排放如图2-92所示。

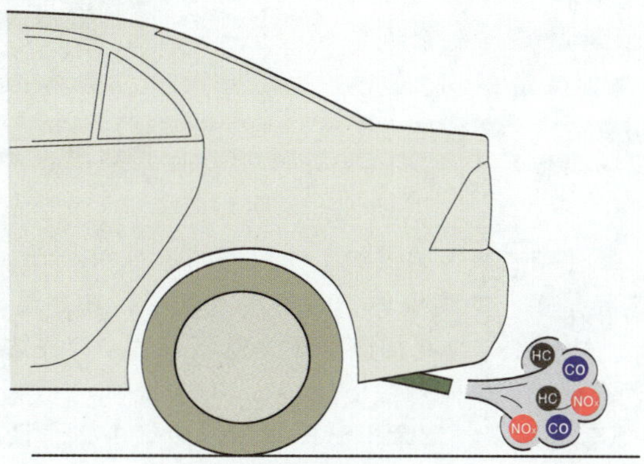


图2-92 汽车尾气排放

## 1. 闭环控制

为了达到控制汽车尾气污染问题，汽车生产厂商采用了闭环控制技术，即在排气管上安装氧传感器。氧传感器闭环控制过程（图2-93）中向ECU发送反馈信号，起到监测尾气的作用，也就可以间接知道混合气体燃烧的状况。

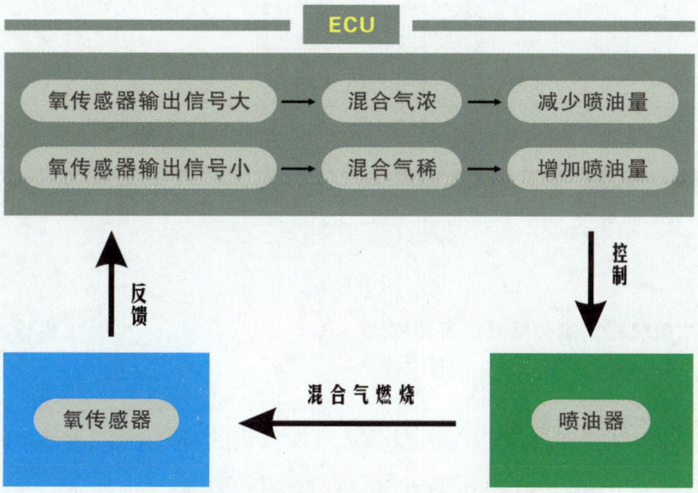


图2-93 氧传感器闭环控制过程

### （1）氧传感器

氧传感器是闭环控制的重要部件之一，常见的氧传感器主要有二氧化锆式氧传感器和二氧化钛式氧传感器两种。

## ①二氧化锆式氧传感器

二氧化锆式氧传感器的基础元件是锆管（专用陶瓷体），该管是由氧化锆固体电解质制成的。管的内外表面都喷涂有一层多孔的铂膜作为电极，外表面接触大气，内表面接触排气管尾气。在锆管的外面一个带孔的金属保护套。二氧化锆式氧传感器的结构如图2–94所示。

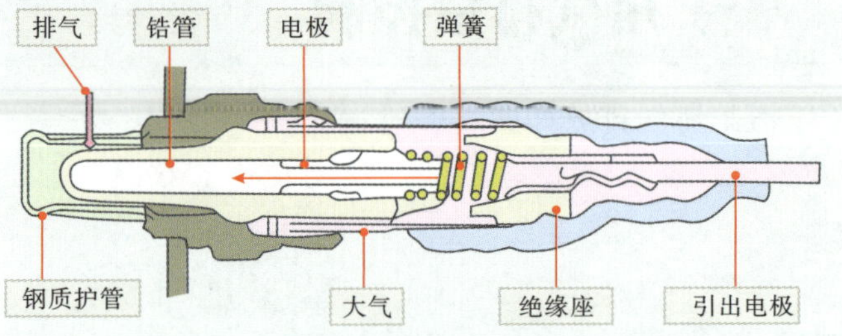


**图2–94　二氧化锆式氧传感器的结构**

### 工作原理：

二氧化锆式氧传感器的工作原理如图2–95所示。

锆管是多孔的陶瓷体，氧气渗入其中，在高温时发生电离。因为锆管内（与大气相通）、外侧（与排孔相通）氧含量不一致，存在浓度差，氧离子就从大气侧向排气侧扩散，使锆管成为一个微电池，在两铂极之间产生电压。

当供给发动机的可燃混合气较稀（氧气富余）时，排出的废气中氧含量较高，锆管内外表面的氧浓度差较小，因此锆管两铂膜电极间的电位差小，产生很小的电压，即传感器的输出电压几乎为零；当供给发动机的可燃混合气浓（氧气不足）时，排出的废气中氧含量少，同时伴有较多的未完全燃烧的产物CO、HC、$H_2$等，这些成分在锆管外表面上的催化剂铂的作用下，被氧气氧化，消耗排气中残余的氧，这将使锆管外表面本来就极其稀少的氧浓度含量进一步降低，而锆管内表面仍与大气相通，氧含量较高，这样锆管内、外表面的氧浓度差就较大，因此锆管两铂膜电极之间的电位差就较高，产生较大的电压，即传感器的输出电压接近1V，如图2–96所示。

从图2–96中可知，这种电压的突变发生在空燃比为14.7时，即为理论空燃比时，此时空气过量系数为1。但要保持混合气为理论空燃比是做不到的。实际上的反馈控制只能使混合气在理论空燃比附近一个狭小的范围内波动，故氧传感器的输出电压在0～1V之间不断变化(通常每10s变化8次以上)。如果氧传感器的输出电压变化过缓或电压保持不变(不论保持在高电位还是低电位)，则表明氧传感器有故障。

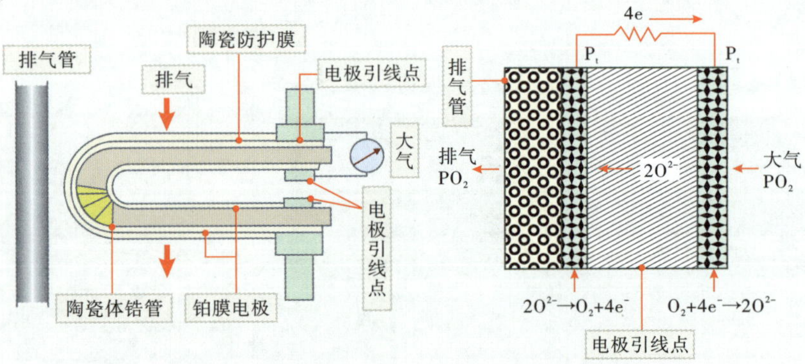


**图2–95　二氧化锆式氧传感器的工作原理**

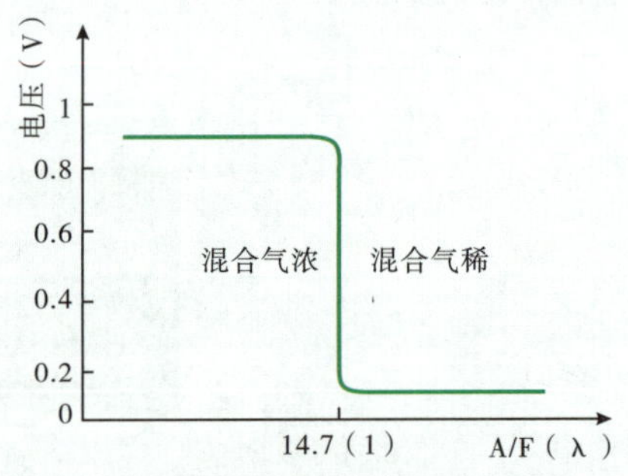


**图2–96**

**二氧化锆式氧传感器的输出特性**

### 二氧化锆式氧传感器的检测：

对二氧化锆式氧传感器可用电阻法及电压法来进行检测，具体方法如下：

#### 电阻法

用数字万用表测量二氧化锆式氧传感器在暖机和非暖机情况下的电阻，在充分暖机状态下氧传感器的电阻值约为300kΩ，在非暖机状态下测得的电阻值应为∞。

对于带加热器的二氧化锆式氧传感器，可检测其加热器电阻：将点火开关置于OFF，拔下氧传感器导线插接器，用数字万用表电阻挡测量氧传感器接线端子中加热器端子与接地端子间的电阻，其阻值应符合相应的标准值（一般为4～40Ω）。如果不符合，则氧传感器可能损坏，应更换或检修。

**电压法**

用数字万用表的红笔测试线接氧传感器的信号线，黑笔线接地，同时将其置于4V直流挡位置。让发动机以2 500r/min左右的转速运转，当尾气较浓时，输出信号电压应在0.9V左右。当尾气较稀时，输出的信号电压应在0.1V左右。若测得值相差很大，则传感器已损坏，应更换或检修。

## ②二氧化钛式氧传感器

二氧化钛氧传感器主要由钛管、钢制壳体、加热元件、护套和护管等组成，如图2-97所示。二氧化钛氧传感器的结构与二氧化锆式氧传感器的结构相似。

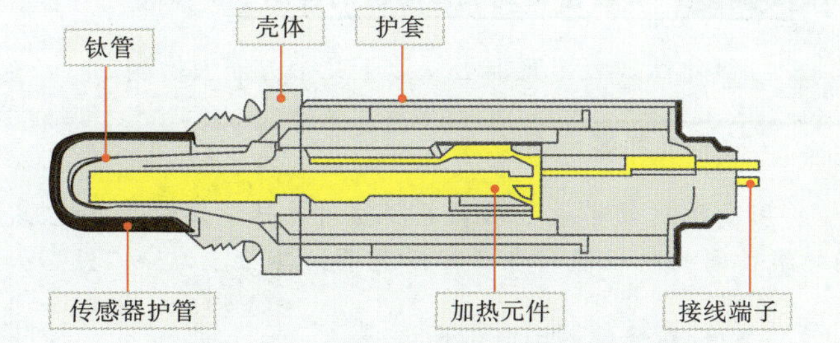


**图2-97 二氧化钛式氧传感器的结构**

**工作原理：**

纯净的二氧化钛是一种电阻很高的半导体，其表面一旦缺氧，其晶格就会出现缺陷，产生更多的电子，使其电阻降低。二氧化钛式氧传感器就是利用二氧化钛材料的电阻值随尾气中氧含量变化的原理制成的，所以也叫电阻型氧传感器。氧化钛式氧传感器的信号源（即传感元件）相当于一个可变电阻，其阻值与过量空气系数和空燃比的关系如图2-98所示。

从图2-98中可以看出，当发动机混合气稀（过量空气系数大于1）时，尾气中氧离子含量较多，传感元件周围的氧离子浓度较大，二氧化钛呈现高电阻状态。当发动机的可燃混合气较浓（过量空气系数小于1）时，传感元件周围的氧离子很少，同时在催化剂铂的作用下，剩余氧离子与排气中的一氧化碳发生反应生成二氧化碳，将消耗尾气中的氧离子，二氧化钛呈现低阻值状态，从而大大提高了传感器灵敏度。氧化钛式氧传感器的电阻将在混合气的过量空气系数为1（空燃比A／F为14.7）时产生突变。

由此可见，二氧化钛式氧传感器与二氧化锆式氧传感器的主要区别：二氧化锆式氧传感器是将尾气中的氧含量变化转变为电压的变化；而二氧化钛式氧传感器是将尾气中氧含量的变化转变为电阻的变化。

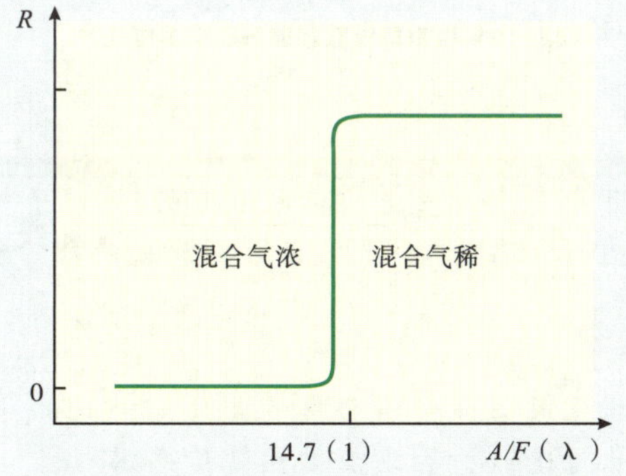


**图2-98 二氧化钛式氧传感器的输出特性**

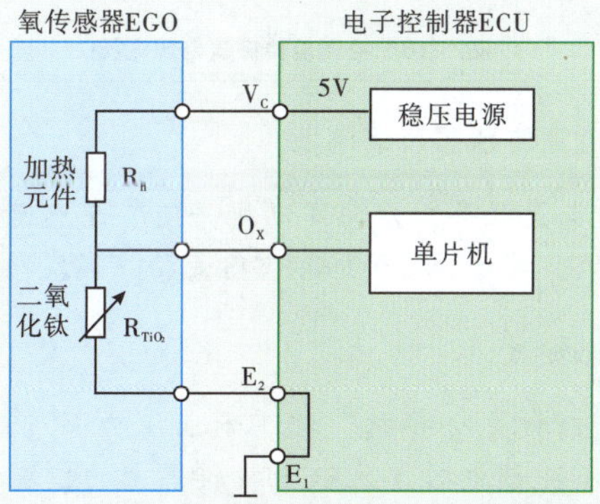


**图2-99 二氧化钛式氧传感器与ECU的连接电路**

二氧化钛式氧传感器与ECU的连接电路如图2-99所示。

在发动机的工作过程中，并不是在任何时刻或任何工况下，氧传感器和反馈控制系统都起作用，ECU是通过开环和闭环两种方式对发动机的喷油量进行控制的。发动机在启动、大负荷及暖机运转过程中，需要较浓的混合气，此时ECU处在开环控制状态，氧传感器不起作用。因为氧传感器只有在高温下（一般在390℃）才投入工作，产生可靠信号。而发动机在启动后，在氧传感器未达到此温度之前，ECU处于开环控制状态。只有当发动机达到正常工作温度后，ECU才进行闭环控制，此时氧传感器起反馈作用。而当氧传感器出现故障，输出信号异常时，电控单元会自动切断氧传感器的反馈作用，使发动机进入开环状态。

使用氧传感器进行信号反馈控制时需要使用无铅汽油。因为含铅汽油燃烧后，废气中的铅分子会附在传感器的表面，阻碍氧离子扩散，使传感器的灵敏度下降，最终失效，称为氧传感器中毒。同时润滑油中的硅化物燃烧后生成的二氧化硅可能使氧传感器失效，即硅中毒。因此最好使用无铅汽油和质量好的润滑油，同时在行驶一定里程后应更换氧传感器。

### 二氧化钛式氧传感器的检测：

二氧化钛式氧传感器可从以下几个方面去检测。

#### 检查加热器电阻

用高阻抗数字式万用表电阻挡对氧传感器的加热电阻值进行检测。拔下氧传感器线束插头，测试氧传感器A、B接线柱间的电阻值。在正常情况下，其阻值为5～7Ω。如果电阻为∞，说明加热电阻损坏，应更换氧传感器。

#### 检查氧传感器电源电压

如图2-100所示，打开点火开关，用万用表电压挡测量传感器的电源电压，其标准值为1V。

#### 检查氧传感器加热器电源电压

如图2-101所示，打开点火开关，用万用表电压测试传感器的加热供电电压，其标准值应为12V。

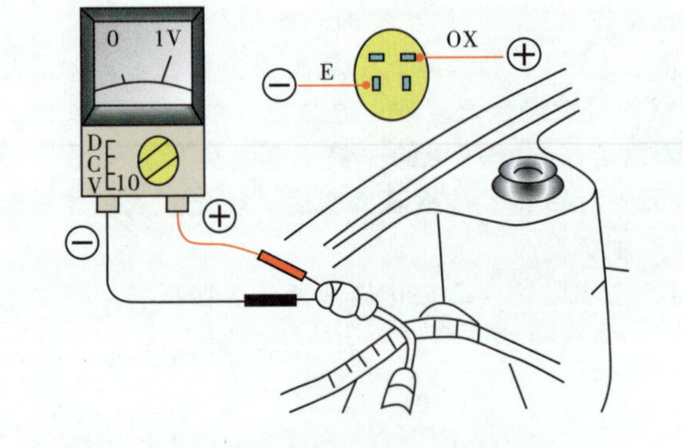


图2-100 检测氧传感器电源电压

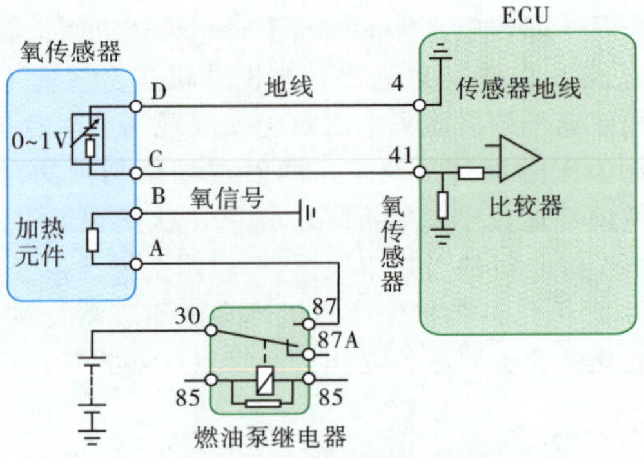


图2-101 检测氧传感器加热器电源电压

#### 检查氧传感器反馈电压

打开点火开关，启动发动机并使其在怠速下正常运转，然后用电压表测量电控单元ECU的4号端子与搭铁之间的电压值，其值应在0.2~0.8V内变动。当发动机提高转速后，其电压值应为0.6~1.0V，否则应更换氧传感器。

#### 动态测试

使发动机充分预热，拔下燃油压力调节器的真空软管，且堵上歧管，使混合气变浓（空燃比减小）。在怠速状态下测量电控单元ECU插接器上的41端子电压，电压值应大于0.5V，否则应更换氧传感器。

### （2）闭环控制原理

由图2-102（三元催化转换器的特性曲线）可以知道，混合气的混合比在理论空燃比（14.7：1）附近时转换效率较高。为了实现将实际空燃比精确地控制在14.7附近，在电控发动机系统中安装了氧传感器用于空燃比的反馈，形成闭环控制。

用于检测空燃比的氧传感器一般安装在三元催化器前的排气歧管或排气管内，它主要是用来检测尾气中的氧含量以测定实际空燃比及相对理论空燃比，是稀还是浓，并将该信息转换为电压信号反馈给ECU。ECU依据该反馈信号控制喷油器的喷油量。

**工作过程：** 闭环控制的具体过程：在实际空燃比小于理论空燃比时，氧传感器向ECU输入的是高电压信号（0.75~0.9V）。这时ECU控制喷油器减小喷油量，实际空燃比随之增大。当实际空燃比增大至理论空燃比14.7:1时，氧传感器输出的电压信号会突然降至0.1V左右。ECU收到此信号，将控制喷油器增加喷油量，实际空燃比随之减小。只要实际空燃比一减到理论空燃比以下时，氧传感器输出的电压有突变，上升到0.75V以上，反馈给ECU，ECU控制喷油器减少喷油量。这样反复便能将实际空燃比精确地控制在理论空燃比附近的很小的范围内。因此能保证三元催化转换器工作在最佳状态。

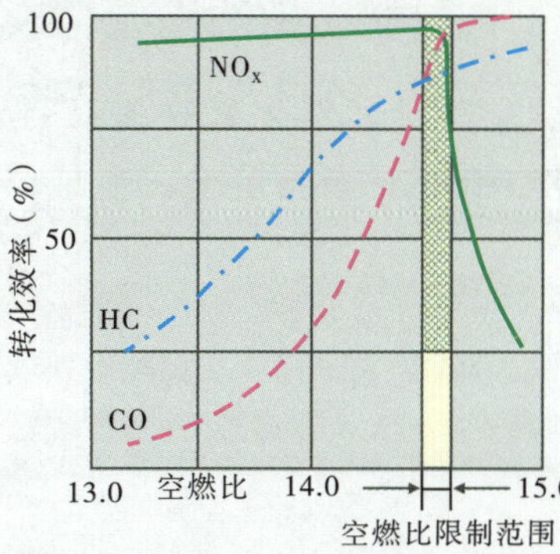

图2-102 三元催化转换装置的特性曲线

## 2. 催化转换技术

催化转换技术的过程如图2-103所示。

图2-103 催化转换技术

催化转换器是利用转换器中的三元催化剂，将发动机排出废气中的有害气体转变为无害气体。目前，汽车上应用最多的催化转换器是三元催化转换器，因此接下来介绍三元催化转换器，如图2-104所示。

三元催化转换器中起主要作用的是三元催化剂，催化剂的形态和质量不会发生变化，但能促成化学反应。催化剂主要是铂（或钯）、铱和铑等。它促使有害气体HC、CO和$NO_x$发生反应，生成无害的$CO_2$、$N_2$和$H_2O$，如图2-105所示。损坏后将造成因堵塞不易启动和排放不合格等故障。

汽车上如果使用的汽油中含有铅，铅会在催化剂表面形成一层覆盖膜让催化剂失效，所以在安装有三元催化转换器的车辆上不得使用含铅汽油。

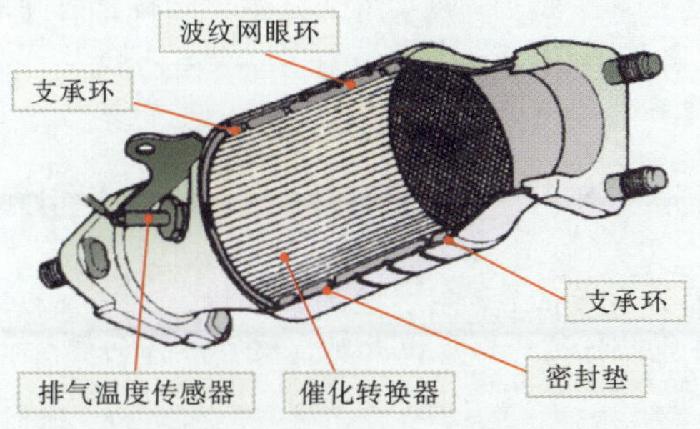

图2-104 三元催化转换器

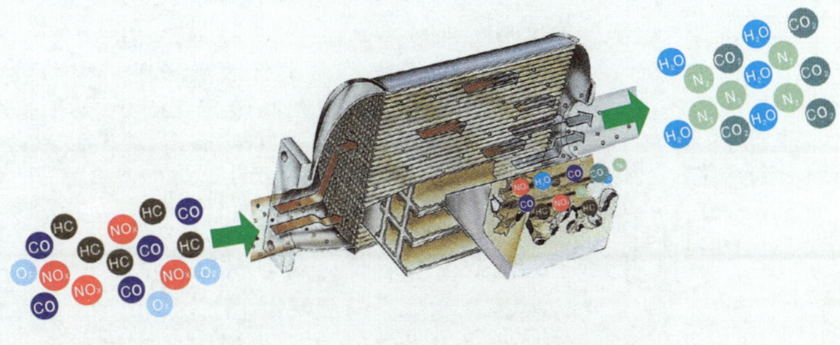
图2-105 三元催化转换器工作过程

### （1）理想工作状态时

在三元催化转换装在理想工作状态下时，$NO_x$和$O_2$以及CO和HC的反应完全，$NO_x$和$O_2$以及CO和HC的反应完全，生成中性的无害物质$N_2$、$H_2O$和$CO_2$，反应式如下：

$$NO_x + CO \rightarrow N_2 + CO_2$$
$$NO_x + HC \rightarrow N_2 + CO_2 + H_2O$$
$$O_2 + CO \rightarrow CO_2$$
$$O_2 + HC \rightarrow CO_2 + H_2O$$

### （2）燃烧浓混合气体时

当燃烧浓混合气体时，废气中的HC和CO浓度就高，$NO_x$发生还原反应，由于$O_2$不足，反应后还有CO和HC残余并排出，反应式如下：

$$CO + HC + NO_x \rightarrow N_2 + CO_2 + H_2O + HC + CO$$

### （3）燃烧稀混合气体时

当燃烧稀混合气体时，废气中的$O_2$浓度就高，HC和CO反应完全。但是，$O_2$氧化HC和CO相对于$O_2$氧化$NO_x$要快，如此便有$NO_x$反应不完全，残余的$NO_x$随废气排出，反应式如下：

$$O_2 + CO + HC + NO_x \rightarrow CO_2 + H_2O + NO_x$$

### 三元催化转换器的检修：

①数字式高温检测计检测三元催化转换器入口和出口的温差不得小于38℃。

②尾气分析仪检测排气流中的有害物质是否超标，若超标说明三元催化转换器转换效率降低，必要时应更换。

③三元催化转换器是否有破裂、破损。

④用手电筒检查三元催化转换器排气口有无被积炭脏堵（不允许使用含铅汽油）。

**注意：**

催化转换器不需要定期维护，但装有催化转换器的车辆要长久的保持良好的排放就必须做到正确的使用。使用或维修中要注意以下几个方面：

①因为铅能使催化剂中毒、活性下降、催化转换效率降低，所以装有三元催化转换器的汽车严禁使用含铅汽油。

②不要在易燃路面上行驶或停车。因为催化转换器表面温度很高，如有干草、酒精或其他有机溶剂等易燃物附在催化转换器上时，有可能燃烧使其过热。

③在崎岖不平的道路上行驶时一定要多加注意。因为催化转换器装在汽车底部，路况不好时很容易造成托底，损坏催化转换器。

④对发动机着车困难的故障一定要及时维修。因为发动机启动时，喷油器可能一直在喷油，但如果燃油没有燃烧，就会积聚在催化转换器中。当发动机运行温度上升时，这些燃油的燃烧会使转换器温度过高而损坏。

⑤在维修中尽量不要用拔下高压线的方法试火或断缸试验，因为这种情况下火花塞不点火，而喷油器还在喷油，没有燃烧的燃油会积聚在催化转换器中燃烧，造成转换器温度过高而损坏。

## 3. 二次空气供给技术

在一定工况下，将新鲜空气送入排气管，在高温度下促使废气中的一氧化碳和碳氢化合物进一步氧化，从而降低一氧化碳和碳氢化合物的排放量，同时加快三元催化转换器的升温。

二次空气进气系统结构组成如图2-106所示。

**工作原理：** 在一定工况下，将新鲜空气送入排气管，促使废气中的一氧化碳和碳氢化合物进一步氧化，从而降低一氧化碳和碳氢化合物的排放量，同时加快三元催化转换器的升温。

点火开关接通后，蓄电池即向二次空气电磁阀供电，ECU控制电磁阀搭铁回路。电磁阀不通电时，关闭通向膜片阀真空室的真空通道，膜片阀弹簧推动膜片下移，关闭二次空气供给通道，不允许向排气管内提供二次空气。ECU给电磁阀通电，电磁阀开启膜片阀真空室的真空通道，进气管真空度将膜片阀吸起，排气管内的脉动真空即可吸开舌簧阀，使二次空气进入排气管。有些发动机和二次空气供给系统，利用空气泵将新鲜空气强制送入排气管。

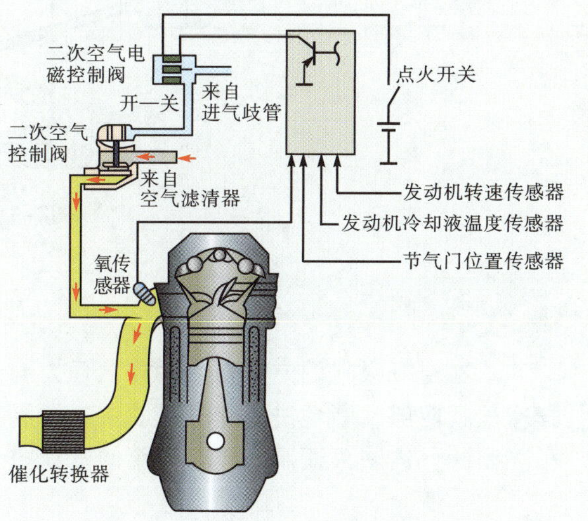


图2-106　二次空气供给系统结构组成

在以下条件均满足时，ECU打开二次空气电磁阀控制阀：

### （1）发动机冷态时

①冷却液温度在35℃以下。

②EFI功率加浓无效。

③发动机转速低于预定值。

### （2）减速时

①发动机转速在1 000～3 000r/min之间。

②冷却液温度在35℃以上。

③节气门位置传感器IDL触点闭合（即完全松开油门）。

**二次空气进气控制主要采用两种方法：二次空气喷射（AI）和二次空气吸入（AS）。**

### （1）二次空气喷射法

二次空气喷射的方法是用一个空气泵将空气泵入排气歧管中，提供二次燃烧时所需的足量空气。此法需要消耗发动机的一部分功率，因为空气泵需要发动机驱动。由于发动机电子控制技术和尾气催化转换技术等的发展，这个方法已基本不采用。

典型的二次空气喷射系统如图2-107所示。

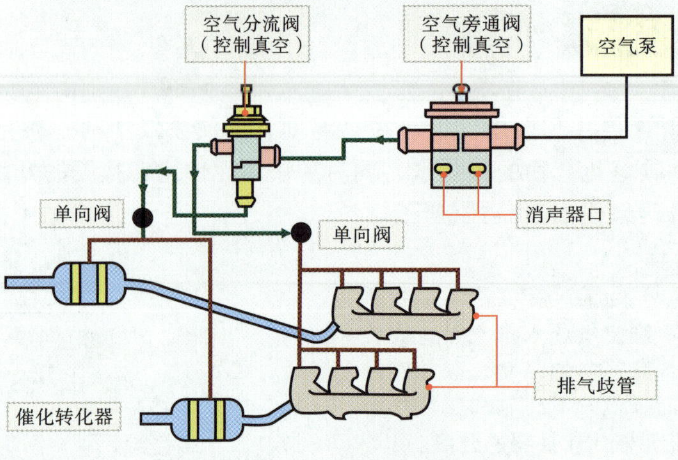


图2-107　二次空气喷射系统

### （2）二次空气吸入法

二次空气吸入的方法是利用排气压力有规律的变化（即废气波动）开启和关闭弹簧片阀门，这样空气就能够间断地进入排气歧管中。这种方法相对于二次空气喷射而言，吸入排气歧管的空气量小。因此，该法只适用于排量较小的发动机。

**二次进气系统的检修：**

**发动机低温启动**

当发动机低温启动时，拆下空气滤清器盖应能听到舌簧阀发出的“嗡嗡”声。

**从空气滤清器上拆下二次空气供给软管**

用手指盖住软管口检查，应符合下列要求：发动机温度在18～63℃范围内怠速运转时，有真空吸力；发动机温度在63℃以上，启动后70s内应有真空吸力，启动70s后应无真空吸力；发动机转速从4 000r/min急减速时，应有真空吸力。

**拆下二次空气控制阀**

从空气滤清器侧软管接头吹入空气应不漏气；用手动真空泵从真空管接头施加20kPa真空度，从空气滤清器侧软管接头吹入空气应通畅；若不符合上述要求，说明膜片阀工作不良，应检修或更换。用手动真空泵从真空管接头施加20kPa真空度，从排气管接头吹入空气应不漏气，否则说明舌簧密封不良，应更换。

**二次空气电磁阀的检查**

测量电磁阀电阻，一般应为36~44Ω；拆开二次空气电磁阀上的软管，电磁阀不通电时，从进气管侧软管接头吹入空气应不通，从通大气的滤网处吹入空气应畅通。当给电磁阀接通蓄电池电源电压时，吹气通畅情况应与上述相反。若不符合上述要求，应更换电磁阀。

## 二、废气再循环（EGR）

为解决氮氧化物（$NO_X$）的污染问题，现代的车辆上都装备了废气再循环系统，简称EGR（Exhaust Gas Recirculation）系统，如图2-108所示。它是从排气歧管引入一部分废气与新混合气混合后进入气缸燃烧，实现废气再循环。

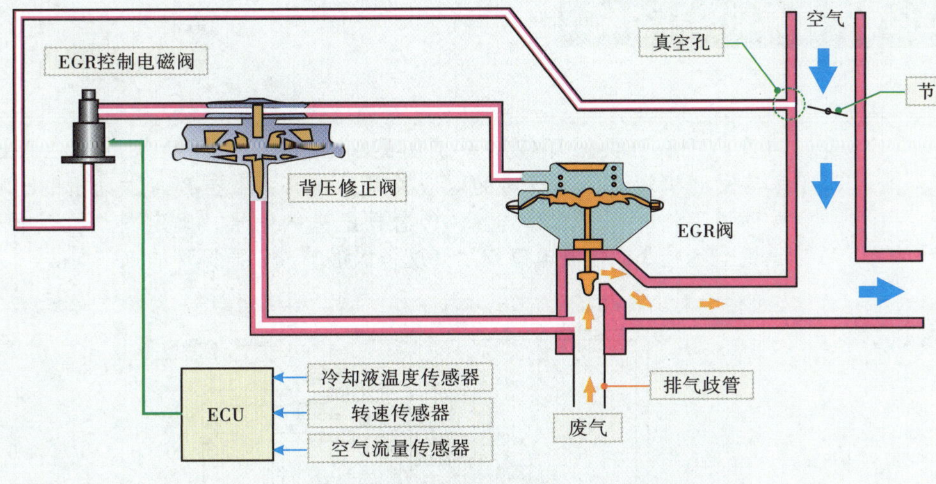


**图2-108 废气再循环（EGR）系统**

**工作原理：** 尾气中的主要成分是$CO_2$、$H_2O$、和$N_2$，这三种气体的热容量较高。当新混合气和部分尾气混合后。温度也随之增高，在进行相同发热量的燃烧时，与不混合时相比，可使燃烧温度下降，这样就抑制$NO_x$生成，因为$NO_x$主要是在高温富氧的条件下生成的。但是过度的废气再循环，使混合气的着火性能和发动机输出功率下降，将会影响发动机的正常运行，特别是在怠速、低转速小负荷及发动机处于冷态运行时，再循环的废气将会明显降低发动机的性能。因此应根据发动机结构、工况及工作条件的变化自动调整参与再循环的废气量，并选择$NO_x$排放量多的发动机运转范围，进行适量的EGR控制。

## 1. 普通开环电子控制EGR系统

**工作原理：** 在发动机工作时，ECU根据各传感器，如曲轴位置传感器、冷却液温度传感器、节气门位置传感器、点火开关等送来的信号，确定发动机目前在哪一种工况下工作，以输出指令，控制废气再循环电磁阀打开或关闭，从而控制废气再循环控制阀打开或关闭，使废气再循环进行或停止，EGR开环系统控制系统原理如图2-109所示。

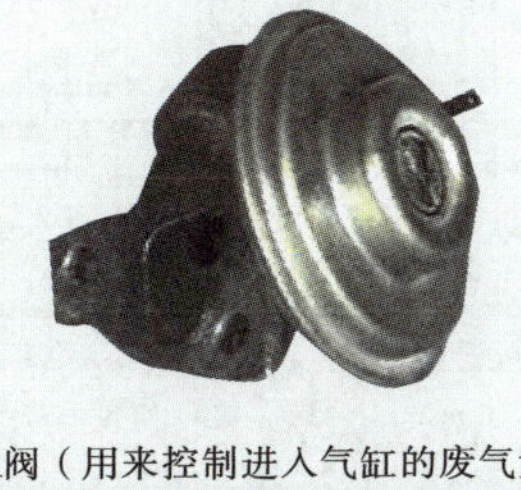
EGR阀（用来控制进入气缸的废气量）

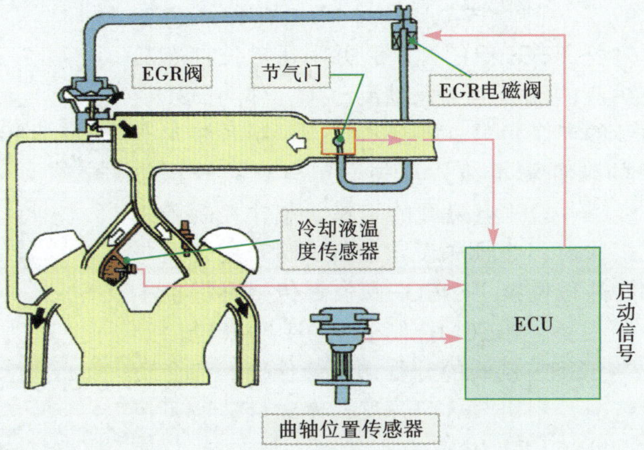


**图2-109 EGR开环控制系统原理**

## 2. 可变EGR废气再循环控制系统

**工作原理：** 可变EGR废气再循环控制系统如图2-110所示。根据发动机台架试验确定的EGR率与发动机转速、进气量的对应关系，将有关数据存入发动机的ECU内的ROM中。发动机工作时，ECU根据各种传感器送来的信号，确定发动机在哪一种工况工作，经过查表和计算修正、输出适当的指令，控制电磁阀的开度，以调节废气再循环的EGR率。

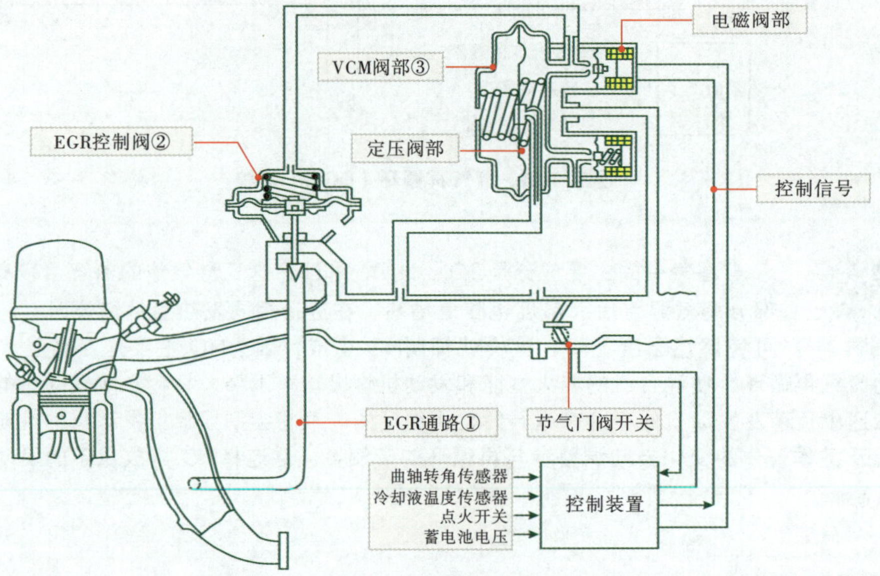


图2-110　可变EGR废气再循环控制系统

## 3. 闭环式废气再循环控制系统

闭环式废气再循环控制系统如图2-111所示。

**工作原理：** 闭环式废气再循环控制系统的EGR阀上部装有一个可以检测EGR阀升程的位置传感器，用来检测EGR阀的开度，并利用电位计将其位移转换为相应的电压信号反馈到ECU，作为ECU控制废气再循环的参考信号。在这种EGR控制系统中，根据发动机的转速和负荷，预先设定出阀的升程位置，通过改变ON-OFF电磁阀的工作状态，控制膜片室的负压。工作时，将预先设定的EGR阀升程位置与当前的EGR阀升程位置（由EGR阀位置传感器提供）作对比，若不相等，由ECU控制改变ON-OFF电磁阀工作状态，将EGR控制阀的升程调至最佳值。在全负荷及高转速范围，利用节气门开度、发动机转速等控制参数，由ON-OFF电磁阀把空气通入真空室，使EGR阀完全关闭，停止废气再循环。

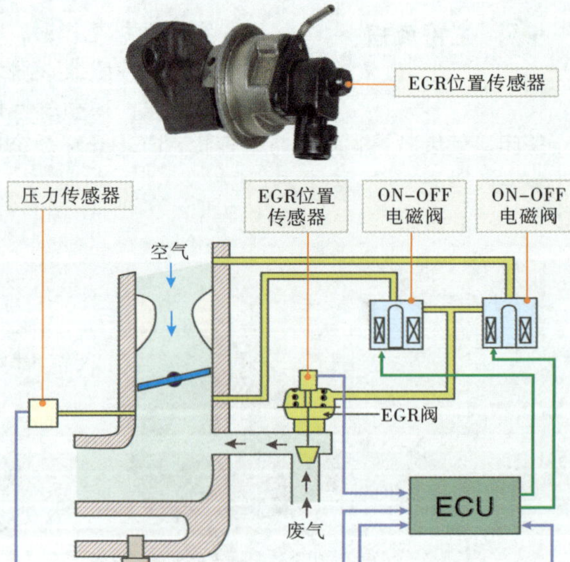


图2-111　闭环式废气再循环控制系统

## 三、燃油蒸发排放

燃油是较易挥发的液体，因此在燃油箱内会集聚有燃油蒸气，如图2-112所示。这些燃油蒸气直接排放到大气中会造成空气污染，因此一般车辆在发动机控制系统中都会有燃油蒸发排放控制系统。现在普遍是用ECU控制的燃油蒸发排放控制系统。

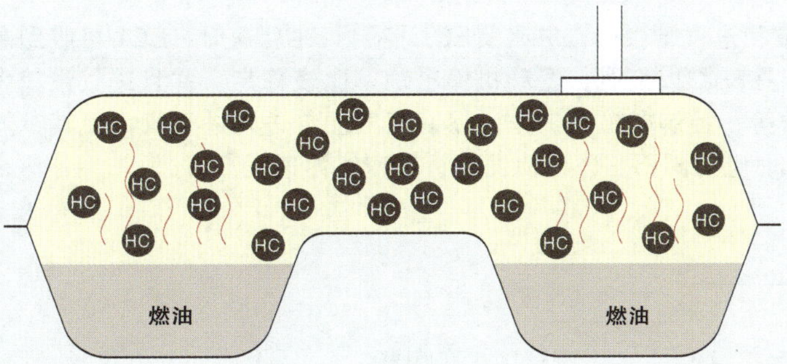


图2-112 燃油蒸发

在燃油蒸气回收系统（EVAP）装置中，燃油蒸气回收罐（活性炭罐）用于吸收从燃油箱内蒸发的燃油蒸气（HC），以防止这些蒸气进入大气，造成污染。图2-113所示为燃油蒸气回收系统，由活性炭罐电磁阀、单向阀及相应管路组成。

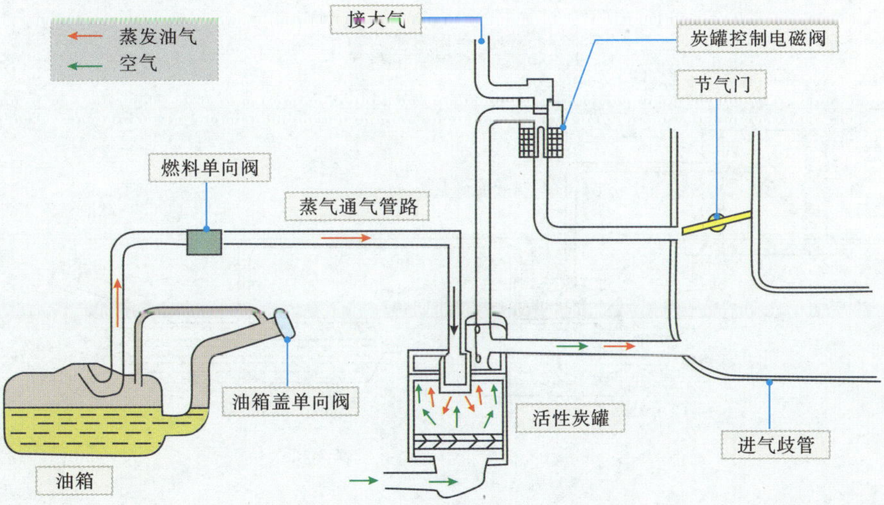


图2-113 燃油蒸气回收系统

汽油蒸气回收罐内装满活性炭颗粒，所以叫活性炭罐，活性炭最大的作用是能吸附汽油蒸气中的汽油分子，当燃油箱内汽油蒸气进入活性炭罐时，汽油分子被活性炭吸附在其表面，剩余的空气则被排入大气。活性炭罐上有两个接口，进气口和燃油箱相通，排气口则用一个软管接到节气门后的进气管内，并且在中间管道上安装有一个由ECU控制的电磁阀。

**工作原理：**活性炭罐内有三个单向阀，如图2-114所示。当电磁阀开启，并且此时控制气体中的真空度较大时，单向阀A便开启，此时在活性炭表面的汽油分子就会重新蒸发，依靠真空度被吸入进气管内参加燃烧，见图2-114（a）。长时间行车汽油箱内的蒸气压力会越来越高，当高到一定程度时会把单向阀B顶开，并把单向阀C关闭，燃油箱内的汽油蒸气便会进入到活性炭罐内，由于蒸气进入活性炭罐，这时燃油箱向发动机供油，会造成油箱内真空度越来越大，当真空度大到某一程度时，会将单向阀C和燃油箱盖的单向阀均吸开，此时单向阀B关闭，空气被吸入到油箱内，见图2-114（b）。

电磁阀装在活性炭罐和进气管中间，并且受ECU控制。在怠速时，ECU接收到怠速信号控制此阀不工作。当中高速发动机冷却液温在85℃以上时，发动机输出功率比较稳定，并且进气量较大，此时ECU根据发动机转速信号、冷却液温度信号等，控制电磁阀工作，燃油蒸气便会进入进气管，使其参加燃烧。当急加速时，发动机需要很浓的混合气，此时电磁阀不工作，使发动机转速能迅速提高。

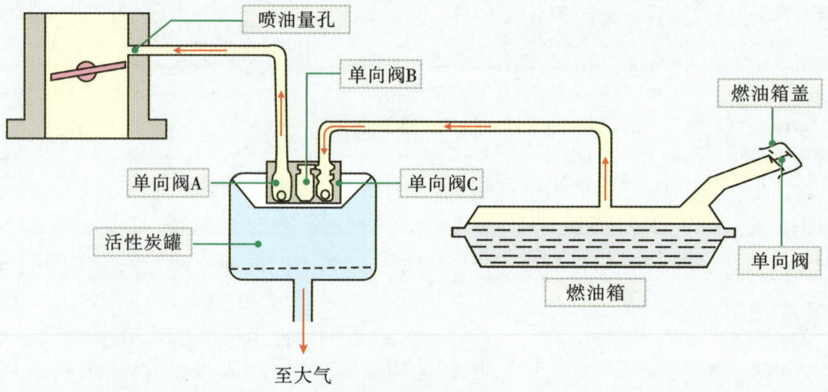


（a）

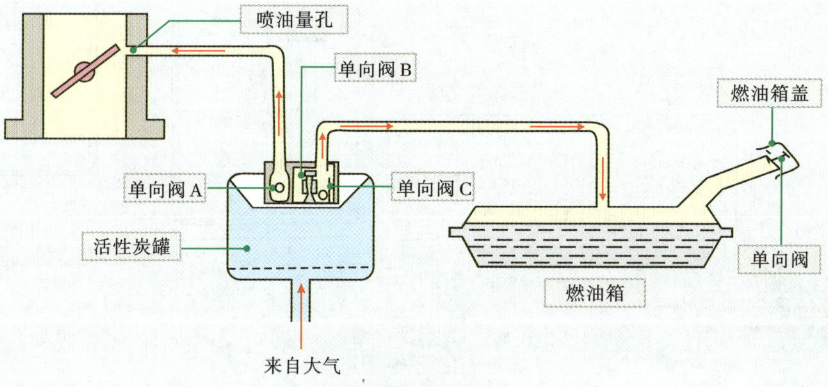


（b）

**图2-114　活性炭罐内的单向阀**

## 燃油蒸发排放系统的检测：

### 炭罐电磁阀阻值的检测

工作电压，继电器供给12V左右，如图2-115（a）。

电磁阀的阻值：20～40Ω，如图2-115（b）。

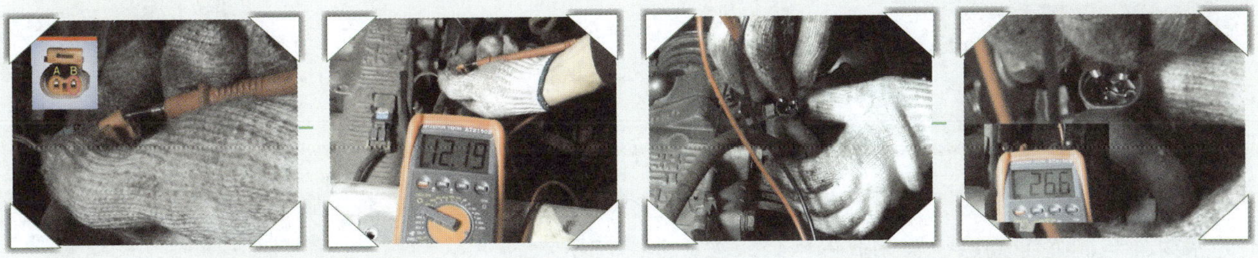


（a）工作电压的检测

（b）工作电阻的检测

图2-115 炭罐电磁阀的检测

### 炭罐电磁阀控制信号的检测

如图2-116所示。

◇可使用示波器。

◇用发光二极管检测：发光二极管在该系统工作条件下闪烁。

◇用解码器的"测试执行元件"功能。

### 检测电磁阀有无泄露

用手动真空枪在电磁阀上施加一真空度，不通电时应保持先前的真空度，通电后应立即释放真空度。

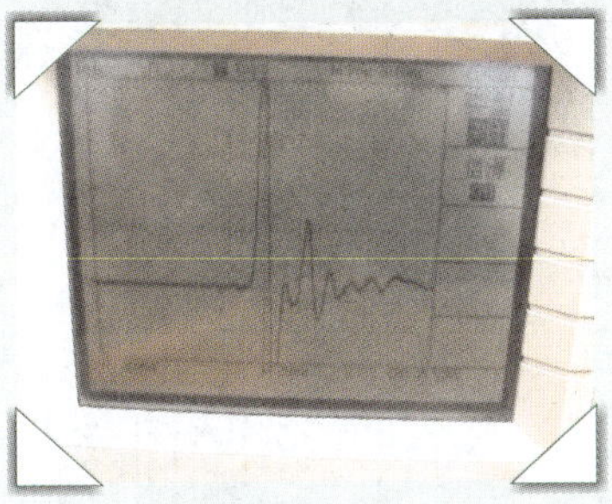

图2-116 炭罐电磁阀控制信号的检测

## 四、曲轴箱废气排放

在发动机气缸的可燃混合气在压缩和做功冲程时，由于气门和活塞环密封不严，一些未完全燃烧的气体串入曲轴箱中，这些气体的主要成分为碳氢化合物（HC）。串气中的某些成分会破坏机油，使机油产生油泥，腐蚀曲轴箱箱体。为了解决曲轴箱内的串气问题，在发动机上安装了一个PVC阀，如图2-117所示。

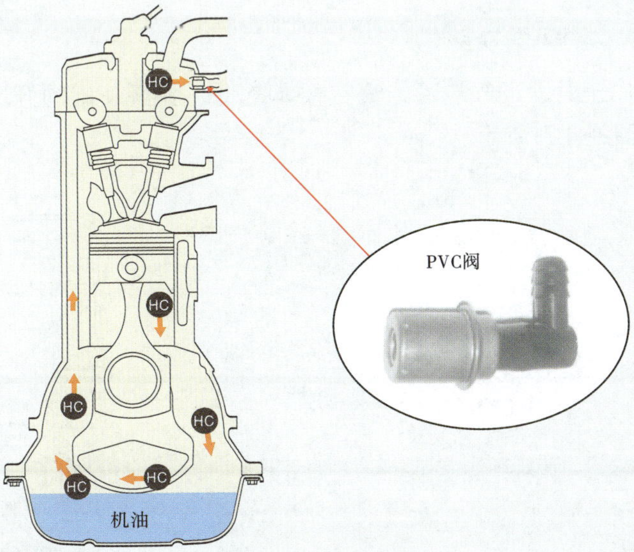


图2-117 PVC阀

## 1. PVC阀工作原理

### （1）发动机不运转或回火时

当发动机不运转时，进气歧管没有真空，PCV阀在自重和弹簧力的作用下保持关闭，阀中柱塞的密封面与阀底部接触，关闭阀的入口，如图2-118所示。

### （2）发动机怠速和减速时

在怠速或减速时，进气歧管的真空度非常高，PCV阀内的柱塞被吸到最上位置，将计量口关闭，几乎没有曲轴箱气体进入进气歧管，如图2-119所示。

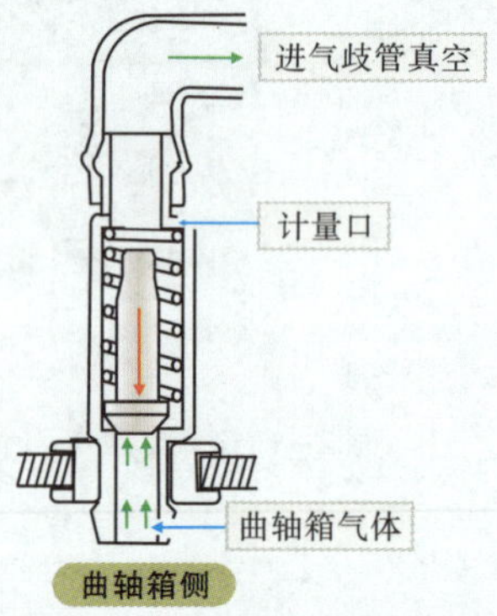


图2-118　发动机不运转或回火时

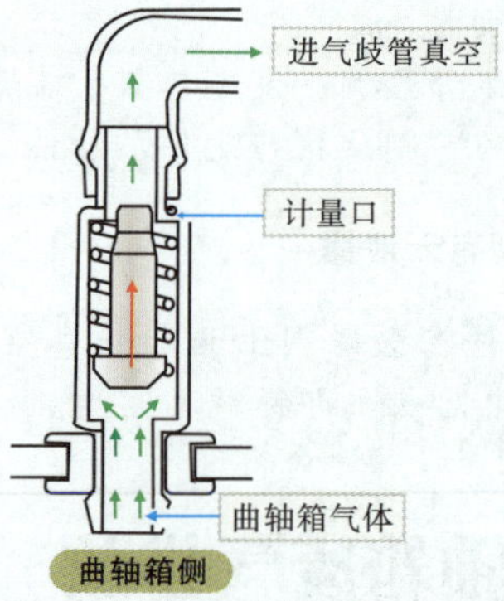


图2-119　发动机怠速或减速时

### （3）发动机正常运转时

在发动机正常负荷和转速下工作时，进气歧管的真空度下降，弹簧将柱塞下推，计量口的流通截面增大，进入进气歧管的曲轴箱气体增加，如图2-120所示。

### （4）发动机大负荷或车辆加速时

在发动机大负荷或加速时，进气歧管的真空度非常低，弹簧使阀的开度更大，曲轴箱气体进入进气管的流量最大，如图2-121所示。

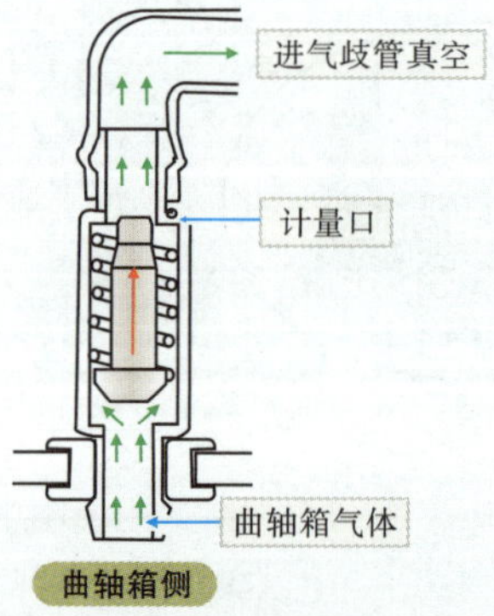


图2-120　发动机运转正常时

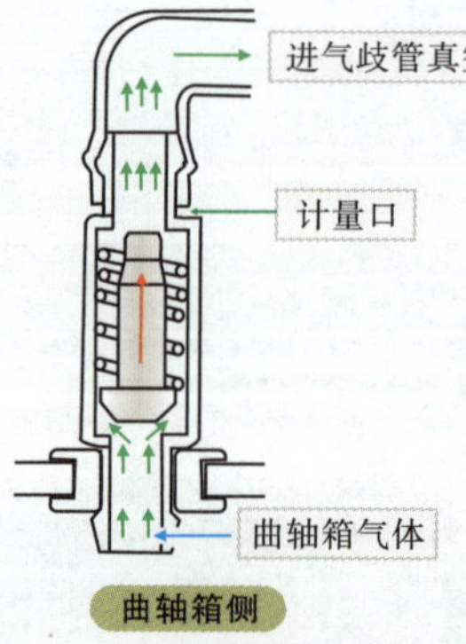


图2-121　发动机大负荷或加速时

## 2. 曲轴箱通风系统工作原理

发动机在工作时，进气管的真空度作用到PCV阀（曲轴箱强制通风阀）上，此真空度还吸引新鲜空气经空气滤清器、软管、气缸盖罩上的孔道进入曲轴箱与窜缸气体进行混合，混合后在进气管真空度的作用下经气缸盖罩上的孔道、PCV阀、软管时入时气管和新鲜空气混合后时入气缸燃烧掉。

曲轴箱强制通风系统工作原理如图2-122所示。

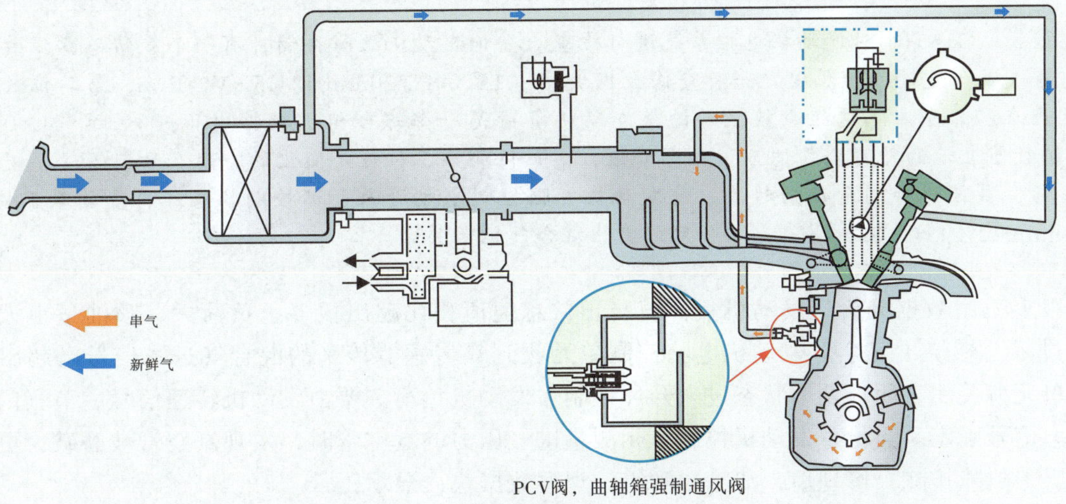


**图2-122 曲轴箱强制通风系统工作原理**

### 曲轴箱通风系统的检修：

当PCV阀和软管堵塞时，将造成怠速不稳、失速或怠速过低、漏机油和曲轴箱及气门室罩油泥增加；当PCV阀和软管泄漏时，将造成怠速不稳、怠速失速和怠速过高的故障。检测方法是发动机怠速运转时拔去PCV阀，若此时发动机转速未提升100r/min，则表示PCV阀不良或管路不良。怠速时将拇指按在PCV阀末端先拆下软管，应感觉到有真空度，若无真空，说明有堵塞或泄漏。拆下PCV阀，摇动时应能听到阀内“咔喇”声，否则应更换PCV阀。

用废气分析仪检测：拆下PCV阀，CO（%）减少1%以上，$O_2$（%）应升高；堵住PCV阀，CO（%）恢复正常，$O_2$（%）也恢复正常。

学完了本部分的内容，对汽车有害气体的处理技术有了一定的了解。现在回到前面所提及的那则故障案例中去。接到故障车辆，问询完车主后必须对故障进行验证。验证车辆故障的现象是否如车主所述的那样，或有其他车主未发现的故障。服务站维修技术人员听完车主的描述后对故障现象进行了试车确认，结果与车主所描述的一致（排气管冒黑烟），并未察觉到其他故障。根据故障现象分析有以下可能原因造成排气管冒黑烟：

①喷油量过大，混合气太浓。

②点火系统工作不良，个别缸缺火。

③进气系统堵塞，进气量不足等都会由于燃烧不良造成加速不良，排气冒黑烟。

技术人员依据可能引起故障的原因逐步进行故障排查：

①先对发动机做一些简单检查，拆开空气滤清器壳发现，空气滤清器很脏，空气滤清器脏使进气量不足，造成加速不良，需更换新空气滤清器。

②检查火花塞，火花塞发黑而且电极间隙大，也会造成加速不良。更换空气滤清器和火花塞后试车，排气管还是冒黑烟，拆下火花塞查看，火花塞全部都是黑的。根据火花塞情况分析，各缸喷油量都比较大，不是单缸燃烧不良问题，可能是电控部分或燃油供给回路。

③连接V.A.G1551，对发动机电控系统进行检查。查询发动机故障存储，有一个氧传感器信号不可靠故障，这是造成混合气过浓的原因之一。查询数据块08-01显示：720min 42%5.6VOT 38，第二位数值偏高，怠速情况应在27%左右。这组数值显示的是发动机负荷是一个综合值。数据块08-03显示：1.00 1.00 1.00 1.00，这组数值表示的是混合气适应值和调节值，第一位和第三位应是变化的，现在数值不变，说明混合气过浓或过稀，氧传感器测量数据超差，使发动机电脑控制单元进入开环控制状态。再查询数据块08-11显示：1 720min 42%93℃-Reg off，第四位可以看出混合气调节关闭。

根据以上三组数据分析，发动机负荷值与正常怠速值相比超出很多，负荷大，喷油量也大，也就造成混合气过浓，燃烧不完全。发动机电脑控制单元收到氧传感器传来的混合气过浓信号已超出可调节范围，控制单元就关闭，闭环调节状态进入开环控制。发动机负荷主要由发动机转速信号、节气门位置信号和进气压力信号确定。当检查发动机控制单元测量进气压力的真空管时，发现真空管被磨破，更换一条新的真空管后，故障排除。修理后，清除故障码，观察数据块，显示正常。

## 思考与练习

**填空题**

1. 汽车排放主要包括______________、______________和______________。

2. 尾气中的有害成分有______________、______________和______________。

3. EGR系统作用之一是为了减少______________气体。

4. 三元催化剂促使有害气体______________、______________和______________发生反应，生成无害的______________、______________和______________。

5. 二氧化钛式氧传感器就是利用二氧化钛材料的____________________原理制成的。

6. 常见的氧传感器主要有______________氧传感器和______________氧传感器两种。

7. 二次空气进气控制主要采用______________和______________两种方法。

发动机怠速不稳是汽车常见的故障之一。尽管现在大多数轿车都有故障自诊断系统，但也会出现汽车有故障而自诊断系统却显示正常故障代码或显示与故障无关代码的情况。这通常是由不受电控单元（ECU）直接控制的执行装置发生故障或机械故障造成的。

# 情境五：怠速控制

## 一、怠速控制系统功用

怠速控制的实质是控制怠速时的充气量（进气量）。当发动机怠速负荷增大时或发动机启动后，冷却水未达正常温度之前，需要增加发动机转速，即暖机快怠速；另外还有当发动机转速急剧降低到怠速时，ECU控制怠速控制阀使进气量增大，从而使怠速转速提高，防止发动机运转不稳或熄火；当发动机怠速负荷减小时，ECU控制怠速控制阀使进气量减少，从而使怠速转速降低，以免怠速转速过高。

微机对怠速进行控制的内容包括：**启动后控制、暖机过程控制、负荷变化的控制**等。其控制的过程是由怠速控制阀来完成的。

## 二、怠速控制系统组成

怠速控制系统的组成如图2-123所示，由各种传感器、信号控制开关、电子控制器、怠速控制阀和节气门旁通空气道等组成。

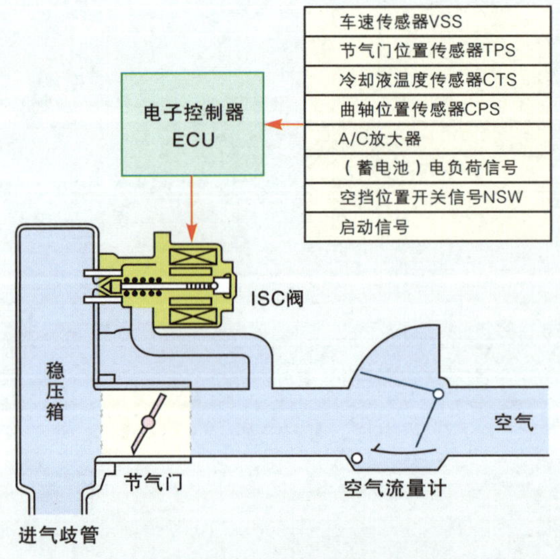


图2-123　怠速控制系统组成

# 三、怠速控制系统工作原理

在不同的工况下，ECU根据相应的传感器的输入信号所确定的目标转速与实际转速进行比较得出差值，计算出相当于目标转速的控制量，去驱动控制怠速阀，使实际怠速转速控制在目标转速附近。

## 1. 启动控制

怠速旁通进气道被打开，改善发动机的启动性能。启动控制需要提供以下传感器信号（图2-124）：

◆节气门位置传感器信号；
◆冷却液温度传感器信号；
◆曲轴位置传感器信号；
◆启动机信号。

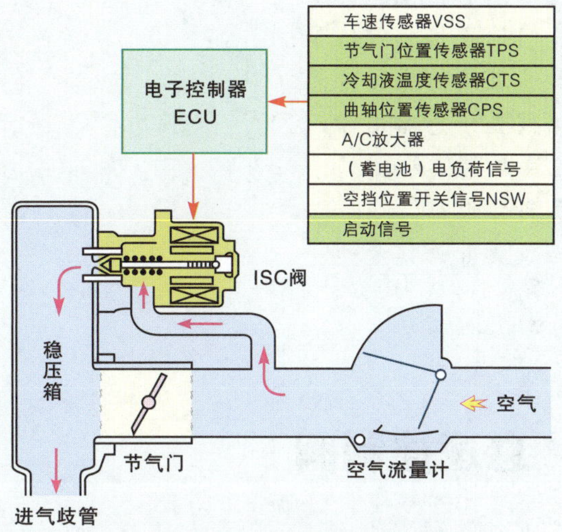

图2-124　发动机启动怠速控制

## 2. 暖机（快怠速）控制

在发动机冷却液的温度较低时，需要将发动机怠速转速提高以使发动机能够平稳运行（暖机快怠速）。当发动机冷却液温度升高后，则减低怠速转速。暖机（快怠速控制）需要提供以下传感器信号（图2-125）：

◆车速传感器VSS；
◆节气门位置传感器信号；
◆冷却液温度传感器信号；
◆曲轴位置传感器信号；
◆启动机信号。

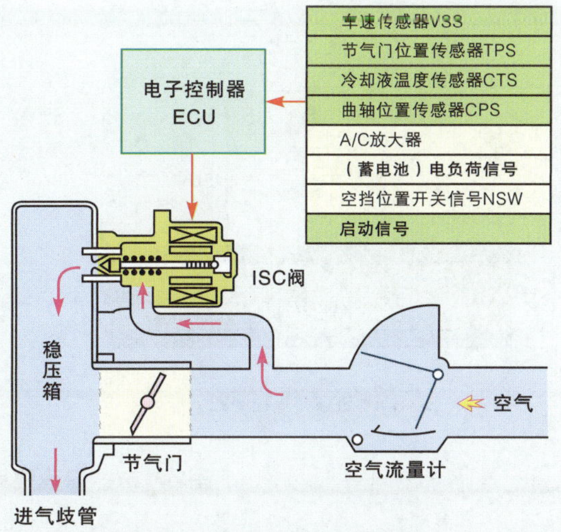

图2-125　发动机暖机控制

### 3. 反馈控制

在车辆怠速时，使开关空调、开关大灯以及驻车时换挡杆在N挡与D挡之间变换时，发动机的负荷会发生变化，此时的怠速转速也将随之变化。反馈控制需要提供以下传感器信号（图2-126）：

- ◆车速传感器VSS；
- ◆节气门位置传感器信号；
- ◆冷却液温度传感器信号；
- ◆曲轴位置传感器信号；
- ◆A/C放大器信号；
- ◆电负荷信号；
- ◆空挡位置开关信号。

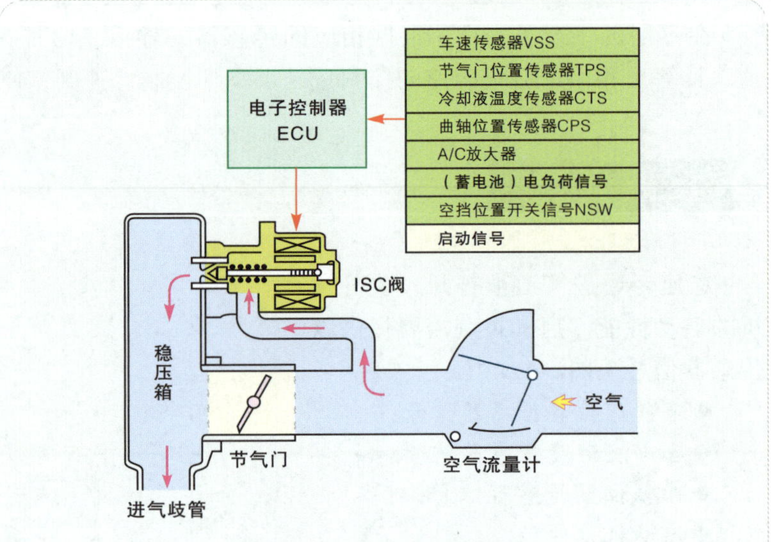


图2-126 发动机反馈控制

## 四、怠速控制阀

怠速控制空气量的执行机构，一般可分为两种：

**第一种是控制节气门旁通气道中空气流量的旁通气道式，如图2-127（a）所示；**

**第二种是控制节气门最小开度的节气门直动式，如图2-127（b）所示。**

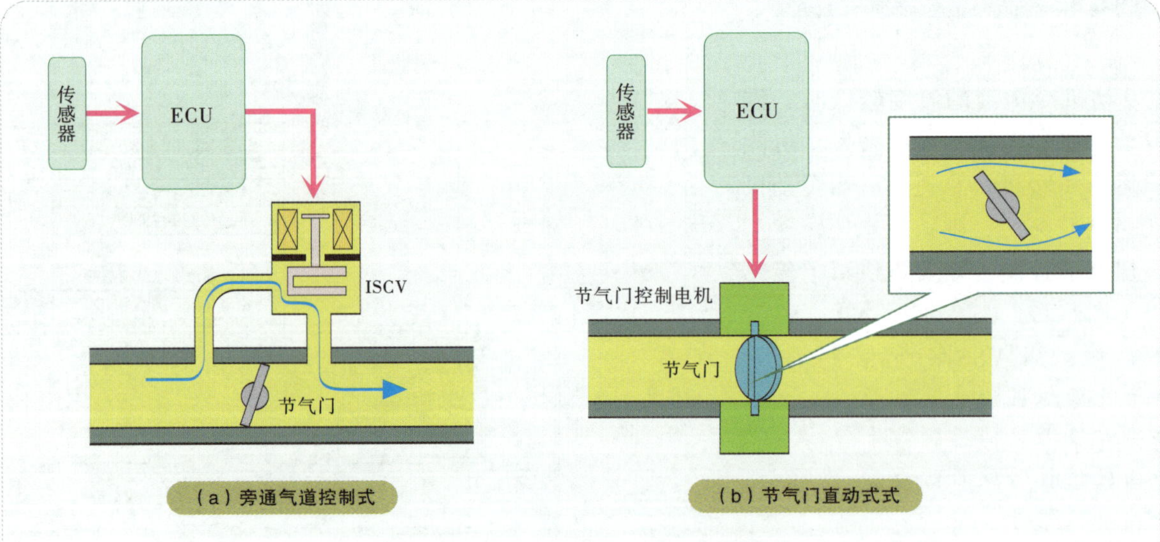


图2-127 怠速控制空气量的执行机构

## 1. 旁通气道控制式

在发动机控制系统中采用最多的是旁通进气道执行器来控制发动机怠速。在早期的一些发动机上采用过双金属片式（图2-128）和石蜡式（图2-129）的怠速控制阀，而现今的车辆上已不再使用。现在的车辆上的怠速控制阀主要有占空比控制式、旋转电磁阀式和步进电机式等类型的怠速控制阀。

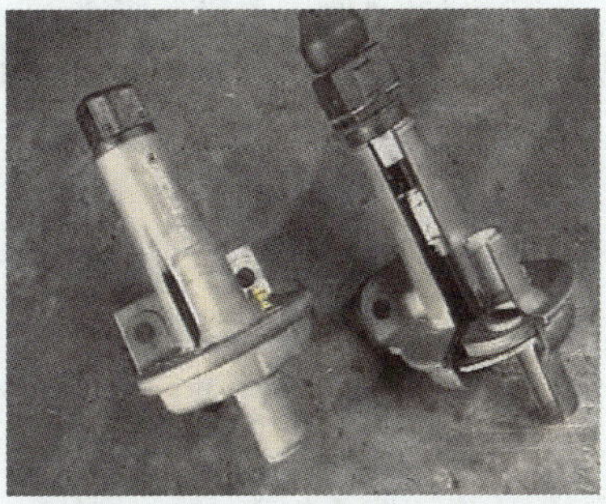

图2-128 双金属片式怠速控制阀

图2-129 石蜡式怠速控制阀

### （1）占空比控制式怠速控制阀

占空比控制式怠速控制阀结构如图2-130所示。

占空比控制式怠速控制阀由电磁线圈、阀轴和阀等组成。当ECU加大PWM信号的脉宽（占空比）时，电磁力加大，阀轴上移而阀门开度加大，从而导致旁通空气量的加大与怠速的提高；当PWM信号脉宽减小时，旁通空气量减少而怠速下降。图中波纹管的作用是消除阀门上下两侧压差对开启位置的影响，便于ECU计算决定PWM信号，同时也减小了阀上的作用力。

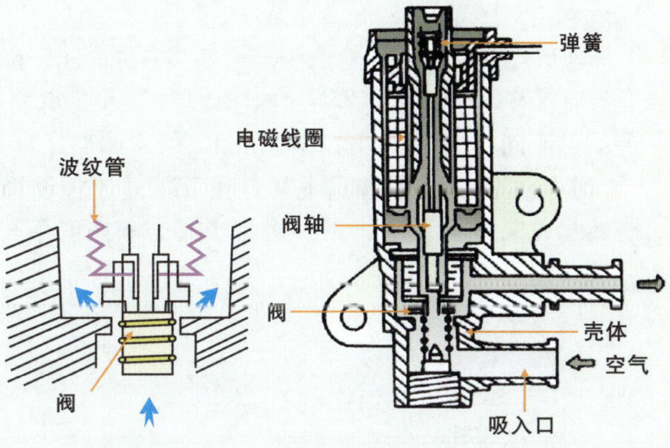


图2-130 占空比控制式怠速控制阀

### （2）旋转电磁阀式怠速控制阀

集成电路IC（电磁转阀型怠速控制阀包括一组电磁线圈、永久磁铁和阀）。该阀附接在节气门体上，结构如图2-131所示。

**工作原理：** 集成电路（IC）是利用发动机ECU信号传出的占空信号，控制流向电磁线圈电流的大小及方向，同时控制从节气门的旁通通道流入的空气量，并使阀门转动。占空比较高时，IC将阀门向打开方向转动；占空比较低时，IC将阀门向关闭方向转动。ISCV（怠速控制阀）就这样打开和关闭。

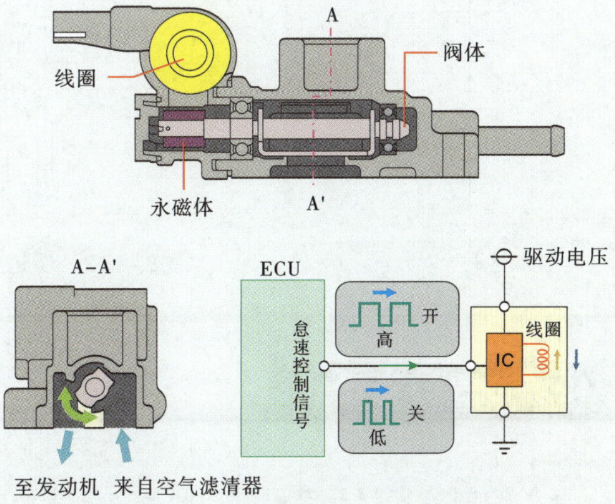


图2-131 旋转电磁阀式怠速控制阀

### （3）步进电机式怠速控制阀

步进电机式的怠速控制阀一般安装在节气门体或进气室上。阀体被安装在转子末端上，发动机ECU发送信号道步进电机，电机转子在磁场中旋转，旋转过程中转子被转出或转入，控制流过旁通气道的的空气量。

这里介绍丰田汽车上的步进式怠速控制阀，主要由阀轴、轴承、转子、定子线圈和阀体等组成，如图2-132所示。

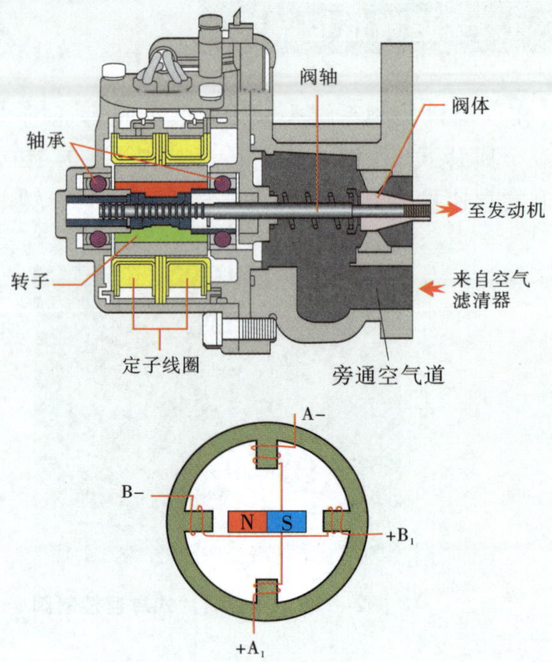


**图2-132　丰田汽车步进式怠速控制阀**

**工作原理：**

如图2-133所示，当电流从$B_1$流向B时（脉冲信号），使N极在右，S极在左。由于同性相斥异性相吸的原理，使永磁铁转子的N极在左，S极在右；当从$B_1$流向B的脉冲电压消失后，电流再从A流向$A_1$，使N极在上方，S极在下方，永磁铁转子将沿逆时针方向旋转90°（使S极在上，N极在下）。

当以A流向$A_1$的电流消失后，再从B流向$B_1$，N极在左，S极在右，使永磁转子沿逆时针方向再旋转90°（要极在左，N极在右）；当从B流向$B_1$的电流消失后，再从$A_1$流向A，N极在下，S极在上，使永磁转子继续沿逆时针旋转90°（S极在下，N极在上）。

由此可见，怠速步进电机是由ECU通过控制两个单独线圈的电流方向和通电顺序来控制螺杆的旋转方向和旋转量（转动角度），最终确定了阀心和阀座所形成的旁通空气道的流通截面积，以达到精确控制怠速转速之目的。

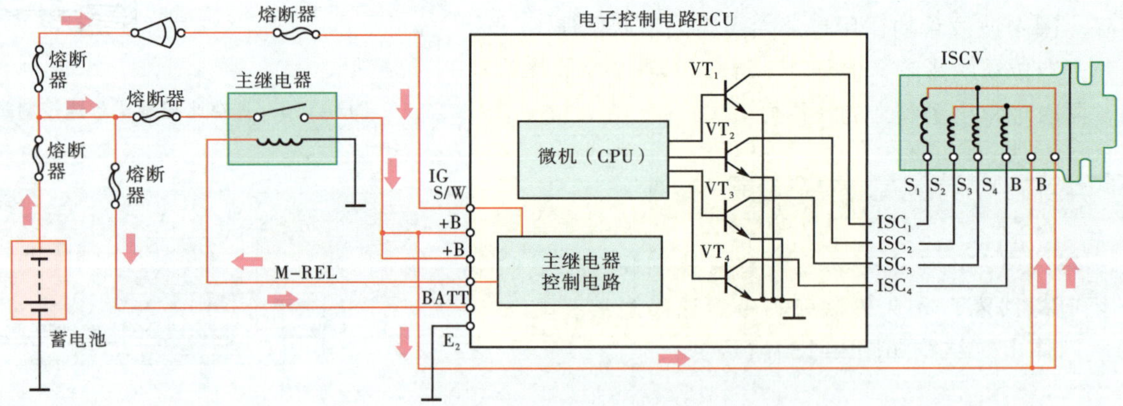


**图2-133　步进电机式怠速控制阀电路原理**

## 2. 节气门直动式

通过控制节气门开启程度，调节空气流通的面积，达到进气量，实现怠速控制，这样的装置称为节气门直动式，原理如图2-134所示。

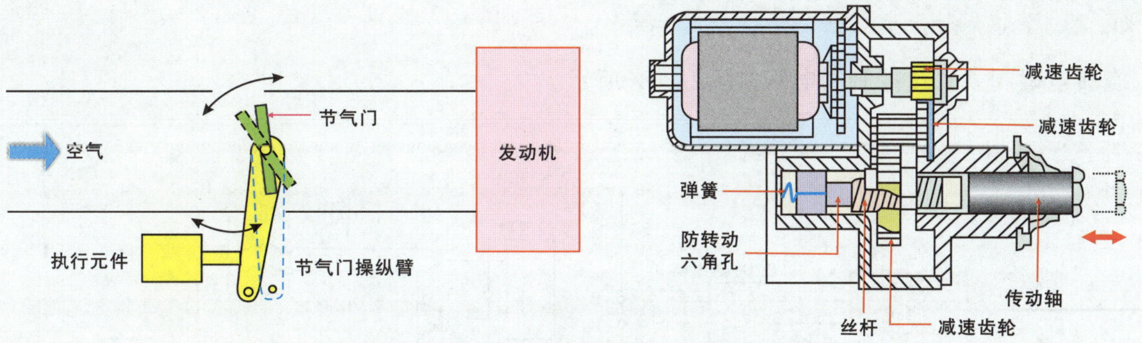


**图2-134　节气门直动式怠速控制阀工作原理**

**工作原理：** 从图2-134中可以看出，该怠速执行器主要由直流电动机、减速齿轮、丝杆等部件组成。执行器的输出是传动轴的前后运动，它与节气门操纵臂的全闭限位器相接触，决定了节气门的最小开度。当微机控制直流电动机通电时，电动机产生旋转力矩，通过减速齿轮减速时，增大了旋转力矩，然后又通过丝杆变转动为传动轴的前后直线运动。通过传动轴的运动，使节气门最小开度随之变化，达到调节节气门处的空气通道面积，进而实现怠速的控制。

这种节气门直动式怠速控制执行机构具有较强的工作能力，控制稳定性好，但反应速度不是很快。同时，整个执行器的外形尺寸也较大，安装时受到一定的限制。

# 五、怠速控制系统维修

## 1. 旁通气道控制式怠速控制系统的检修

### （1）占空比控制式怠速控制阀的检修

占空比控制电磁阀型怠速控制阀电路如图2-135所示。

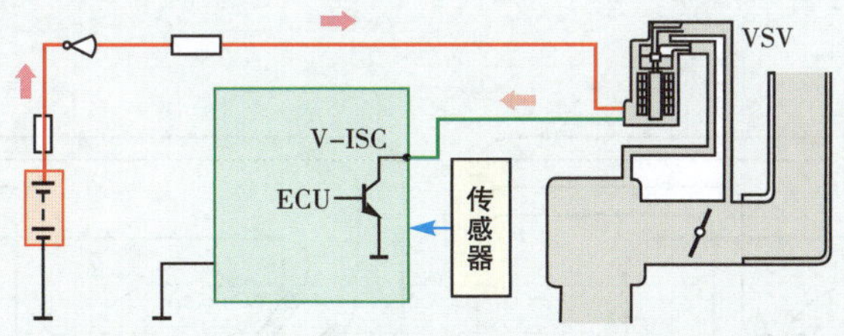


**图2-135　占空比控制电磁阀型怠速控制阀电路**

**检修步骤：**

①拆开怠速控制阀线速连接器，将点火开关转至“ON”但不启动发动机，在线束侧测量电源端子与搭铁之间的电压，应为蓄电池电压，否则说明怠速控制阀电源电路有故障。

②拆开怠速控制上的两端子线速连接器，在控制阀侧分别测量两端之间的电阻，正常应为10~15Ω，否则应更换怠速控制阀。

## （2）旋转电磁阀式怠速控制阀的检修

旋转电磁阀式怠速控制阀电路如图2-136所示。

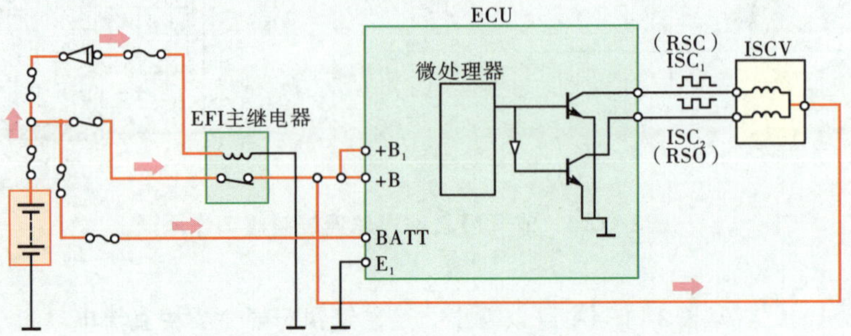


图2-136 旋转电磁阀式怠速控制阀电路

### 检修步骤：

①拆开怠速控制阀线束连接器，将点火开关转至“ON”但不启动发动机，在线束侧测量电源端子（+B）与搭铁之间的电压，应为蓄电池电压（9~14V），否则说明怠速控制阀电源电路有故障。

②发动机达到正常工作温度、变速器处于空挡位置时，使发动机维持怠速运转，用专用短接线短接故障诊断座上的TE1与$E_1$端子，发动机转速应保持在1 000~1 200r/min，5s后转速下降约200r/min。若不符合上述要求，应进一步检查检查怠速控制阀电路、ECU和怠速控制阀。

③拆开怠速控制阀上的三端子线束连接器，在控制阀侧分别测量中间端子（B）与两侧端子（$ISC_1$和$ISC_2$）之间的电阻，正常应为18.8~22Ω，否则应更换怠速控制阀。

## （3）步进电机式怠速控制阀的检修

步进电机式怠速控制阀电路如图2-137所示。

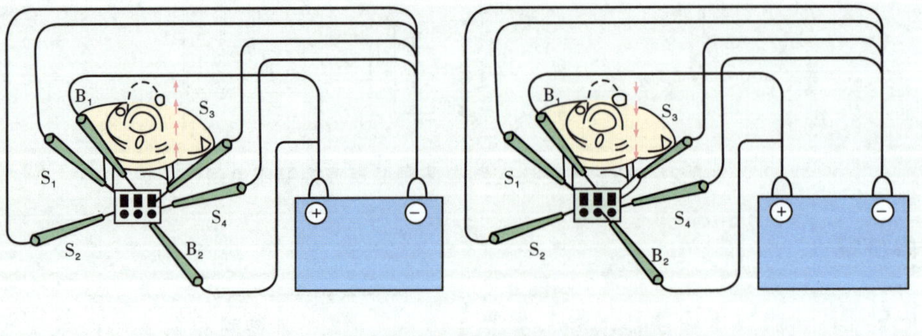


图2-137 步进电机式怠速控制阀工作电路

**检修步骤：**

①拆开怠速控制阀线束连接器，将点火开关转至“ON”但不启动发动机，在线束侧分别测量$B_1$和$B_2$端子与搭铁之间的电压，均应为蓄电池电压（9~14V），否则说明怠速控制阀电源电路有故障。

②发动机启动后再熄火时，2~3s内在怠速控制阀附近应能听到内部发出的“嗡嗡”响声，否则应进一步检查怠速控制阀、控制电路及ECU。

③拆开怠速控制阀线束连接器，在控制阀侧分别测量端子$B_1$与$S_1$和$S_3$、$B_2$与$S_2$和$S_4$之间的电阻，阻值均应为10~30Ω，否则应更换怠速控制阀。

④拆下怠速控制阀后，将蓄电池正极接至$B_1$和$B_2$端子，负极按顺序依次接通$S_1-S_2-S_3-S_4$端子时，随步进电动机的旋转，控制阀应向外伸出；蓄电池负极按相反顺序依次接通$S_4-S_3-S_2-S_1$时，则控制阀应向内缩回。若工作情况不符合上述要求，应更换怠速控制阀。

**注意：**

①不要用手推或拉控制阀，以免损坏丝杠机构的螺纹。
②不要将控制阀浸泡在任何清洗液中，以免步进电动机损坏。
③安装时，检查密封圈不应有任何损伤，并在密封圈上涂少量润滑油。

## 2. 节气门直动式怠速控制系统的检修

以时代超人为例，其电路如图2-138所示。

### （1）测节气门位置传感器（节气门电位计）

**测量节气门电位计的供电电压：**拔下节气门控制部件的插头，用数字式万用表测量插头上4和7端子之间的电值，打开点火开关，此电压值应接近5V（发动机ECU提供）。

**测量节气门电位计导线的导通情况：**用数字式万用表测量插头上的4、5和7端子分别至ECU线束插座端子62、75和67之间的电阻值，测得电阻值应小于1Ω。

**测量节气门电位计的信号电压（万用表）：**插上节气门控制部件的插头，用数字式万用表测量插头上5和7端子（端子5和7分别对应ECU插座上的端子75和67）之间的电压值，打开点火开关，使节气门开度变化，此电压值应在0.5~4.9V之间变化。

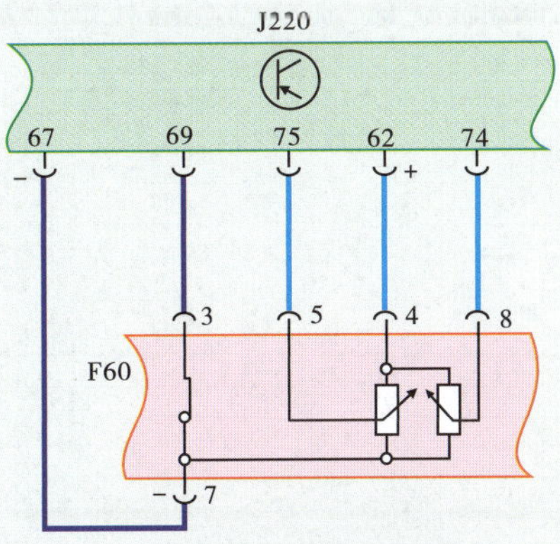


图2-138
时代超人节气门控制部件电路

### （2）测节气门定位电位计

**测量节气门定位电位计的供电电压：**拔下节气门控制部件的插头，用数字式万用表测量插头上4和7端子之间的电压值，打开点火开关，此电压值应接近5V。

**测量节气门定位电位计导线的导通情况：**用数字万用表测量插头上的4、8和7端子分别至ECU线束插座端子62、74和67之间的电阻值，测得的电阻值应小于1Ω。

**测量节气门定位电位计的信号电压（万用表）：**插上节气门控制部件的插头，用数字式万用表测量插头上8和7端子（端子8和7分别对应ECU插座上的端子74和67）之间的电压值，打开点火开关，使节气门开度变化，此电压值应在0.5～4.9V之间变化。

### （3）检查怠速开关

**测量怠速开关的电阻：**将万用表两根表棒接触ECU插座上的69和67端子，当打开节气门时，测到的电阻值应为无穷大，当节气门关闭时，测得的电阻值应小于1Ω。

**测量怠速开关导线的导通情况：**拔下节气门控制部件的插头，用数字式万用表测量节气门控制部件插头上的3和7端子至ECU线束插座69和67端子间的电阻值，测得的电阻值应小于1Ω。

**测量怠速开关信号：**可用诊断仪检测进入08功能读数据块。选择98显示组，屏幕显示及检查见“节气门电位计检查”。

### （4）检查节气门定位器（怠速电机）

**测量节气门定位器的供电电压：**打开点火开关，用数字式万用表测量ECU上的66和59端子时电压值，66号端子的电压值应为蓄电池电压值（12V左右），59号端子的电压值应为10V左右。

**测量节气门定位器导线的导通情况：**数字式万用表测量ECU线束插座至节气门定位器电线插头间的电阻值，电阻值应小于1Ω。

**注意：** 以上怠速控制系统的检查还可用诊断仪和示波器来进行操作判断。

## 思考与练习

**填空题**

1. 怠速控制的实质是控制怠速时的________________。

2. 微机对怠速进行控制的内容包括：________________、________________、________________等。其控制的过程是由________________来完成的。

3. 怠速控制空气量的执行机构，一般可分为两种：一是控制节气门旁通气道中空气流量的式；第二种是控制节气门最小开度的__________式。

4. 现在的车辆上的怠速控制阀主要有____________、____________和____________等类型的怠速控制阀。

5. 在不同的工况下，ECU根据相应的传感器的输入信号所确定的目标转速与实际转速进行比较得出差值，计算出相当于目标转速的控制量，去驱动控制怠速阀，使实际怠速转速控制在目标转速附近。在以下三种工况下各需哪些传感器信号，请选择相关传感器（信号）的序号填入对应的工况。

①发动机启动控制_____________；②发动机预热控制_____________；③发动机负荷变化_____________。

a. 车速传感器VSS
b. 节气门位置传感器TPS
c. 冷却液温度传感器CTS
d. 曲轴位置传感器CPS
e. A/C放大器
f. （蓄电池）电负荷信号
g. 空挡位置开关信号NSW
h. 启动信号

大家都应该知道了，发动机的输出动力是由气缸内混合气体的燃烧所发出的能量产生的。因此，气缸内混合气体稀浓程度直接影响了发动机的动力性。而混合气的空燃比保持在14.7∶1附近时燃烧最充分。为了改善发动机气缸内混合气的燃烧，则需要对空气的流量和燃油喷射量进行控制。燃油喷射控制在前面已经介绍过，在本情境将介绍对发动机进气量的一些常见的控制。

# 情境六：进气控制

## 一、进气涡流控制

在采用涡流控制阀的发动机上，发动机ECU可根据发动机的不同负荷，通过改变进气流量达到改善发动机动力性能的目的。图2-139为由ECU控制的涡流控制系统。

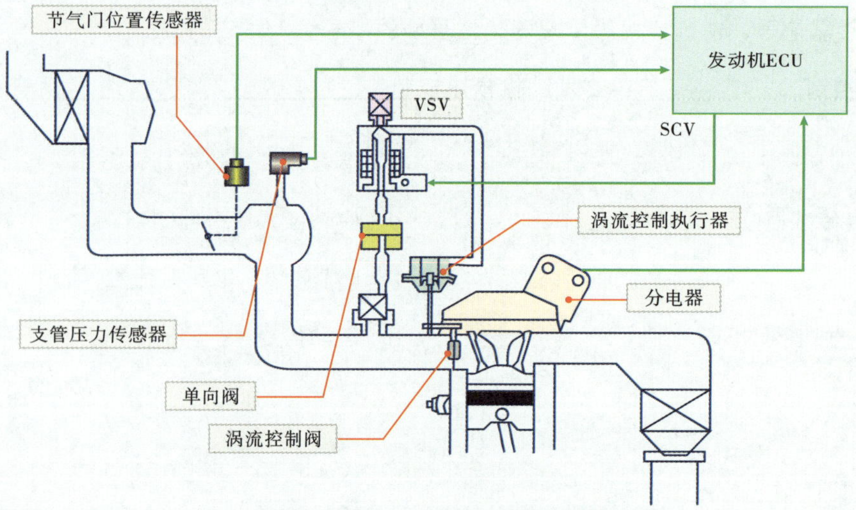


**图2-139 ECU控制的涡流控制系统**

**工作原理：** 在图2-140中看到，进气孔纵向分为两个通道，涡流控制阀安装在通道A内，由进气支管负压打开和关闭，控制进气管空气通道截面的大小。发动机小负荷或以低于某一转速时，ECU控制真空电磁阀关闭，真空度进不了涡流控制阀上部的真空气室，涡流控制阀关闭。因为进气通道截面变小，产生一个强大涡流，这就提高了燃烧效率，从而可节省燃油。当发动机负荷增大或以高于某一转速运转时，ECU根据转速、温度、进气量等信号控制真空电磁阀电路接通，真空电磁阀打开，真空度进入涡流控制阀，将涡流控制阀打开，进气通道截面变大，提高进气效率，从而改善发动机输出功率。

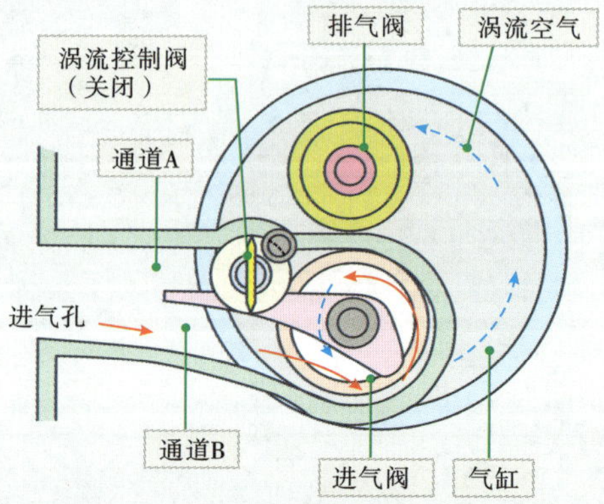


**图2-140 涡流控制阀安装位置**

## 二、可控进气歧管

为了充分利用进气波动效应和尽量缩小发动机在高、低速运转时进气速度的差别，达到改善发动机经济性及动力性特别是改善中、低速和中、小负荷时的经济性和动力性的目的，要求发动机在高转速、大负荷时装备粗短的进气歧管；而在中、低转速和中、小负荷时配用细长的进气歧管。可变进气歧管就是为适应这种要求而设计的。

### 1. 进气歧管开关式

开关式进气管被装在奥迪V6发动机上，如图2-141所示。

控制筒被真空罐旋转了 90° 。通过进气管转换控制电磁阀来完成控制。

当发动机熄火和怠速运转时，控制筒位于功率位置（短进气路径）。

通过继续减少流通和压力的损失，可以得到单独进气管很好的截面利用率。这导致了特定功率特征值的提高。

进气管转换控制电磁阀通过弹簧力被固定在这个位置上。进气管转换控制电磁阀由发动机ECU控制。

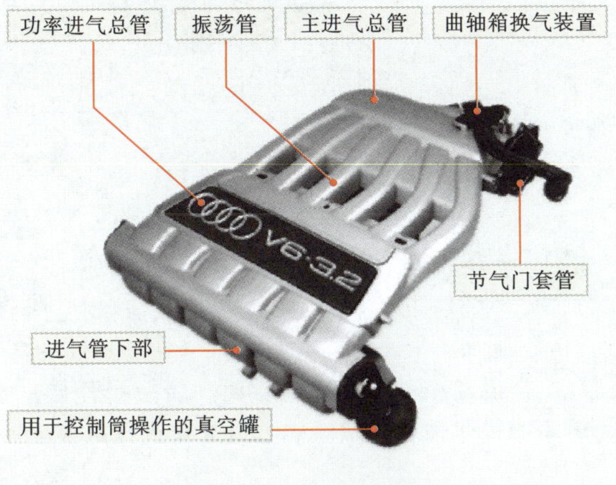


图2-141 开关式进气管

**工作原理：**

转速从 1 100 转起，控制筒被转动了 90° 。这样一来功率进气管被封闭。正在进气的气缸通过长扭矩管路直接从主进气总管中进气，如图2-142所示。

从转速为 4 100 转起，进气管转换控制电磁阀便不再被馈电并且真空罐受大气压力作用。然后，控制筒通过弹簧力再次以90° 的旋转回到起始位置，如图2-143所示。

气缸通过其短进气管进气。该气缸从功率进气总管进气。

功率进气总管中的气体由其他当前未进气的气缸的扭矩管路提供。

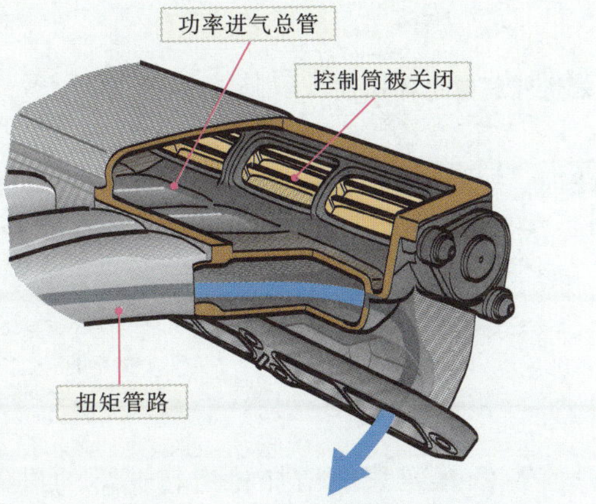


图2-142 扭矩位置

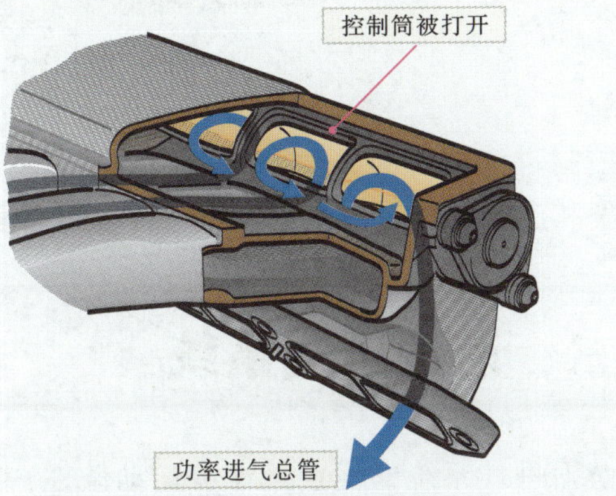


图2-143 功率位置

## 2. 进气歧管长度控制式

如图2-144所示，是一种能根据发动机转速和负荷的变化而自动改变有效长度的进气歧管。

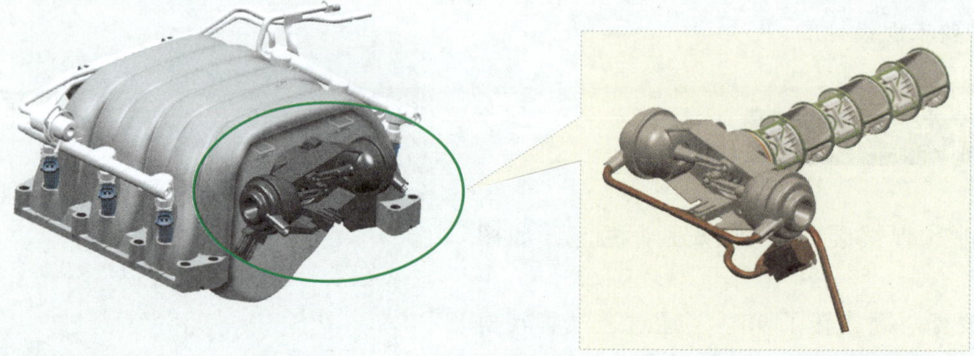

图2-144 长度可控式进气歧管

**工作原理：**

当发动机处于低速运转时，发动机电子控制单元控制转换阀关闭，如图2-145（a）所示，这时空气经空气滤清器和节气门沿着长而弯曲的进气歧管进进入气缸。较长的进气歧管不仅提高了进气速度，而且增强了气流的惯性，使进气量增多。

当发动机处于高速运转时，转换阀开启，如图2-145（b）所示，空气经空气滤清器和节气门直接进入相对短的进气歧管。较短的进气歧管进气阻力小，也使进气量增加。

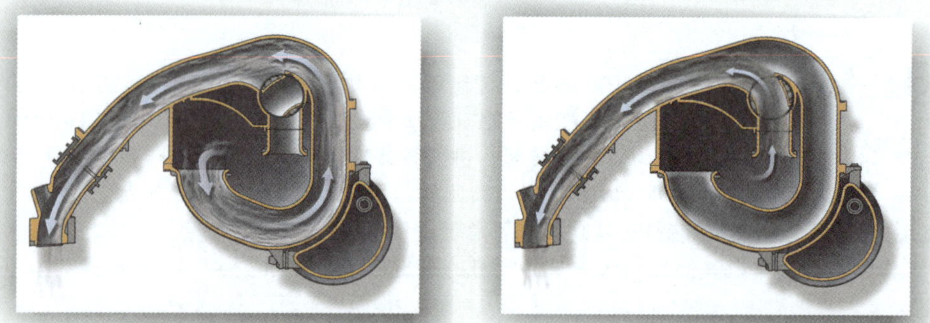

（a）关闭　（b）开启

图2-145 长度可控式进气歧管工作原理

控制进气歧管的长度可以有效提高发动机的动力性能，因为它能够根据发动机的运行情况来控制进气速度和流量，所以改善了燃烧过程，提高发动机燃油经济性。

# 三、谐振进气系统

谐振进气系统的优点是没有运动条件，工作可靠，成本低。但只能增加特定转速下的进气量和发动机转矩。

**工作原理：** 在空气进入发动机气缸，由于进气门的开闭具有间歇性和周期性，也就造成了进气歧管内产生一定幅度的压力波。这个压力波以当地声速在进气系统内传播和往复反射。在这种情况下，如果利用一定长度和直径的时气歧管与一定容积的谐振室组成谐振进气系统（图2-146），并使其固有频率与气门的进气周期调谐，那么在特定的转速下，就会在时气门关闭之前，在进气歧管内产生大幅度的压力波，使进气歧管的压力增高，从而增加进气量。这种效应称作气波动效应。

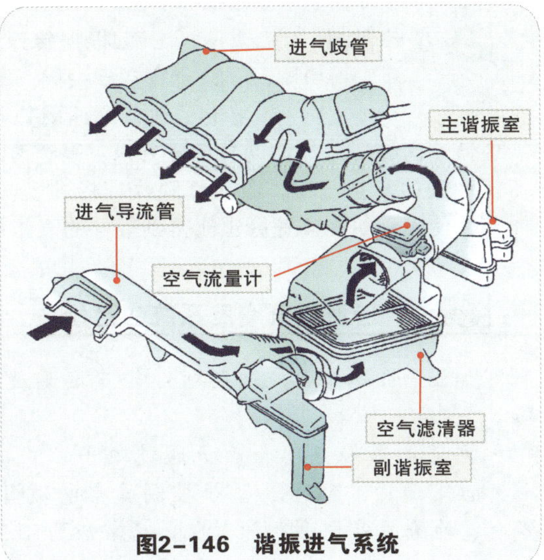

图2-146 谐振进气系统

## 四、进气惯性增压控制系统（ACIS）

进气惯性增压系统主要是利用进气气流惯性产生的压力波提高进气效率，也称之为谐波进气增压系统。一般地，进气管长度短时，压力波波长短，可使发动机高速区的功率增大；进气管长度长时，压力波波长长，可使发动机中低转速区功率增加。

**工作原理：** 进气惯性增压系统工作原理如图2-147所示。运行的发动机进气管中的气体高速流向进气门时，如果进气门突然关闭，进气门附近气体的流动将突然停止，但是由于惯性作用，后面的气体仍在流动，于是进气门附近的气体将受到压缩，压力升高。当气体的惯性效应减小后，被压缩的气体开始膨胀，向进气管内的气流反方向流动，压力降低。膨胀气体的膨胀波传到进气管口时又被反射回来，也就形成了压力波。

如果上述的进气压力脉动波与进气门开闭配合好，使反射的压力波集中到要打开的进气门旁，在进气门打开时，就会形成对进气进行增压的效果。一般而言，进气管长度长时，压力波波长长，可使发动机的中低转速区功率增大。进气管长度短时，压力波波长短，可使发动机的高速区功率增大。

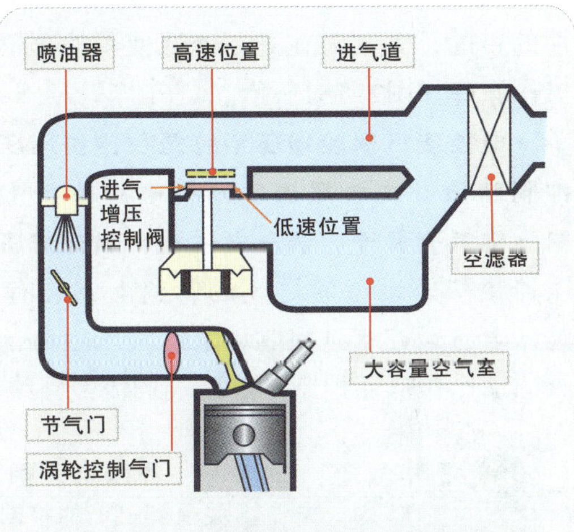

图2-147 进气惯性增压系统工作原理

谐波进气增压系统控制原理如图2-148所示。

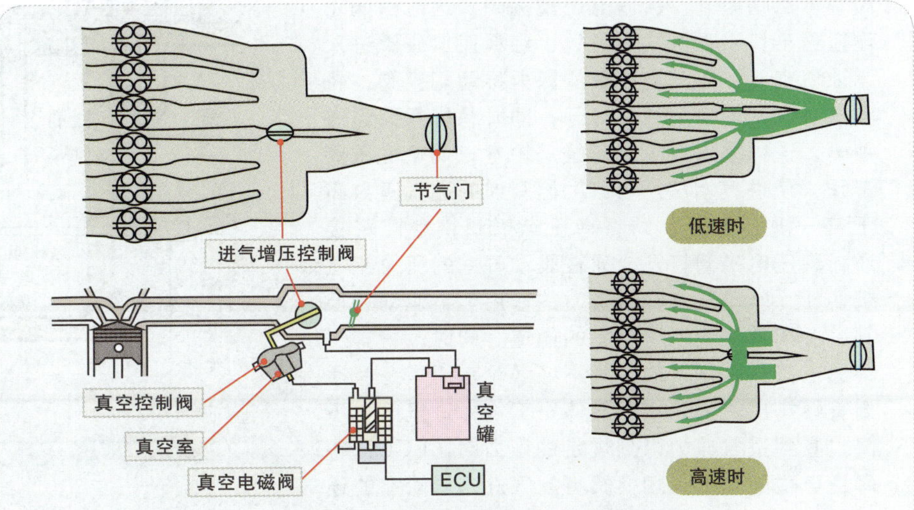

图2-148 谐波进气增压系统控制原理

**工作原理：** ECU根据转速信号控制真空电磁阀的开闭。在低速时，ECU切断真空电磁阀电路，真空阀关闭，真空不能通过真空罐进入真空控制阀的真空气室，受真空控制阀控制的进气增压阀处于关闭状态。这时的进气管长度变长，压力波波长随之曾大，以适应低速区域形成气体动力增压要求。高速时ECU接通真空电磁阀的电路，真空阀打开，真空罐的真空进入真空控制阀的真空气室，吸动其膜片，将进气增压控制阀打开，由于大容量空气室加入，缩短了压力波的传播距离，使发动机在高速区也能得到较好的气体动力增压效果。

**谐波进气增压系统的检修：**

如图2-149所示，是皇冠3.0轿车的谐波增压系统控制电路。

主继电器触点闭合后，通过端子“3”给真空电磁阀供电，ECU通过“ACIS”端子控制真空电磁阀的搭铁回路。维修时，检查真空电磁阀的电阻，正常应为38.5~44.5Ω。

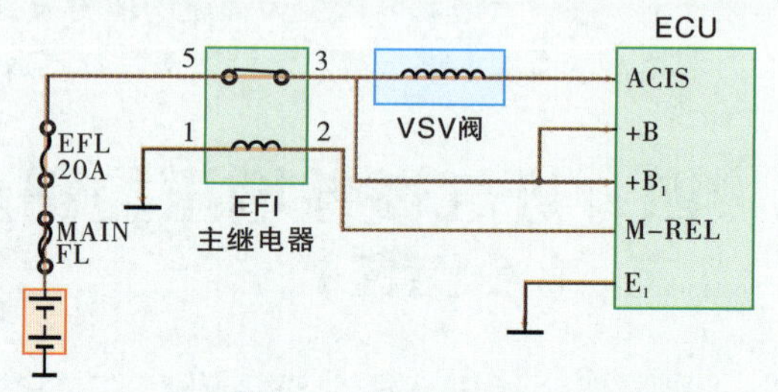

图2-149 皇冠3.0轿车的谐波增压系统控制电路

## 五、电控废气涡轮增压系统

根据发动机进气压力的大小，控制增压装置的工作，以实现控制进气量、提高发动机动力性和经济性的目的，尤其对在高原地区使用的车辆，更有意义。目前多采用废气涡轮增压（图2-150），其组成与工作原理如图2-151所示。

**电控废气涡轮增压系统是在传统增压系统的基础上增加电子控制装置，主要是由发动机电控单元（ECU）、涡轮压力传感器、空气流量计、释压电磁阀和涡轮增压系统等组成。**在涡轮增压器出口驱动气室之间的管路上，装有受ECU控制的释压电磁阀，电磁阀控制进入驱动室的气压压力，而驱动气室又控制切换阀的动作，从而控制排放废气的流经路线。

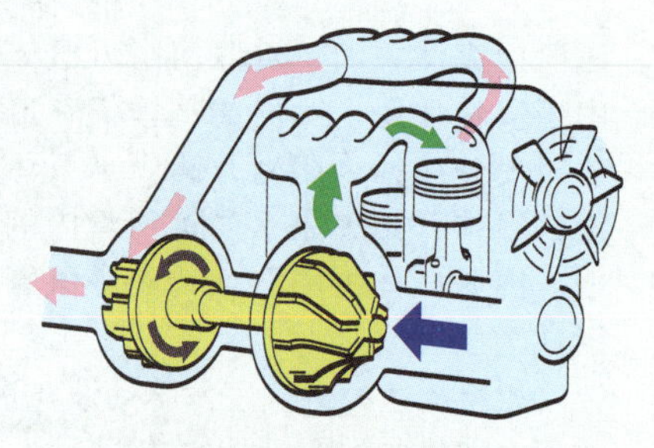
图2-150 废气涡轮增压

**工作原理：** 释压电磁阀的开、关受到ECU的控制，如图2-151所示，当ECU检测到的进气压力低于某一规定值时，则将释压电磁阀接地回路断开，释压电磁阀关闭。这时由涡轮增压器出口引入的进气压力，经释压电磁阀进入驱动气室，克服气室弹簧的弹力推动切换阀，将废气进入涡轮室的通道打开，同时将排气旁通道关闭，这样排入的废气流经涡轮室，涡轮增压器工作，使进气增压。当ECU检测到的进气压力高于某一规定值时，则将释压电磁阀接地回路接通，释压电磁阀打开。通往驱动气室的压力空气被切断，驱动气室在弹簧力的作用下，驱动切换阀，关闭排气进入涡轮室的通道。同时，将排气旁通道打开，排入的废气不经涡轮室而是经旁通阀直接排出，涡轮增压器停止工作，进气压力下降。直到进气压力降到规定的压力时，ECU又将释压电磁阀关闭，切换阀将废气进入涡轮室的通道打开，增压器开始工作，使进气增压。

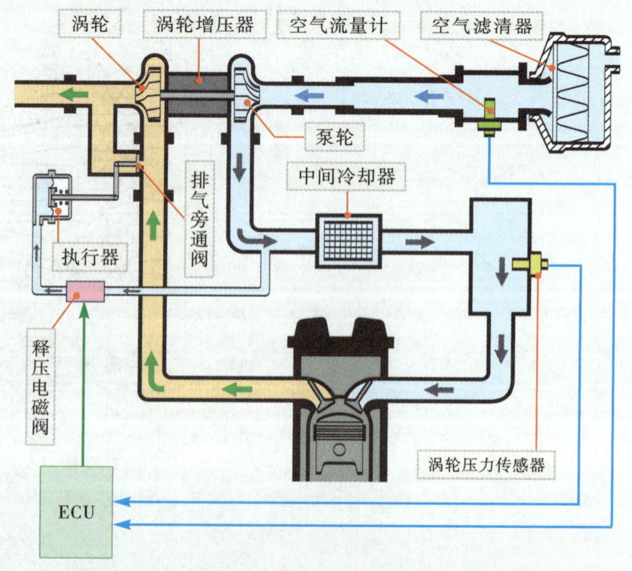

图2-151 电控涡轮增压系统的组成与工作原理

## 思考与练习

**填空题**

1. 常见的发动机进气控制方式主要有____________控制、_____________控制、____________控制、控制和_______________控制等。

2. 在采用涡流控制阀的发动机上，发动机ECU可根据发动机的不同负荷，通过改变______________达到改善发动机动力性能的目的。

3. 为了充分利用进气波动效应和尽量缩小发动机在高、低速运转时进气速度的差别，从而达到改善发动机经济性及动力性特别是改善中、低速和中、小负荷时的经济性和动力性的目的，当发动机在高转速、大负荷时进气歧管变得_________；而在中、低转速和中、小负荷时进气歧管变得________。因此设计了_________。

4. 进气惯性增压系统主要是利用____________产生的压力波提高____________。一般地，进气管长度短时，压力波波长短，可使发动机高速区的功率____________；进气管长度长时，压力波波长也长，可使发动机中低转速区功率增加。

我们希望发动机随着不同时候的需求，能达到最符合我们期望的状态，例如：优良的动力性和燃油经济性，低排放等。然而，这些理想的状态不可能同时达到，只能根据不同的需要设想不同的理想状态。汽车厂商在发动机上采用了不同的技术以达到不同状态下所要的目的。前面的内容中已经介绍过一些，这一情境将介绍其他一些常见的用于改变发动机性能的技术，以及在车辆出现故障时怎样保证车辆最基本的行驶要求（也叫“跛行回家”功能）。

# 情境七：其他控制

## 一、断缸控制

汽车发动机尤其是大型轿车发动机的输出功率很大，又有较高的功率储备。但在城区行驶或在城外公路上行驶时，大部分时间都处在较低的部分负荷下运行，这时发动机的效率不高。为了解决这一问题，在发动机处于部分负荷下工作时，控制系统指令切断某些气缸的燃油供应与点火，使这些气缸不工作，则剩下各缸的工作效率得到提高，从而提高了发动机的效率和燃油经济性。在功率不能满足要求时，再恢复其他气缸工作，断缸方案如图2-152所示。

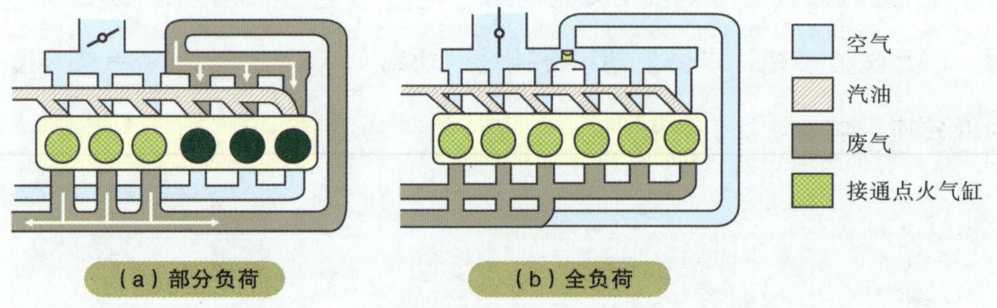


图2-152　断缸方案

ECU接收到空气流量计传来的负荷信号，可以识别判定何时需要断缸。ECU负责控制从一个工况转移到另一工况。在转换前后，即使发动机只用半数气缸工作，驾驶员应该是感觉不到的。

电控系统在部分负荷下的断缸控制是将点火与供油同时切断，而且只在需要工作的气缸内充入混合气，对于不工作的气缸，无新的混合气进入，也无点火。这样发动机在小负荷运行时，不可避免的换气损失也可得到一定程度的减小。此外，炽热的废气流过被断缸的气缸，可使发动机保持一定的运行温度，使发动机的摩擦功率和磨损不致增加很多。目前轿车发动机上实用的断缸控制仍需要进一步研究、试验与完善。

## 二、气门正时控制

### 1. 本田发动机的VTEC技术

**VTEC全名就是Variable valve Timing & lift Electronic Control system，翻译成中文是“电子控制可变气门正时和升程”**，系统如图2-153所示。

VTEC技术最早来自本田摩托车技术——1983年12月发布的CBR400F。为解决高转速发动机在低速时的扭矩输出问题，本田为该车的发动机（NC07E）配置了REV（Revolution Modulated Valve Control）系统，399mL空冷四冲程DOHC直列四缸16气门，功率输出为58ps/12 300rpm，扭矩为3.6kg·m/11 000rpm。从1988年起，HONDA开始研究在汽车上应用可变气门技术，早期应用在汽车上的VTEC有三种：VTEC-E、VTEC、DOHC VTEC。VTEC-E只能改变进气门数量，应用在Civic ETi 1.5L车上。

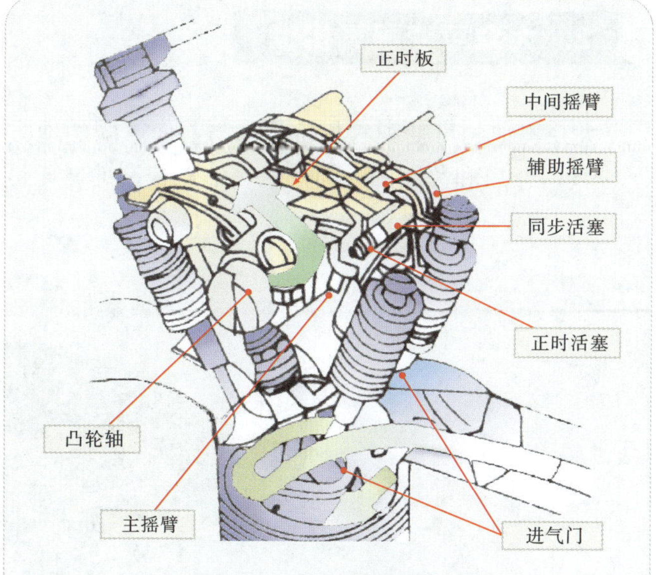


**图2-153 VTEC系统的组成**

### 工作原理：

VTEC发动机进气凸轮轴如图2-154所示。发动机低速时，VTEC机构的油道内没有机油压力，正时活塞、同步活塞A、同步活塞B和止推活塞在回位弹簧作用下都处于左端，正时板卡入正时活塞，使其不能移动，此时三根摇臂分离，彼此独立工作。主凸轮升程较大，所以它驱动的气门开度较大；辅助凸轮升程较小，所以它驱动的气门开度较小。这时，中间摇臂虽然也被凸轮驱动，但因为三个摇臂彼此分离独立，所以中间摇臂并不参与工作，对气门动作无影响。

发动机达到某一个设定的高转速（如3 000r/min）时，由ECU传来的信号打开VTEC电磁阀，压力机油通过摇臂轴上的摇臂轴油孔进入正时活塞，正时板移出，推动摇臂内的正时活塞，使三根摇臂锁成一体。由于中间凸轮升程最高，摇臂锁为一体后由它驱动，进气门开启时间延长，升程增加。

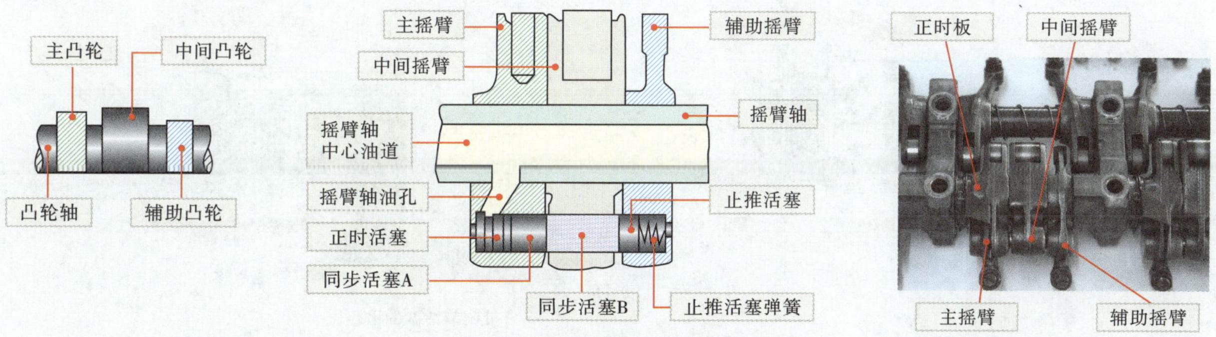


**图2-154 VTEC发动机进气凸轮轴**

### 工作过程电路控制：

发动机控制单元ECU根据传感器信号进行判断，输出相应的控制信号，通过电磁阀调节摇臂内活塞液压系统，使发动机在不同的工况下由不同的凸轮控制，从而使进气门的开度和正时处于较佳状态。VTEC电磁阀开启后，控制系统通过压力开关反馈信号给ECU，以监控系统工作，如图2-155所示。

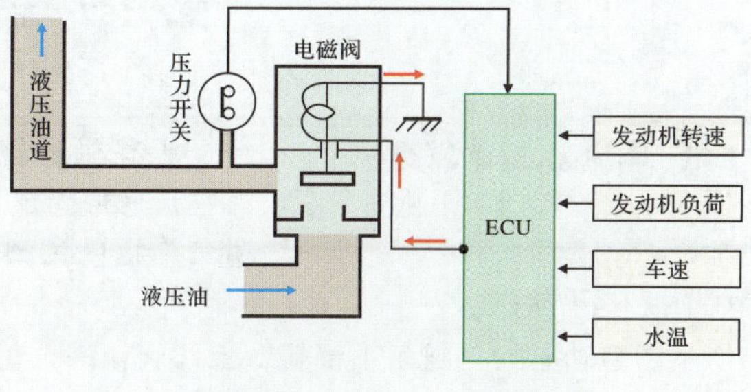


**图2-155 VTEC控制电路**

## 2. 大众可变配气相位

大众奥迪的可变配气相位技术与前面不同的地方在于，大众奥迪可变配气不能调节气门升程，只改变了进气门开启和关闭的时间。采用油压控制的链轮链条结构，如图2-156所示。

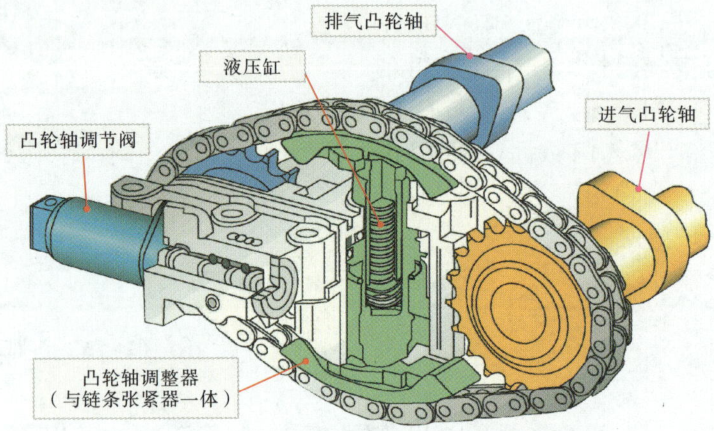


图2-156　油压控制的链轮链条结构

左右列缸对应的可变气门正时机构均设置了一个可变气门正时电磁阀，如图2-157所示。发动机在获得转速传感器的信息后，对左右列缸对应的可变气门正时电磁阀的控制方式做出正确选择并控制阀体动作。当获得不同阀体位置时，通往可变气门正时调节器内的液压缸油路变换，使得可变气门正时调节器上升或下降，以致左右列缸对应的进气门获得不同的迟闭角。

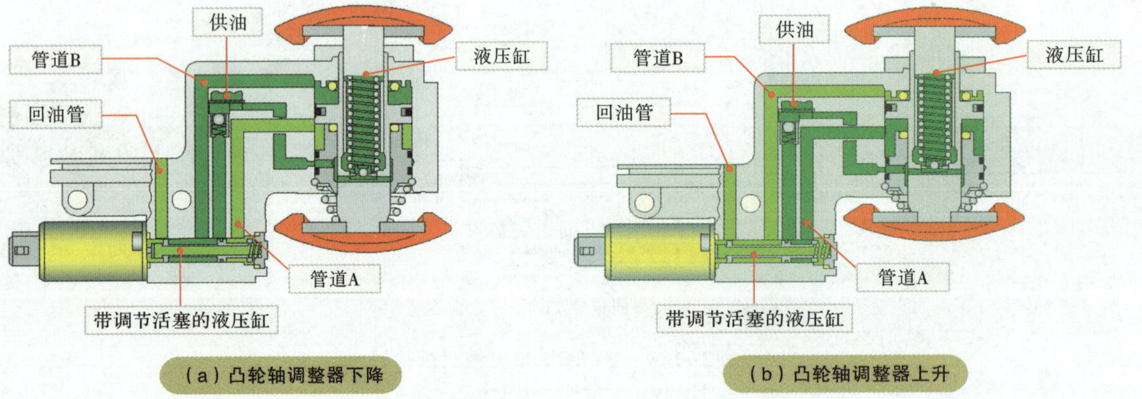


图2-157　左右列缸对应的可变气门正时机构

**调整器工作原理：**

凸轮轴调整器向下拉长，于是链条上部变短，下部变长。因为排气凸轮轴被齿形带固定了，此时排气凸轮轴不能被转动，进气凸轮轴被转一个角度，进气门提前关闭。在这个位置时，在中、低转速，可获得大扭矩输出，如图2-158（a）所示。

调整功率时，链条下部短，上部长，进气门延迟关闭。进气管内气流速高，气缸充气量足。因此高转速时，功率大，如图2-158（b）所示。

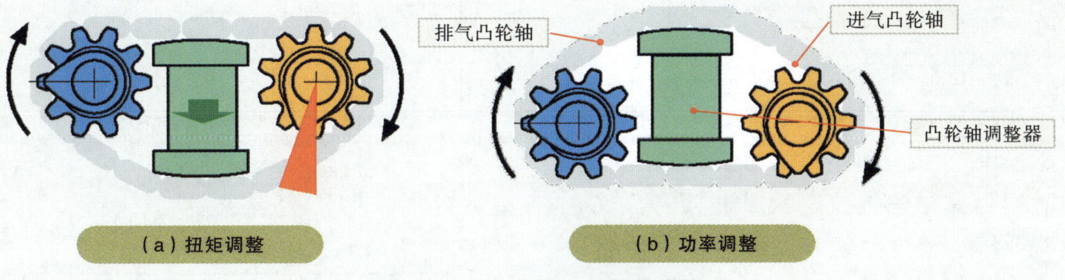


图2-158 调整器工作原理

## 3. 丰田轿车智能可变进气门正时（VVT-i）系统

一般地，气门正时是固定不变的，但为了提高功率输出、改善燃油经济性和减少废气的排放，丰田开发了VVT-i系统。**该系统利用油压来控制进气凸轮轴转角，对气门正时进行优化。VVT-i系统由传感器、发动机ECU、凸轮轴正时机油控制阀和VVT-i控制器等组成**，如图2-159所示。

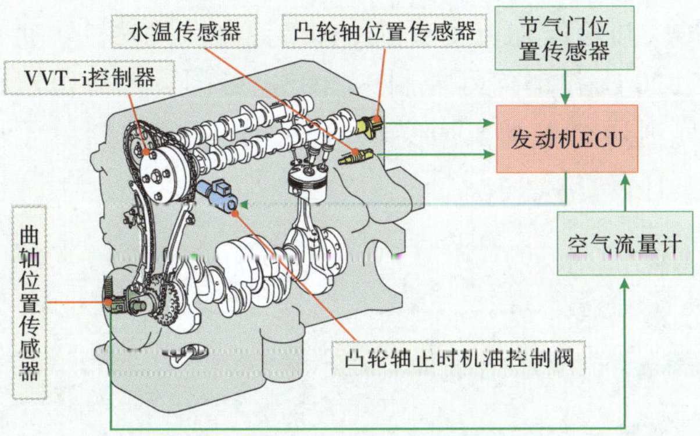


图2-159 VVT-i系统组成

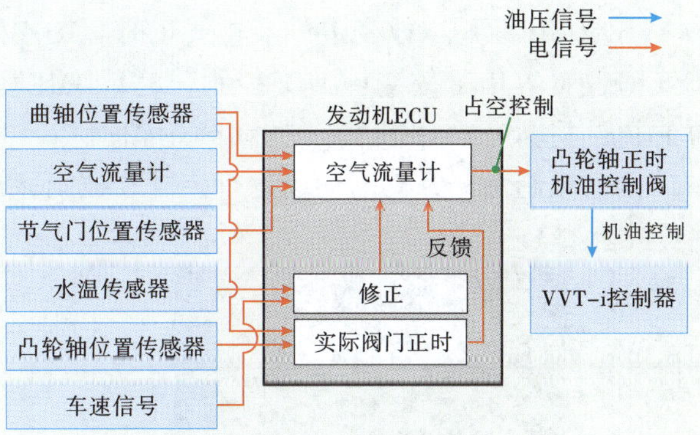


图2-160 VVT-i系统控制原理

**控制原理：** ECU储存了最佳气门正时参数值，曲轴位置传感器、进气支管空气压力传感器、节气门位置传感器、冷却液温度传感器和凸轮轴位置传感器等反馈信息汇集到ECU并预定参数值进行对比计算，计算出修正参数并发出指令到控制凸轮轴正时液压控制阀，控制阀根据ECU指令控制机油槽阀的位置，也就是改变液压流量，把提前、滞后、保持不变等信号指令选择输送至VVT-i控制器的不同油道上，如图2-160所示。

气门正时的控制过程如图2-161所示。

### （1）在低温、低负荷低速时或者在低负荷时

延迟气门正时可减少气门重叠，以减少排出的废气逆吹入进气侧，从而达到稳定怠速、提高燃料消耗率和启动性能。

### （2）在中负荷或者在高负荷中低速时

提前气门正时可增加气门重叠，以增加使用和降低填充损失，从而改善了排放控制和燃料消耗率。与此同时提前进气门的关闭时间可减少进气被逆吹回进气侧，改善了容积效率。

### （3）在高负荷高速时

提前气门正时可增加气门重叠，以增加EGR使用和降低填充损失，从而改善了排放控制和燃料消耗率。此外，同时提前进气门的关闭时间可减少进气被逆吹回进气侧，改善了容积效率。此外，使用凸轮轴位置传感器的反馈控制被用于将实际进气的气门正时维持在目标气门正时里。

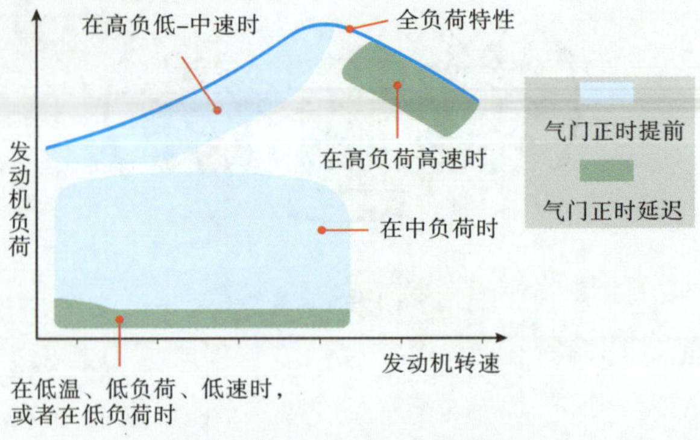


图2-161　气门正时的控制过程

## 4. 宝马双可调式凸轮轴控制系统

**宝马轿车无极可调电子气门控制（Valvetronic）系统（图2-162）主要由电动机、VANOS单元、VANOS电磁阀、发动机控制单元（DME）、进排气凸轮轴位置传感器、冷却液温度传感器和发动机转速传感器等组成。**

VANOS单元用以改变进气及排气正时。MDE根据进排气凸轮位置、发动机冷却液温度、发动机转速及节气门位置等信号改变VANOS控制正时。DME输出100~220 Hz频率信号控制VANOS电磁阀，保持恒定压力的机油进入VANOS机构，推动凸轮轴动作。气门升程则通过电动机来实现，一个独立的控制单元从DME接收控制命令并对电动机进行控制，控制原理如图2-163所示。

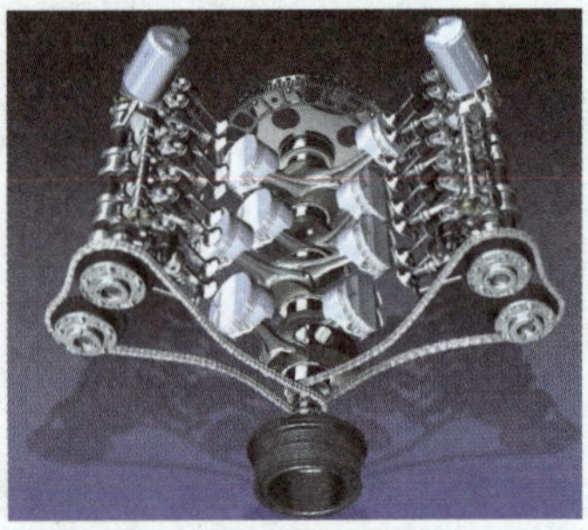

图2-162
宝马无极可调电子气门控制（Valvetronic）系统

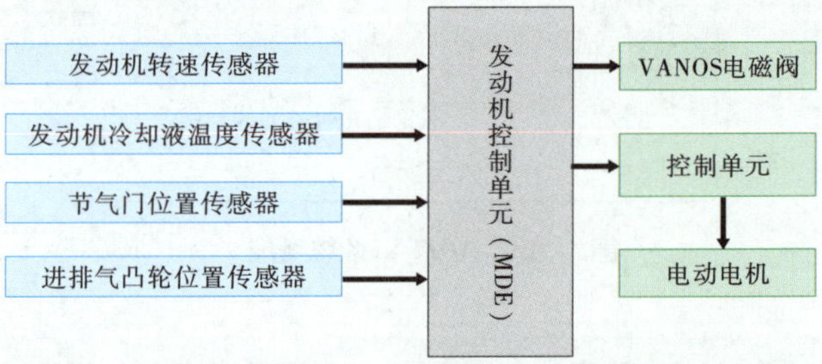


图2-163
宝马轿车Valvetronic系统控制原理

**Valvetronic气门行程控制原理：**

Valvetronic机构控制气门打开行程长度。当节气门打开时，进气量由怠速逐渐增至最大进气量。节气门与气门行程同时控制，进气量控制主要由Valvetronic调节。此时，Valvetronic电机推动Valvetronic轴带动气门摇臂动作，进气门的行程开度可以由0.3mm升至9.85mm。此时可改变节气门控制最大真空度由传统发动机的500mbar提高至1 000mbar，进气量大增，发动机位于中、高速功率也大增（如图2-164）。

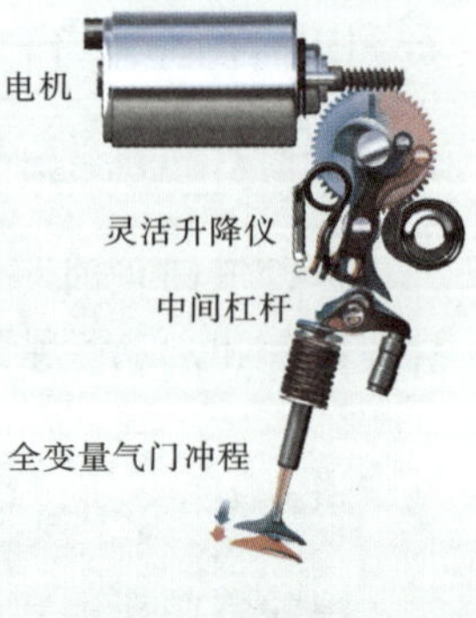


图2-164
Valvetronic气门行程控制原理

图中采用的是双VANOS单元，它具有如下优点：

| | |
|---|---|
| 优点一 | 在1 500~2 000 RPM低速时发动机扭力增加； |
| 优点二 | 怠速时，凸轮轴有较小的重叠角，改善怠速特性，怠速燃烧更充分；RPM低速时发动机扭力增加； |
| 优点三 | 排气凸轮轴调节，减少NOx排放，促进排气流通； |
| 优点四 | 汽车时触媒升温更快； |
| 优点五 | 减少燃油消耗。 |

# 三、失效保护与应急备用系统

失效保护系统依靠ECU内的软件完成其功能。在电控系统工作时，ECU检测到某传感器内，或其控制电路出现故障时，ECU将按设定的标准信号替代故障信号控制发动机继续运转，或停止运转以保护发动机，确保车辆安全，这便是失效保护。

而当发动机ECU内微处理器或少数重要传感器出现故障时，ECU按预存的程序控制燃油喷射系和点火正时，使电控系统维持最基本的控制功能，使发动机维持运转，汽车能维持基本行驶，这就是应急备用功能（也称“跛行回家”功能），它由ECU的备用IC（集成电路）来完成。

## 1. 应急备用系统工作原理

当自诊断系统判定发生下列故障之一时，在接通“故障指示灯”搭铁回路的同时，将自动启动应急备用系统。

- ECU中的中央微处理器（CPU）、输入/输出（I/O）接口和存储器发生故障。
- 凸轮轴位置传感器或其电路发生故障，ECU收不到$C_1$和$C_2$信号。
- 在D型电控燃油喷射系统中，进气歧管绝对压力传感器或其电路发生故障。

**控制原理：**

应急备用系统工作原理如图2-165所示。当启动备用系统工作后，备用IC根据控制所需的几个基本传感器信号，按照固定的程序对执行元件进行简单的控制。应急备用系统工作时，只能根据启动开关信号（STA）和怠速触点信号（IDL）将发动机的工况简单地分为启动、怠速和非怠速三种，并按预先设定的固定数值输出喷油控制信号和点火控制信号。

因此，应急备用系统只能简易控制，维持车辆能继续行驶，而不能保持正常运行时的最佳性能，故不宜长期在此状态下行驶，应尽快对汽车进行检修。

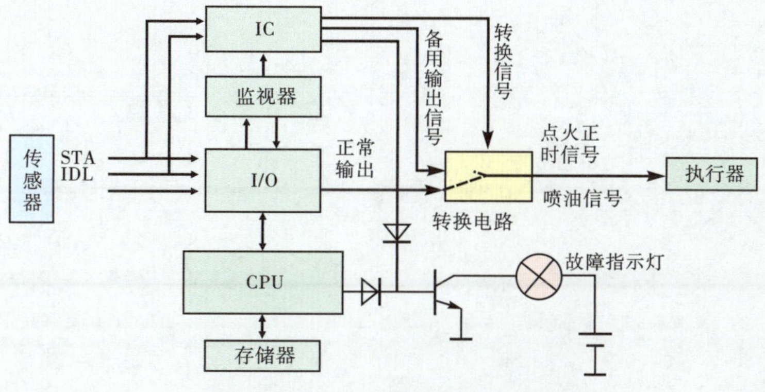


图2-165 应急备用系统工作原理

## 2. 失效应急措施

在发动机某些传感器及相关电路、执行器及相关电路发生故障时，为了能保证车辆的基本行驶能力，则需要采取相应的应急措施。常见传感器及相关电路发生故障时所采取的应急措施如表2-3所示。

◎表2-3 传感器及相关电路发生故障时所采取的应急措施

| 传感器或其电路故障 | 应急措施 |
| --- | --- |
| **冷却液温度信号（THW）**<br>超过正常范围：<-30℃或>120℃ | 按冷却液温度为80℃控制发动机工作，防止混合气过浓或过稀 |
| **进气温度信号（THA）**<br>超过正常范围：<-30℃或>120℃ | 按进气温度为20℃控制发动机，防止混合气过浓或过稀 |
| **节气门位置传感器信号**<br>只有全开或全关两种状态信号，无法提供实际开度信号 | 通常按节气门开度为0℃或25℃设定标准的节气门位置传感器信号 |
| **爆燃传感器信号**<br>无论是否产生爆燃，ECU都无法通过该信号反馈控制点火提前角，导致发动机无法正常工作 | 使ECU将点火提前固定在一个适当值 |
| **点火确认信号**<br>点火系统发生故障造成不能点火，ECU收不到点火器反馈的点火确认信号 | 此时，失效保护系统使ECU立即切断燃油喷射，供发动机停止运转 |
| **凸轮轴位置传感器信号**<br>不能提供ECU对气缸的识别和确定曲轴转角基准，导致发动机失速或不能启动 | 若G1和G2两个信号不能输给ECU，则只能利用应急备用系统维持发动机运转 |
| **空气流量计信号**<br>ECU无法按进气量计算基本喷油时间，将引起发动机失速或不能启动 | 使ECU根据启动信号和节气门位置传感器信号按固定的喷射时间控制发动机工作 |
| **进气歧管绝对压力传感器信号**<br>在D型电控燃油喷射系统中，ECU收不到该信号无法计算基本喷油时间，将引起发动机失速或不能启动 | 失效保护系统使ECU按设定的固定值控制喷油量，或启动应急备用系统维持发动机运转 |

## 思考与练习

### 一、填空题

1. 电控系统在部分负荷下的断缸控制是将________与________同时切断，而且只在需要工作的气缸内充入混合气，对于不工作的气缸，________新的混合气进入，也________点火。这样发动机在小负荷运行时，不可避免的换气损失也可得到一定程度的减小。

2. VTEC的中文含义是________________________________。

3. VVT-i的中文含义是________________________________。

4. 大众奥迪的可变配气相位技术是不调节____________，只改变____________。

### 二、选择题

汽车发动机尤其是大型轿车发动机的输出功率很大，又有较高的功率储备。但在城区行驶或在城外公路上行驶时，大部分时间都处在较低的部分负荷下运行，这时发动机的效率不高。为了解决这一问题，而采用了（　　）

A. 断缸控制　　　　C. 断火控制

B. 断油控制　　　　D. 以上都不对

第三部分

# 电控柴油发动机控制系统

现代社会，人们越来越关注汽车尾气对环境的污染，机械控制式柴油机已经不能满足要求，也就迫使柴油发动机生产制造商采用发动机电子控制技术。到目前为止，已经研究并生产出许多功能各异的柴油机电子控制技术，大部分已经产品化并投放市场。

## 情境一：柴油机电控喷油系统概述

柴油发动机电控燃油喷射系统是在机械控制喷油系统的基础上发展而来，相比之下具有很多优点：

①改善发动机燃油经济性。

②改善发动机冷启动性能。

③改进发动机调速控制能力。

④减少发动机尾气污染物。

⑤降低发动机的排气烟度。

⑥具有发动机自保护功能。

⑦具有发动机自动诊断功能。

⑧减少发动机的维护工作量。

⑨可通过程序对发动机功率进行重新设定。

### 一、电控柴油发动机发展回顾

**柴油电控喷射系统可分为位置控制和时间控制两大类，是从位置控制型逐渐发展到时间控制型。**

位置控制

位置控制是在机械控制喷油正时与喷油量的基础之上，应用执行器（电磁液压或电磁式）控制油量调节和喷油提前器，实现喷油正时和喷油量的电子控制。亦可用改变柱塞预行程的方法，实现可变供油速率的电子控制，以满足高压喷射中高速、大负荷和低怠速喷油过程的综合优化控制。

时间控制

时间控制是在高压油路中利用一个或两个高速电磁阀的开闭来控制喷油泵和喷油器的喷油过程。喷油量取决于喷油器开闭时间的长短和喷油压力的大小，喷油正时则取决于控制电磁阀的开闭时刻，从而实现喷油正时、喷油量和喷油速率的柔性一体控制。

到目前为止，柴油电控喷射系统的发展经历了三代。

### 1. 位置控制系统 第一代

第一代柴油机电控燃油喷射系统是位置控制系统。这种系统的主要特点是保留了大部分传统的燃油系统部件，如喷油泵—高压油管—喷油嘴系统和喷油泵中齿条、齿圈、滑套、柱塞上的螺旋槽等零件，只是用电子伺服机构代替机械式调速器来控制供油滑套或燃油齿条的位置，使得供油量的调整更为灵敏和精确。

在第一代柴油机电控燃油系统控制内容：**油环的位置控制；喷油时间的控制；根据ECU的指令由发动机驱动轴和凸轮轴的相位差进行控制。**ECU是根据通过各种传感器检出的发动机状态及环境条件等，计算出适合于发动机状态的最佳控制量，并向执行机构发出相应的指令。

### 2. 时间控制系统 第二代

第二代柴油机电控燃油喷射系统是时间控制系统。这种系统是在第一代位置控制式的基础上发展起来的，可以保留原来的喷油泵—高压油管—喷油器系统，也可以采用新型高压燃油系统。其喷油量和喷油定时是由电脑控制的强力高速电磁阀的开闭时刻所决定：电磁阀关闭，喷油开始；电磁阀打开，喷油结束。即喷油始点取决于电磁阀关闭时刻，喷油量取决于电磁阀关闭时间的长短，因此可以同时控制喷油量和喷油定时。传统喷油泵中的齿条、滑套、柱塞上的斜槽和提前期等全部取消，对喷射定时和喷射油量控制的自由度更大。

燃油升压是通过喷油泵或发动机的凸轮来实现的。升压开始的时间（与喷油时间对应）以及升压终了时间（从升压开始到升压终了的时间与喷油量相当）是由电磁阀的接通/断开控制的，也就是说，**喷油量和喷油时间是由电磁阀直接控制的**。

### 3. 时间—压力控制系统（电控高压共轨系统） 第三代

第二代柴油机电控燃油喷射系统时间是压力控制系统，也称电控高压共轨系统。这种系统包括了高压共轨系统和中压共轨系统。这是20世纪90年代国外最新推出的新型柴油机电控喷油技术。该系统摒弃了传统的泵—管—喷嘴的脉动供油方式，取而代之的是一个高压油泵，在柴油机的驱动下，连续将高压燃油输送到共轨管内，高压燃油再由共轨送入各缸喷油器，通过控制喷油器上的电磁阀实现喷射的开始和终止。

## 二、柴油发动机电控系统组成与控制原理

### 1. 柴油发动机电控系统的组成

**电控柴油机喷射系统主要由传感器、开关、ECU（计算机）和执行器等部分组成**，如图3–1所示。其任务是对喷油系统进行电子控制，实现对喷油量以及喷油定时和随运行工况的实时控制。电控系统采用转速、温度、压力等传感器，将实时检测的参数同步输入ECU并与ECU已储存的参数值进行比较，经过处理计算，按照最佳值对喷油泵、废气再循环阀、预热塞等执行机构进行控制，驱动喷油系统，使柴油机运作状态达到最佳。

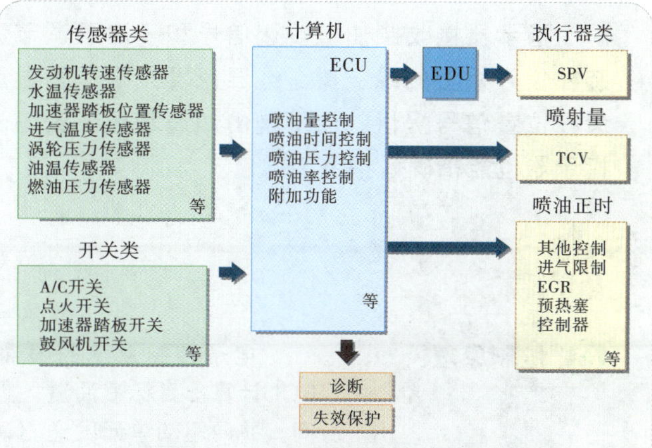


图3–1 电控柴油机喷射系统的组成

## 2. 柴油发动机电控系统的控制原理

### （1）喷油量控制

柴油机在运行时的喷油量是根据两个基本信号来确定的，分别是加速踏板位置和柴油机转速。喷油泵调节齿杆位置则是由喷油量整定值、柴油机转速和具有三维坐标模型的预先存储在控制器内的喷油泵速度特性所确定。在运行中，系统一直校验和校正调节齿杆的实际位置和设定值之间的差异，以获得正确的喷油量，提高发动机的功率。

### （2）喷油定时控制

喷油定时是根据柴油机的负荷和转速两个信号确定，并根据冷却水的温度进行校正。

控制器把喷油定时的设定值与实际值加以比较，然后输出控制信号使定时控制阀动作，以确定通至定时器的油量；油压的变化又使定时器的活塞移动，喷油定时就被调整到设定值。当发生故障时，定时器使喷油定时处在最滞后的位置。

### （3）怠速和暖车控制

**怠速有两种控制方式：手动控制和自动控制。**借助于选择开关可选定怠速控制方式。

选定手动控制时，转速由怠速控制旋钮来调整。选择自动控制时，随着冷却液温度逐渐升高，转速从暖车前的800r／min降至暖车后的400r／min。这种方法可缩短车辆在冬季的暖车时间。

### （4）巡航控制

车辆的巡航控制是由车速、柴油机转速、加速踏板位置、巡航开关传感器和电子调速器控制器来实现。一个快速、精密的电子调速器执行器，根据控制器的指令自动进行巡航控制，使发动机始终处于最佳工作状态。在原有的电子调速器基础上，只需增加几个开关和软件就可实现这项功能。

### （5）柴油消耗量指示器

指示器接收柴油机转速信号和喷油泵调节齿杆位置信号。在工作过程中，柴油消耗状态由安装在仪表板上的绿、黄、红三色发光二极管显示出来，以作为经济行驶的指示。负荷信号由调节齿杆位置信号提供，而不是由加速踏板位置信号提供。所以，即使在巡航控制状态下行驶时，该指示器也能精确地指示油耗量。

## 喷油量控制

**控制原理：**

电子控制系统的喷油量控制原理如图3-2所示。根据各种传感器的信息，ECU计算出目标喷油量；为了得到目标喷油量，计算出喷油装置需要多长的供油时间，并向驱动单元发送驱动信号；根据ECU送来的驱动信号，喷油装置中的电磁阀开启或关闭，控制喷油装置供油开始、供油结束的时间，或只控制供油结束时间，从而控制喷油量。

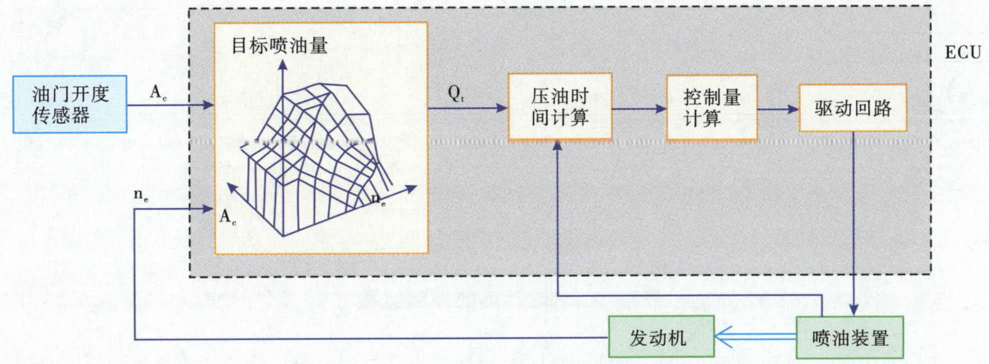


**图3-2 电子控制系统的喷油量控制原理**

## ①基本喷油量控制

不同的发动机要求不同的转矩特性。为了得到不同的转矩特性通常是通过控制喷油量来实现的。

代表的特性如图3-3所示，特别是等速特性，与发动机负荷无关，始终保持恒定的转速。该特性广泛地应用于发动机。在机械式调速系统中调速率约为3%；负荷变化，转速随之变化。但在电控燃油系统中，通过发动机转速的反馈控制，可以得到恒定不变的转速。

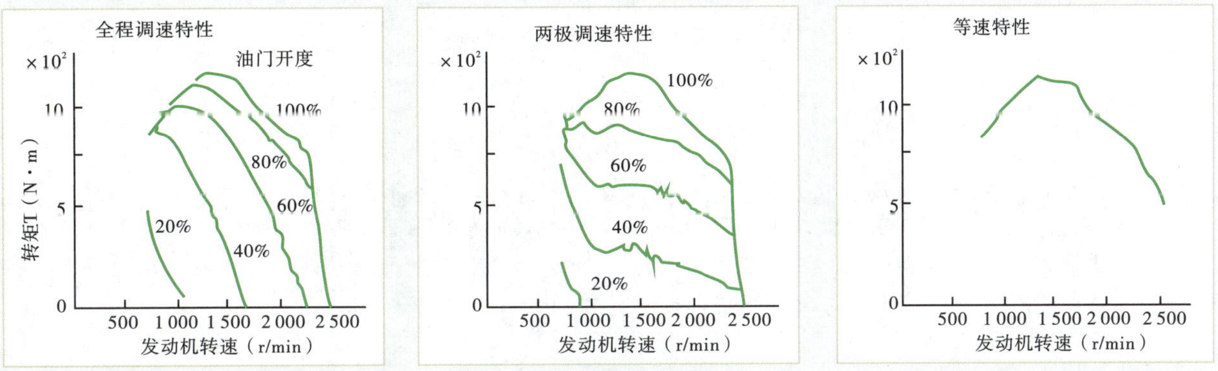


**图3-3 不同的转矩特性**

## ②怠速转速控制

在怠速工况下，发动机产生的转矩和发动机自身的摩擦转矩平衡，维持稳定的转速。如果在低温下工作，润滑油的粘度大，发动机的摩擦阻力大，怠速工况下，发动机转速不稳，乘车者感到不舒服；而且，发动机启动时容易失速。相反，如果发动机怠速转速高，则发动机噪声大，燃油消耗率高。为了克服上述问题，即使发动机负荷转矩发生了变化，还要保证维持目标转速所需要的喷油量，这就是怠速转速自动控制功能。

怠速转速的控制流程如图3-4所示，发动机的实际转速和发动机的目标转速由发动机的冷却水的温度、空调压缩机的负荷状态决定进行比较，根据两者的差值求得回复到目标转速时所必需的喷油量从而进行反馈控制。

## ③启动油量控制

汽车加速踏板和发动机转速决定基本喷油量，冷却液温度等决定补偿喷油量，比较两者的关系之后，控制启动喷油量，如图3-5所示。

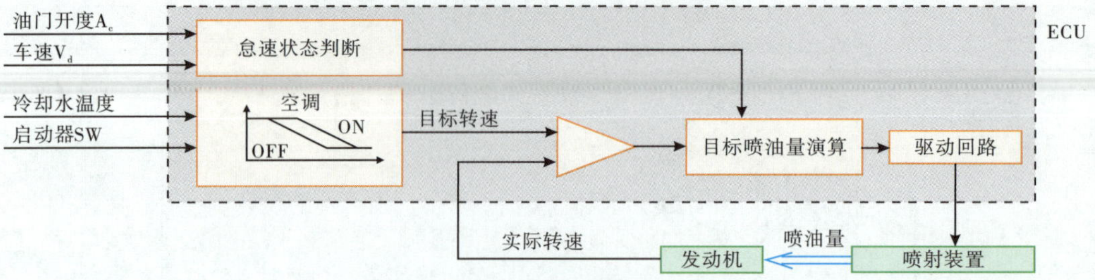


**图3-4 怠速转速的控制流程**

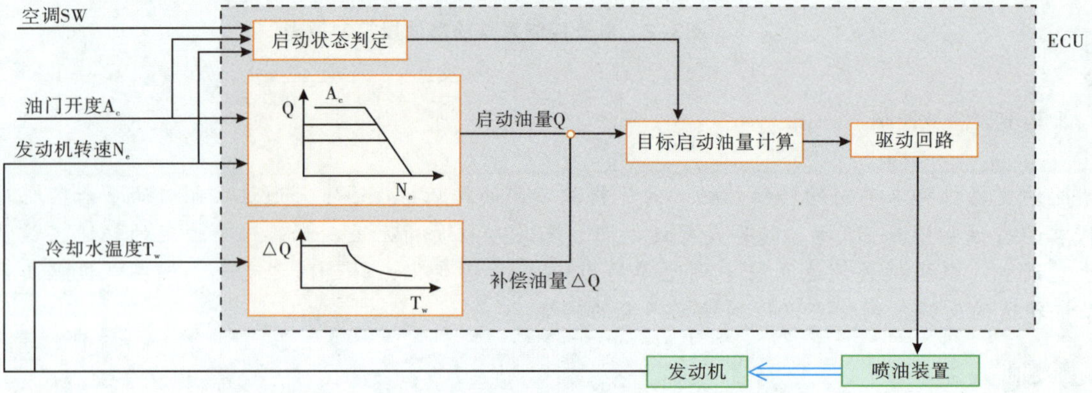


**图3-5 启动喷油量的控制流程**

## ④不均匀油量补偿控制

在发动机中，由于各缸爆发压力不均匀，曲轴旋转速度变化引起发动机振动。特别是在低转速的怠速状态下，乘车者会感到不舒服。各缸喷油量不均匀，各缸内燃烧的差异等引起各缸间的转速不均匀。因此，为了减少转速波动，需要检出各个气缸的转速波动情况。为了使转速均匀平稳，则需要逐缸调节喷油量，使喷到每一个气缸内的燃油量最佳化。这就是不均匀油量补偿控制，如图3-6所示。

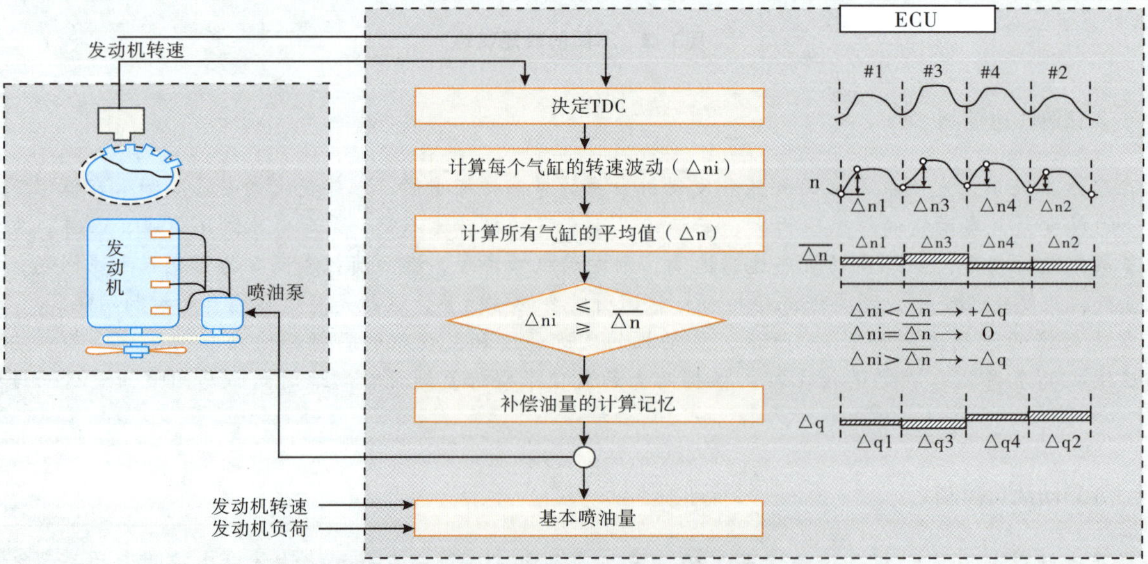


**图3-6 各缸喷油量不均匀油量补偿控制**

### ⑤恒定车速控制

汽车在高速公路上长距离行驶时，驾驶员为了维持车速一直要操纵加速踏板，很容易疲劳。对此，不要驾驶员操纵加速踏板而维持定速行驶的控制过程就是恒定车速控制，如图3-7所示。

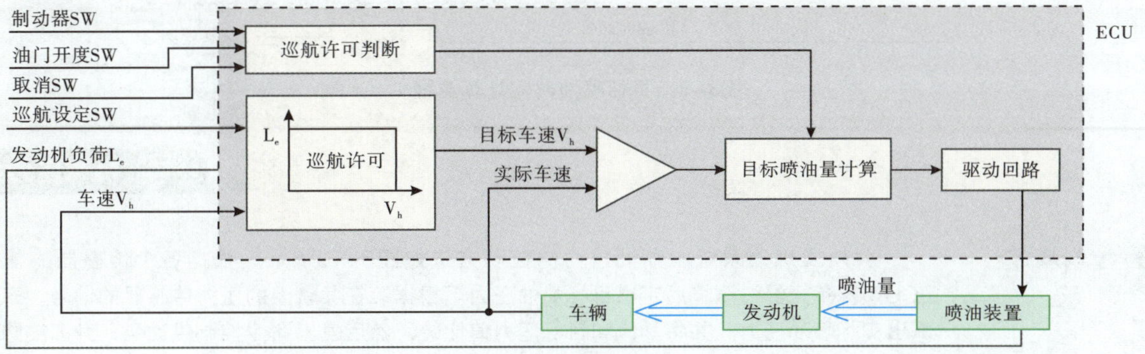


图3-7 恒定车速控制流程

## 喷油定时控制

**控制原理：**

电子控制燃油喷射系统中喷油时间的控制经过了三次改革，如图3-8所示。根据各个传感器的信息，在ECU的演算单元中计算出目标喷油时间；喷油装置中的电磁阀从ECU接受到驱动信号，控制流入或流出提前器的工作油。由于工作油对提前机构的作用，改变了燃油压送凸轮的相位角，或提前，或延迟，从而控制喷油时间，如果将ECU中目标喷油时间值用数据表示成三维图形（MAP图），则可得到自由的喷油时间特性。目标喷油时间采用图3-9中的方法进行计算。

为了实现发动机中的最佳燃烧，必须根据运行工况和环境条件经常地调节喷油时间。根据发动机的转速决定基本喷油时间，同时，还要根据发动机的负荷、冷却水温度、进气压力等对基本进气时间进行修正，决定目标喷油时间。

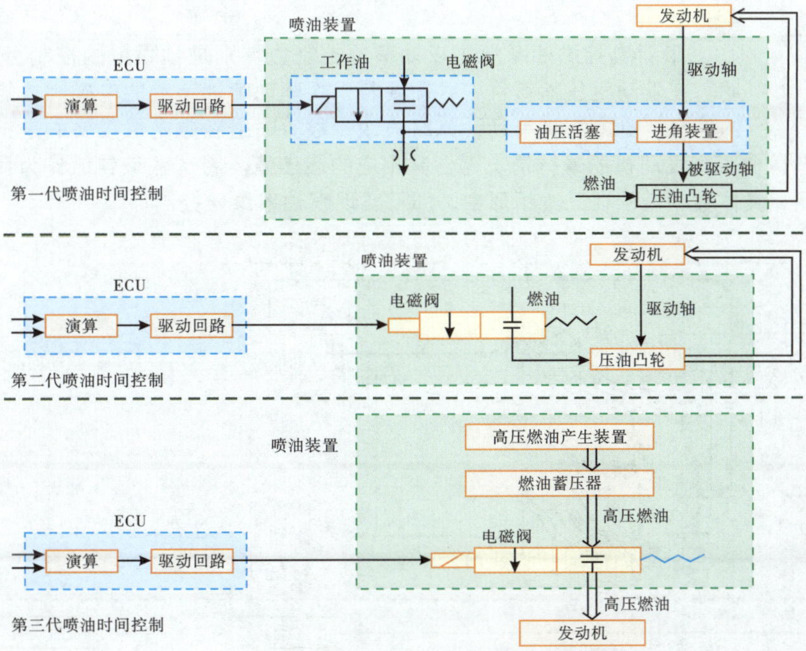


图3-8 不同时期的喷油时间控制过程

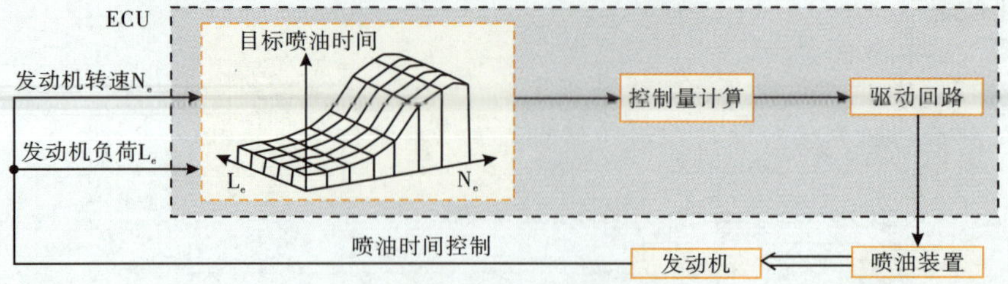


**图3-9　目标喷油时间计算流程**

## 喷油压力控制

**控制原理：** 共轨式燃油系统中喷油压力的控制方法如图3-10所示。根据各个传感器的信息，ECU演算单元经过演算后定出目标喷油压力。根据装在共轨上的压力传感器的信号，ECU计算出实际喷油压力。并将其值和目标压力值比较，然后发出命令控制供油泵，升高或降低压力。将ECU中的目标喷油压力特性用具体数据表示成三维图形，即MAP图，可以得到最佳喷射压力特性。

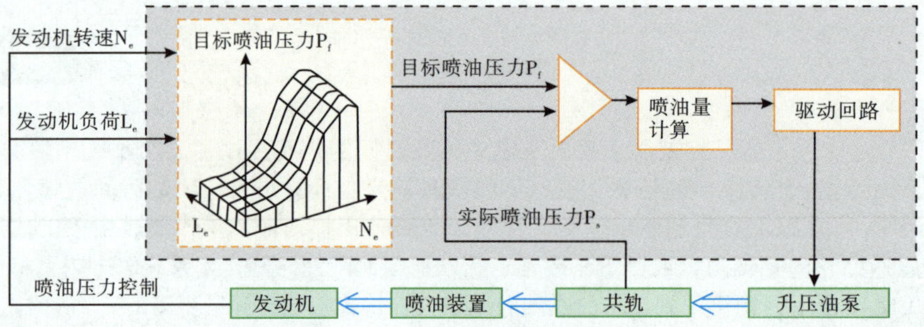


**图3-10　喷油压力控制流程**

## 喷油率控制

**控制原理：** 最新电控燃油系统中喷油率的控制，特别是预喷射的控制可以用图3-11进行说明。在发动机压缩行程中，需要若干次驱动喷油装置的电磁阀才能完成，根据传感器的信息，ECU演算单元计算出喷油参数。喷射参数中最重要的是：预喷射油量和预喷射时间间隔。这些参数值根据发动机的运行情况得到其相应的最佳值。将这些最佳值作为目标最佳预喷油量和目标最佳预喷油时间，具体数据表示在三维图形中，即可实现喷油率最佳控制。

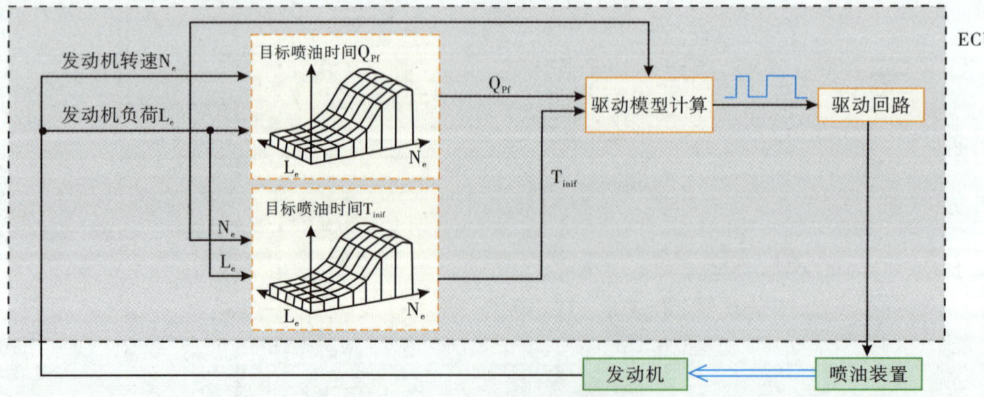


**图3-11　喷油率控制流程**

附加功能

**自我故障诊断功能：** 故障自诊断功能就是由ECU监视、发现电子控制系统中故障产生的位置，并向驾驶员和修理人员提供故障信息的功能。目前，故障诊断仪已是市场上不可缺少的维修工具之一，且其诊断项目已经扩展到构成系统的零部件。将车辆线束中已经准备好的专用接头插入ECU的故障诊断仪接线座内，大部分系统都是使车辆仪表盘中的校验指示灯发光，说明故障内容。如今，将专用故障诊断装置插入上述接线座内，则可以显示出更加具体详细的诊断信息，图3-12是一例。

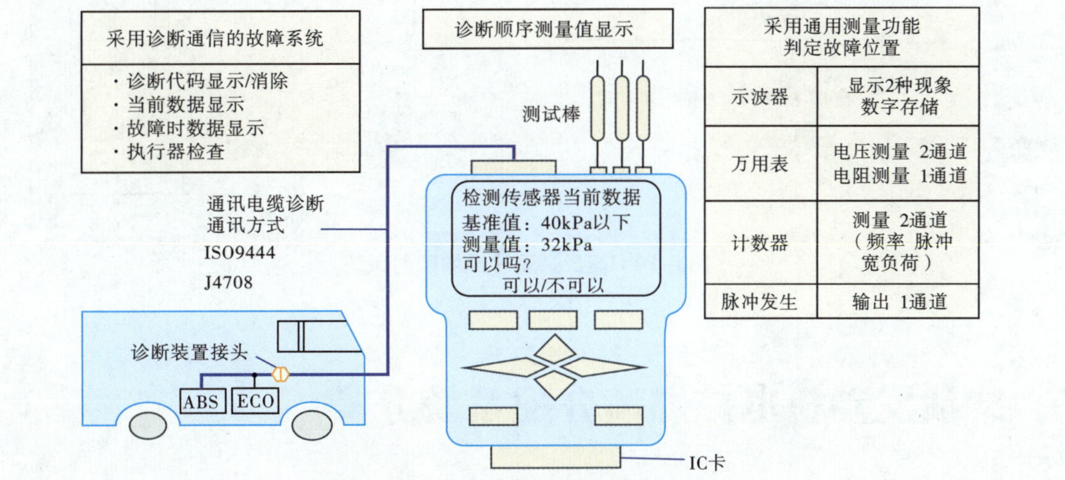


**图3-12 电控喷油装置故障诊断装置**

**故障应急功能：** ①传感器的故障诊断和故障应急功能

传感器的故障可以由软件来判定。如果传感器发出了异常数据，或者从发动机方面送来了不可能的信号，则可判定传感器故障。温度传感器的故障诊断实例如图3-13所示，在正常的温度范围$TW_a \sim TW_b$内，温度传感器的输出电压值为$V_a \sim V_b$（伏特），如果电压输出值超出上述设计值之外，则ECU就会判定传感器信号系统内产生了断线或短路。而且，在显示故障的同时，将预先记忆在发动机内的控制用温度值（℃）作为代用值送入ECU存储器内，用以防止因信号异常、控制混乱而导致汽车不能行驶。

②ECU故障诊断和故障应急功能

ECU内的CPU一旦产生了故障，则不能正常处理控制程序，不能进行正常演算。发动机系统中最关键的部件是CPU，一旦CPU产生了故障，则车辆就绝对不能行驶了。因此，在大多数系统中都有故障应急功能，随时监视CPU是否产生了故障，一旦出现异常，则立即切换到备用回路，继续工作。系统构成示意图如图3-14所示。在发动机控制系统和变速控制系统ECU之间通过数据通讯的方法，将二者结合在一起，就可以作为一个ECU工作。发动机控制系统就是一个电子控制燃油系统，当速度变化时，变速ECU得到若干指示，从而用来控制发动机的转速。这样，通过各个子系统的ECU之间的数据通讯，各个子系统的功能扩大了，从而研制出新的车辆综合控制系统。

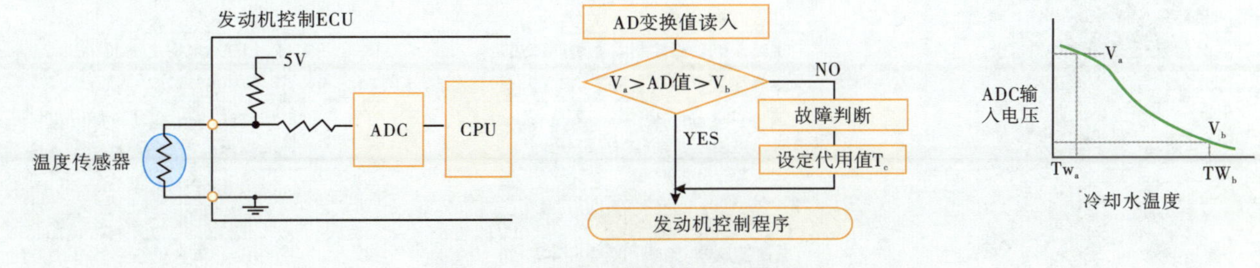


**图3-13 温度传感器的故障诊断实例**

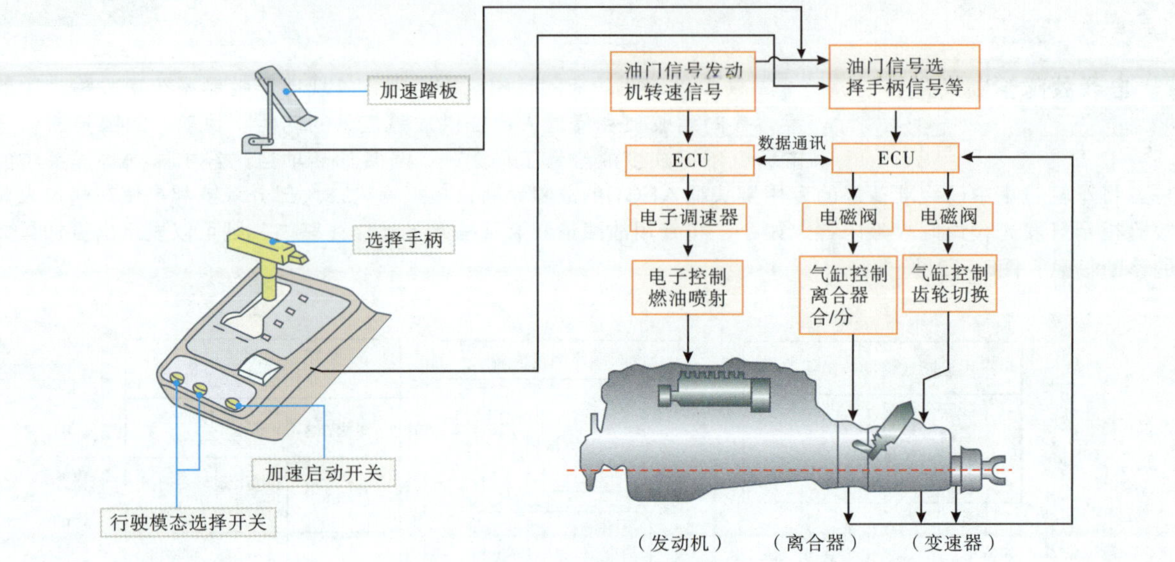

**图3-14　高压共轨式燃油喷射系统**

# 三、柴油发动机电控燃油分配系统分类

燃油喷射系统采用电控是达到欧Ⅲ排放标准的必备条件。

**典型的柴油发动机电控燃油喷射系统主要有电控直列泵、电控分配泵、电控泵喷嘴、电控单体泵、电控共轨系统五种，**表3-1所列是常见电控燃油喷射系统。

**◎表3-1　常见电控燃油喷射系统**

| 喷油控制 方法 | 喷油控制 对象 | 公司 | 型号 | 特点 | 喷油压力（MPa） | 应用情况 |
|---|---|---|---|---|---|---|
| 位置控制 | 直列泵 | Zexel | COPEC | 高速电磁阀控制喷油时刻，可变电感位移传感器控制喷油器 | | 1983年，用于车辆发动机 |
| 位置控制 | 直列泵 | Bosch | TICS | 高速电磁阀控制柱塞套筒及齿条位置，可变预行程 | | 1989年，投产，1993年25万台 |
| 位置控制 | 分配泵 | 电装 | ECD-V1 | 线性电磁铁控制滑套位置，电磁阀控制喷油时刻 | | 1982年用于丰田ZL-TE型 |
| 位置控制 | 分配泵 | Bosch | EDC-COVEC | 旋转电磁铁控制滑套位置，电磁阀控制喷油时刻 | | 1996年用于苯茨E290,4气门，5缸 |
| 时间控制 | 泵喷嘴 | 底特律 | DDEC | 在机械泵喷嘴油道中设高速电磁阀，电磁阀关闭-始喷；打开-停喷 | 180 | 1985年投产，1993年10万台，15t卡车 |
| 时间控制 | 泵喷嘴 | Bosch | DDEC | | 220 | |
| 时间控制 | 单体泵 | Bosch | EUP | | 200 | |
| 时间控制 | 分配泵 | Stanadyne | DS,RS | 用高速电磁阀控制喷油时刻和油量 | 200 | 1994年用于GM6·5L柴油机 |
| 时间控制 | 中压液压共轨 柴油 | 丰田 | | 用螺线管驱动增压活塞 | 110~140 | 1996年试验 |
| 时间控制 | 中压液压共轨 机油 | Caterpillar | HEUI | 斜盘柱塞泵，高速电路阀，电子压力调节器，机油压力增压4~23MPa | 20~140 | 1994年Perkis1300系列，五十铃及本田公司卡车3126型 |
| 时间控制 | 中压液压共轨 机油 | 小松 | KOMPICS | | 150 | 1982年试验 |
| 时间控制 | 高压共轨 | ECD-U2 | | 高压柱塞泵，高速电磁阀，预喷射 | 160 | 1992年试验 |
| 时间控制 | 高压共轨 | Bosch | | 电磁阀通电-始喷，断电-停喷 | 160 | 1998年奔驰柴油轿车10万台 |
| 时间控制 | 高压共轨 | Lucas | | | | 菲亚特轿车，MTU4000系列 |

## （1）电控直列泵（TICS）燃油喷射系统

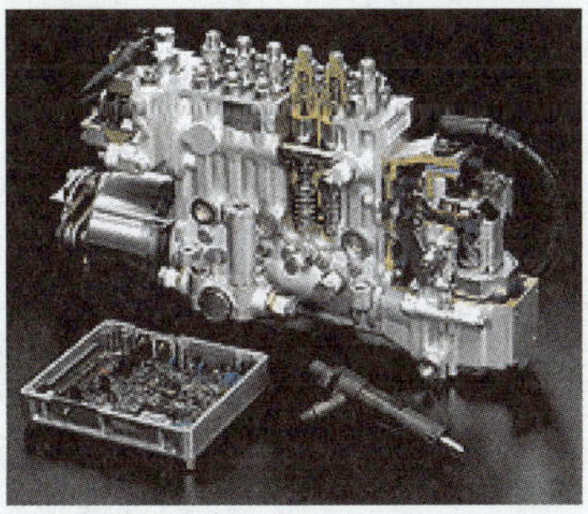

**优点**

①预行程可变，因此喷油速率可变。

②由于增加了预喷射口，可以实现预喷射。

③与原来的直列泵具有互换性，因此，对装于汽车的发动机不需要做很大的改造。

**缺点**

①喷油正时和预喷射等的控制自由度低。

②由于喷油压力与发动机转速有关，低速时喷油压力较低。

③重量大。

## （2）电控分配泵（VP44）燃油喷射系统

**优点**

①与传统的端面凸轮的分配泵相比，可以实现高压喷射。

②由于采用电磁阀来控制供油，因此可以实现预喷射。

③由于尺寸小、重量轻，因此安装性能好。

**缺点**

①与共轨喷油系统相比，控制喷油正时和预喷射的自由度低。

②由于喷油压力与发动机转速有关，低速时的喷油压力低。

## （3）电控泵喷嘴（EVI）燃油喷射系统

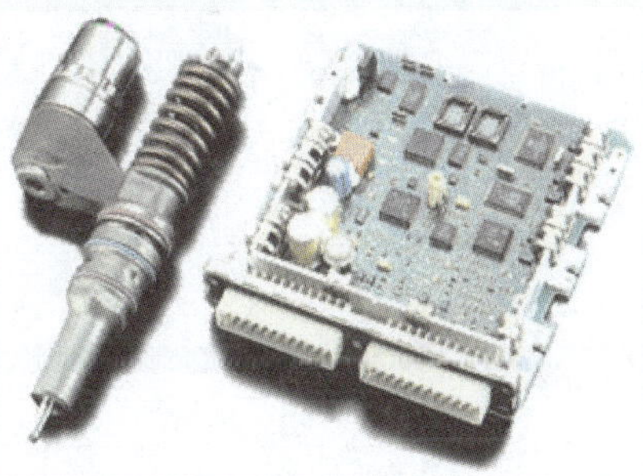

**优点**

①由于有害容积很小，泵喷嘴在现在使用的喷射装置中，具有最高的喷射压力。

②结构简单，可靠性和耐久性最好。

**缺点**

①与共轨相比，实现喷射正时和预喷能力有限。

②与传统的直列式喷油泵相比，尽管低速时的喷油压力有所改善，但仍不太高。

③为了能在现有的发动机上安装，需对发动机进行大幅度的改造。

④喷射压力随转速变化，不能动态控制。

## （4）电控单体泵（EVP）燃油喷射系统

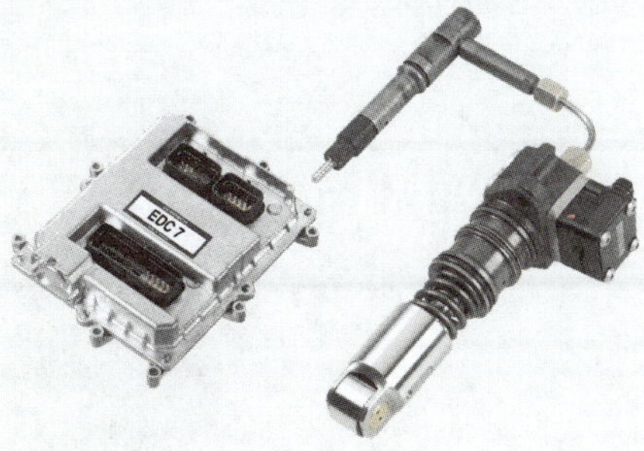


**优点**

①与直列泵相比，由于高压油管等有害容积减小，可实现高压喷射。

②结构简单，可靠性和耐久性较好。

③喷油系统成本较低，发动机总成本最低。

**缺点**

①与共轨相比，实现喷射正时和预喷能力更加有限，不能后喷。

②尽管喷射压力比直列泵有所改善，但低速时的喷射压力还不够高。

③喷射压力随转速变化，不能动态控制。

④驱动扭矩大。

## （5）电控共轨燃油喷射系统

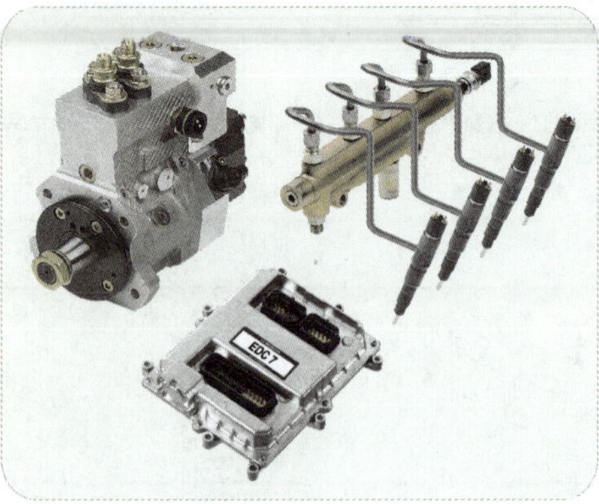


### 优点

①喷射压力峰值较EUI/EUP低，但平均有效压力较高，喷油压力与转速无关。

②可以独立改变喷油正时、喷油持续期和喷油压力。

③可以实现多段喷射。

④驱动扭矩、机械噪声小。

### 缺点

①由于经常处于高的燃料压力下，必须在耐久性和安全性方面比柱塞式喷油泵花费更大的努力。

②由于难以实现靴形喷油率，因此难以有效控制$NO_x$的产生。

## 思考与练习

**填空题**

1. 到目前为止，柴油电控喷射系统的发展经历了三代，分别是________型、__________型和____________型。

2. 第二代柴油机电控燃油喷射系统是由电脑控制的_______的开闭时刻来决定______和______。

3. 柴油电控发动机的控制内容有是_________控制、__________控制、__________控制、__________控制和_________控制。

4. 典型的柴油发动机电控燃油喷射系统主要有：________系统、_______系统、_______系统、________系统、________系统五种。

# 情境二：电控分配泵喷射系统

## 一、ECD-VS电控分配泵

日本电装公司从1980年代初期开始研制电控分配泵，由第一代ECE-V1起，技术迅速发展和升级，形成了一个完整的电控分配泵产品系列。其中，ECD-V5分配泵是以ECD-V3型分配泵为基础，实现了高喷油压力化，高性能化的电子控制式燃油喷射系统，其现在大量应用在以轿车动力为中心的直喷式柴油发动机上。

ECD-V5分配泵外形如图3-15所示，其结构如图3-16所示。在ECD-V3的基础上作了重大改进的要点：

**◆增加了电控驱动单元（EDU）。**

**◆减小了高压死容积。**

**◆ROM数据存储器有8～12个。**

**◆ECD-V3主要用于非直喷式发动机，相对于此，ECD-V5主要用于直喷式发动机。所以，柱塞直径增大，凸轮供油率增加，溢油孔直径加大，滚轮表面采用特殊陶瓷涂层。**

**◆采用直动型溢油阀，响应特性更高。**

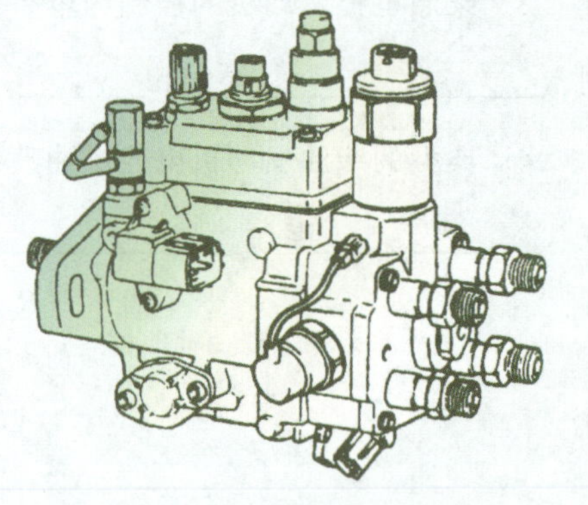

**图3-15　ECD-V5分配泵的外形**

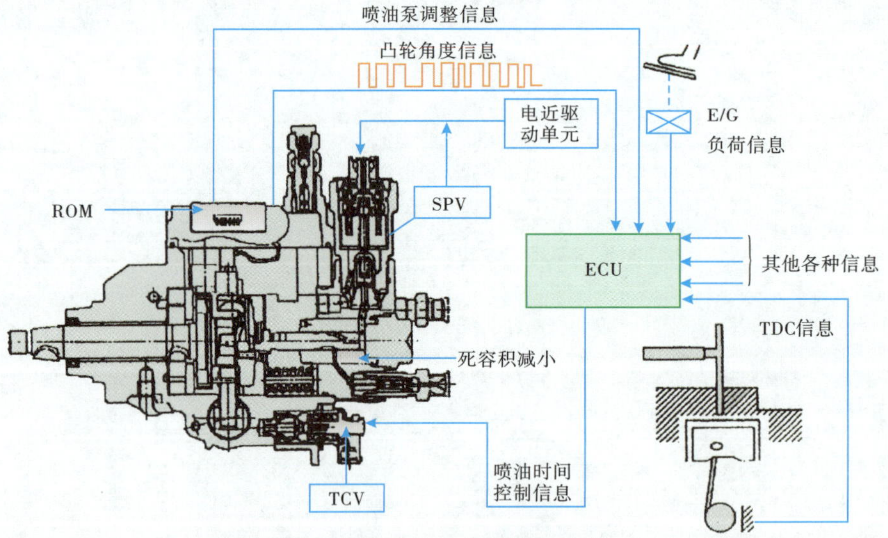


**图3-16　ECD-V5电控分配泵结构**

**ECD-V5的重要特点：**

①实现了高精度控制，低成本大批量生产。由于减小了死容积、溢油阀响应特性高，可以适应高压化；由于采用了ROM，精度提高，可以满足低颗粒、低$NO_x$的排放要求。

②燃烧良好，噪声很低。它是世界上第一次采用预喷射的大批量生产的电控分配泵产品。

③成本低。喷油泵采用皮带传动，和以前的ECD-V3可在同一条生产线上生产；采用了新的电磁阀（SPV、TCV）。

**ECD-V5相对于ECD-V3（A）系统来说，具有以下特点：**

①高性能。例如：喷油压力更高，并具有预喷射能力。这是因为减小了死容积，改进了硬件，可适应更高的驱动转矩；采用直动式溢油阀（SPV）和电控驱动单元（EDU）。

②低成本。可以在已有的VE机械式分配泵和ECD-V3电控分配泵的生产线上生产。

③安装更容易。因为用皮带传动。

## 1. 电控分配泵的传感器布置

在ECD-V5型电控分配泵系统中，计算机根据源于发动机转速传感器、油门开度传感器、进气压力传感器和冷却水温传感器的信号，检测出发动机的运行状态，实现多种控制功能。

ECD-V5型电控分配泵的传感器结构，如图3-17所示。

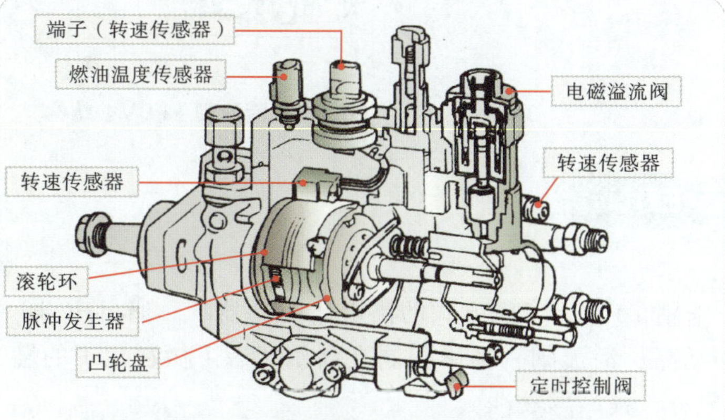


图3-17 ECD-V5型分配泵的传感器结构

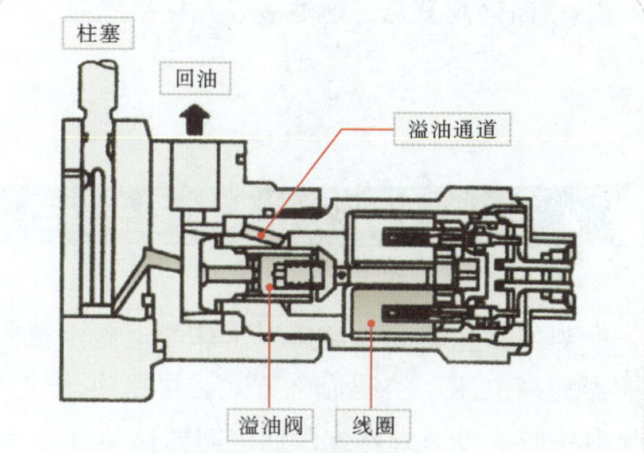


图3-18 电磁溢流阀（SPV）

### （1）电磁溢流阀

电磁溢流阀（图3-18）是一种耐高压、具有高度响应特性、直接控制喷油量的直动式电磁阀。

电磁溢流阀的结构如图3-19所示，工作原理如图3-20所示。

当电流流过线圈时，电枢吸引铁心。同时，溢油阀滑动，和滑阀体紧密结合，保持柱塞腔内密封。由于柱塞滑动，完成压油和喷油。

一旦线圈中没有电流流过的时候，在弹簧力的作用下，滑阀开启，柱塞腔内燃油经过溢油阀内的通路开始溢油，喷油结束。当柱塞反向滑动时，燃油又被吸入阀腔内。

电磁溢流阀开启后，柱塞腔内的高压燃油流回喷油泵腔中，燃油喷射结束。

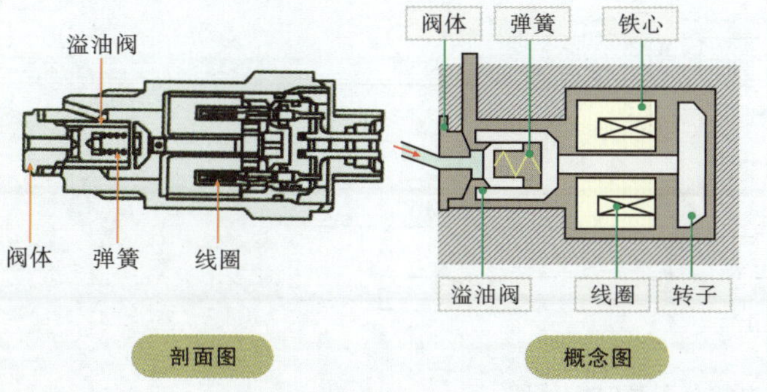


图3-19 电磁溢流阀的结构

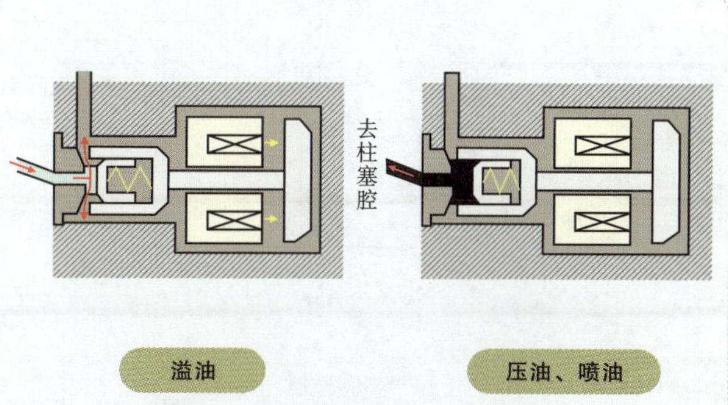


图3-20 电磁溢流阀工作原理

### （2）定时控制阀

定时控制阀（TCV）安装在喷油泵内，根据计算机送来的信号，适时开启或关闭喷油泵压力腔和定时活塞低压腔之间的燃油通道。当电流流过线圈时，定子磁芯被磁化，可动铁心被吸引而压缩弹簧，燃油通路开启。TCV的开启程度是根据计算机送来的通过线圈的电流的ON-OFF时间比（占空比）进行控制的。如果ON时间长，则阀的开启时间亦长。

### （3）断油阀

断油阀（FCV）的结构如图3-21所示。在发动机处于停止状态或类似停止状态时，断油阀将燃油油路切断。通电以后，断油阀开启，燃油被吸入柱塞腔内。

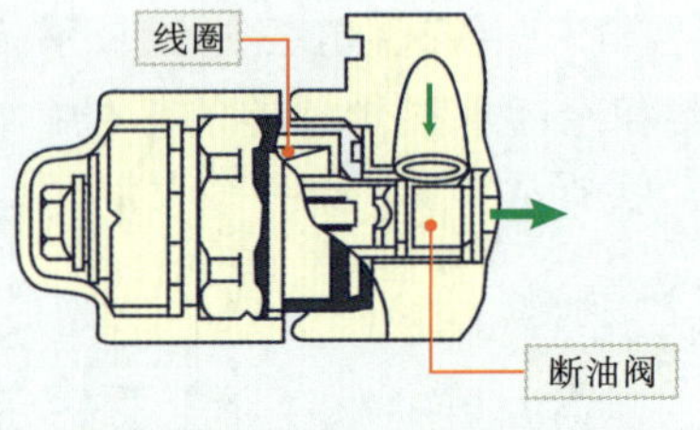


图3-21 断油阀（FCV）结构

## 2. ECD-V5型分配泵的电子驱动单元-EDU

为了高速驱动在高压下工作的电磁溢流阀，采用了EDU（CDI方式的高电压驱动器）。通过DC/DC变换器的高电压、快速充电方式，可以实现快速驱动高压溢流阀。精确控制在高压状态下微粒化了的燃油喷射定时，可实现减少排气中的颗粒和有害气体成分，提高驾驶性。

EDU的状态是由ECU监管的，万一发生异常时，则令发动机停止运转。

**工作原理：** EDU的工作原理：蓄电池电压通过高电压发生回路（DC/DC变换）变换成高压。EDU根据各传感器送来的信息将信号送到EDU的EMU端子。这样，大约150V的高电压由SPV+端子输出到电磁溢流阀。这时，EDUF端子上输出喷油确认信号。

ECD-V5电控分配泵的EDU线路如图3-22所示。

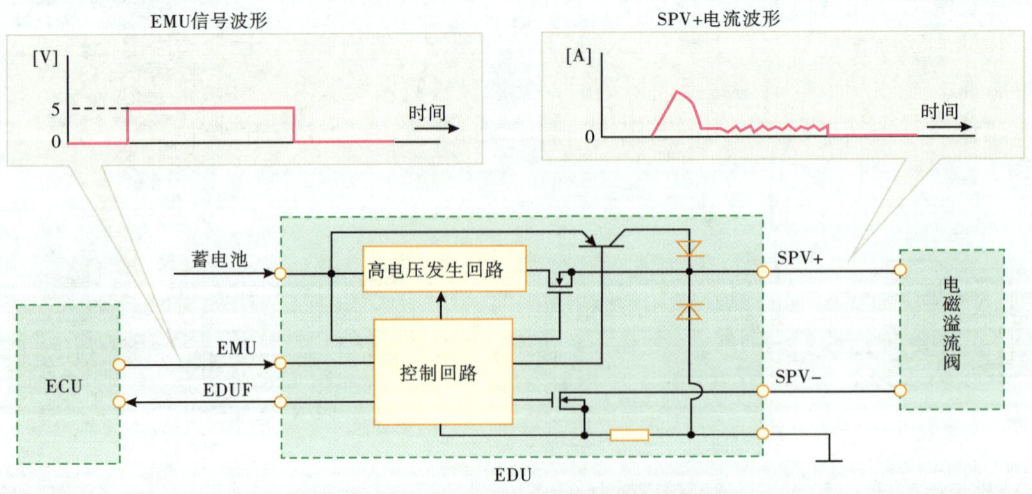


图3-22 ECU-V5电控分配泵EDU线路

# 二、喷油量控制

## 1. 控制机构和工作过程

喷油始点与传统的喷油泵一样，由凸轮的型面形状决定。喷油量的多少由喷油终点决定。喷油终点就是电磁溢流阀开启、高压燃油流回喷油泵腔的时刻。

ECD-V5型电子控制分配泵的喷油量控制机构，如图3-23所示。

为了确定电磁溢流阀的开启时间，采用转速传感器检测出对应凸轮升程的凸轮转角。

图3-24中展示了凸轮升程、电磁溢流阀开闭定时和喷油量的关系，利用冷却水温度修正启动喷油量的方法。

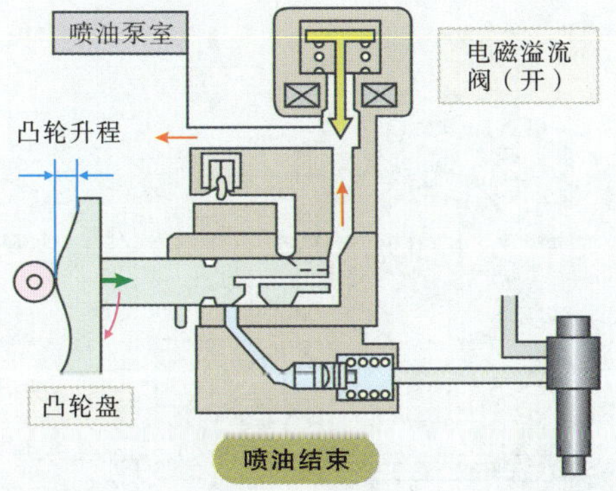


图3-23 ECD-V5型电子控制分配泵的喷油量控制机构

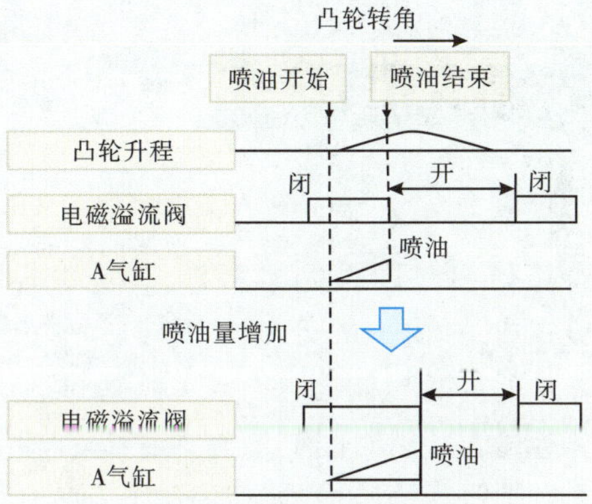


图3-24 喷油量的控制

## 2. 控制内容

### （1）基本喷油量

根据油门开度和发动机转速计算出理论上的必要的喷油量。

### （2）最大喷油量

最大喷油时的计算流程如图3-25所示。

以上述基本喷油量为基础，还要考虑到进气压力、进气温度、燃油温度等，对基本喷油量进行修正，从而计算出发动机在该工况下的最大喷油量。

最终喷油量就是比较上述两项喷油量，选择其中比较小的一项。

在启动状态时，根据发动机的转速和水温计算出启动喷油量。在非启动状态时，比较基本喷油量和最大喷油量，选择其中较小的喷油量，并利用其所对应的MAP图中调速特性决定喷油量。

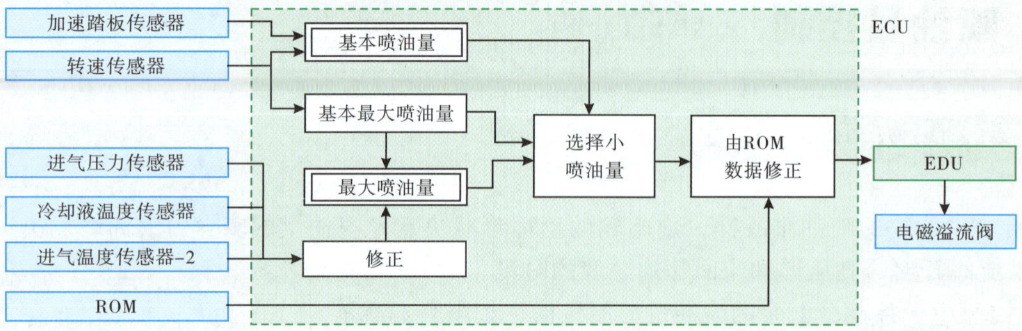


图3-25 喷油量的计算流程

# 三、喷油时间控制

## 1. 喷油时间控制法

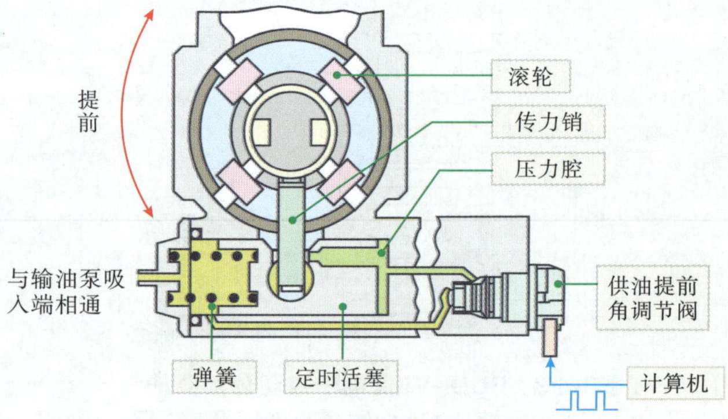


图3-26 喷油时间的控制方法

电控分配泵中喷油时间控制方法如图3-26所示。喷油时间控制部分的结构与机械式VE分配泵的相关部分基本相同，所不同的是增加了定时控制阀（TCV）。通过改变定时控制阀的开启时间调节施加在提前器活塞上的提前器低压腔内的燃油压力，使滚轮环移动，从而控制喷油时间。

TCV的开启时间长，从喷油泵腔内流入提前器低压腔内的燃油多，提前器低压腔内的压力就高，因此，提前器活塞向角度延迟方向移动。反之，TCV开启时间短，提前器活塞向角度提前的方向移动。

## 2. 控制项目

喷油时间确定控制原理如图3-27所示。

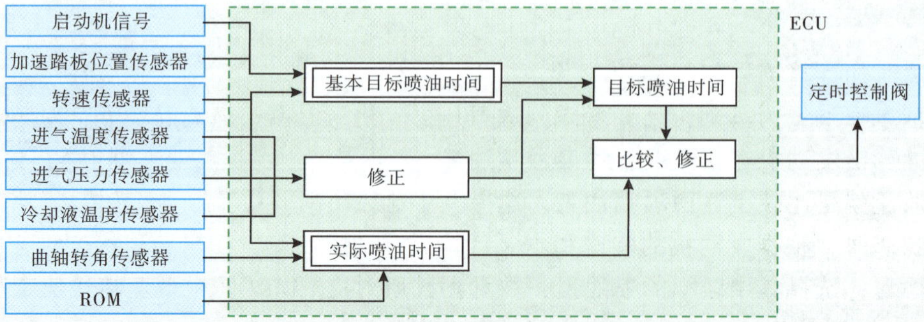


图3-27 喷油时间确定控制原理

### （1）目标喷油时间

控制计算机根据油门开度以及发动机的转速计算出目标喷油时间。

### （2）喷油时间修正

利用进气压力、冷却液温度对喷油时间进行修正。

### （3）启动时喷油时间

启动时，根据启动机信息、冷却液温度、发动机转速对目标喷油时间进行修正。

实际喷油时间的计算方法如下：

①从发动机方面，检测出压缩上止点位置和曲轴转角传感器的上止点信号之间的关系。

②在喷油泵方面，求出喷射波形与转速传感器的发动机脉冲之间的关系；这样，如果计算出上止点信号和发动机脉冲之间的相位差，就可以推算出实际喷油时间。

### （4）反馈控制

所谓反馈控制是指对实际压缩上止点和喷油开始点之间的角度差进行控制。但是，实际压缩上止点和喷油波形都不作为信号检出。为此，必须用上述方法计算出实际喷油时间。

反馈控制的目的是使目标喷油时间和实际喷油时间一致，为此需要修正定时控制阀（TCV）的占空比。

## 思考与练习

**填空题**

1. 喷油终点就是____________开启、____________流回喷油泵腔的时刻。

2. 定时控制阀安装在喷油泵内，根据计算机送来的信号，适时____________或____________喷油泵压力腔和定时活塞低压腔之间的燃油通道。

3. 反馈控制的目的是使____________和____________一致，为此需要修正定时控制阀（TCV）的占空比。

4. 电控分配泵中喷油时间控制方法是通过改变定时控制阀的____________，调节施加在提前器活塞上的提前器低压腔内的____________，使滚轮环移动，从而控制喷油时间。

5. 进气压力、进气温度、燃油温度等，对基本喷油量进行____________，从而计算出发动机在该工况下的____________。

6. 最终喷油量就是比较上____________和____________，选择____________的一项。

7. 在非启动状态时，比较基本喷油量和最大喷油量，选择其中____________的喷油量，并利用其所对应的MAP图中____________决定喷油量。

为了满足未来更为严格的排放法规，进一步改善发动机的燃油经济性，各个柴油发动机制造商都加大了对柴油发动机控制技术的开发和改进。1995年末，日本电装公司将ECD−U2型电控高压燃油共轨成功地应用于柴油机上，并开始批量生产，从此开始了柴油电控共轨燃油喷射系统的新时代。

# 情境三：电控共轨燃油喷射系统

电控共轨燃油喷射系统是高压柴油喷射系统的一种，是第三代柴油发动机电控喷射技术，摒弃了直列泵系统，取而代之的是一个供油泵建立一定油压后将柴油送至各缸共用的高压油管（即共轨）内，再由共轨把柴油送入各缸的喷油器。

电控共轨燃油喷射系统喷油压力与喷油量无关，也不受发动机转速和负荷的影响，能根据要求任意改变压力水平，可大大降低$NO_x$和颗粒物的排放。

## 一、电控共轨燃油喷射系统特点

与传统喷射系统相比，电控共轨柴油喷射系统的主要特点有：

**自由调节喷油压力（共轨压力）**

利用共轨压力传感器测量共轨内的燃油压力，从而调整供油泵的供油量、控制共轨压力。共轨压力就是喷油压力。此外，还可以根据发动机转速、喷油量的大小与设定了的最佳值（指令值）始终一致地进行反馈控制。

**自由调节喷油量**

以发动机的转速及油门开度信息等为基础，由计算机计算出最佳喷油量，通过控制喷油器电磁阀的通电、断电时刻直接控制喷油参数。

**自由调节喷油率形状**

根据发动机用途的需要，设置并控制喷油率形状：预喷射、后喷射、多段喷射等。

**自由调节喷油时间**

根据发动机的转速和负荷等参数，计算出最佳喷油时间，并控制电控喷油器在适当的时刻开启，在适当的时刻关闭等，从而准确控制喷油时间。

## 二、电控共轨燃油喷射系统

为了方便，这里以博世公司的CRFS系统来介绍电控共轨燃油系统的结构与工作原理。**博世CRFS系统主要由燃油箱、滤清器、低压输油泵、高压油泵、溢流阀、压力传感器、高压蓄能器（燃油轨）、喷油器、ECU等组成，如图3−28所示。**

电控共轨系统是通过各种传感器和开关检测出发动机的实际运行状态，通过计算机计算和处理后，对喷油量、喷油时间、喷油压力和喷油率等进行最佳控制。

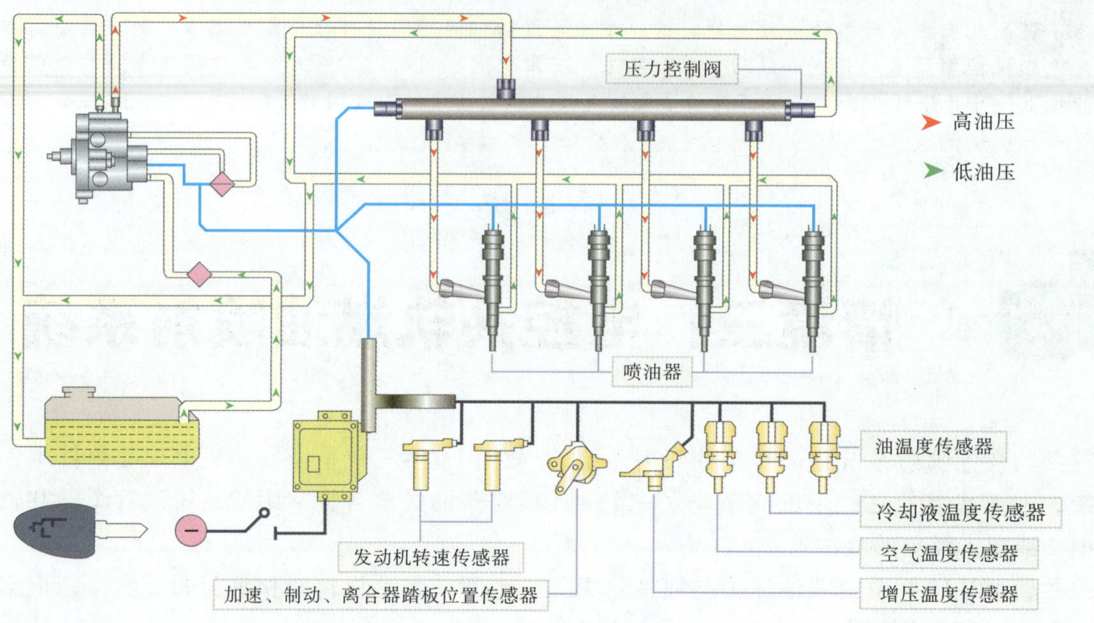


**图3-28 博世CRFS系统**

## 1. 主要部件结构与工作原理

**在电控共轨燃油喷射系统中的主要部件有发动机ECU、预热控制单元（GCU）、高压油泵、高压蓄能器（燃油轨）、压力控制阀、燃油轨压力传感器和喷油器。**

### （1）发动机ECU

电控各种传感器和开关检测出发动机的实际运行状态，通过发动机ECU计算和处理后，对喷油量、喷油时间、喷油压力和喷油率等进行最佳控制。

发动机ECU（图3-29）按照预先设计的程序计算各种传感器送来的信息。经过处理以后，把各个参数限制在允许的电压电平上，再发送给各相关的执行机构，执行各种预定的控制功能。

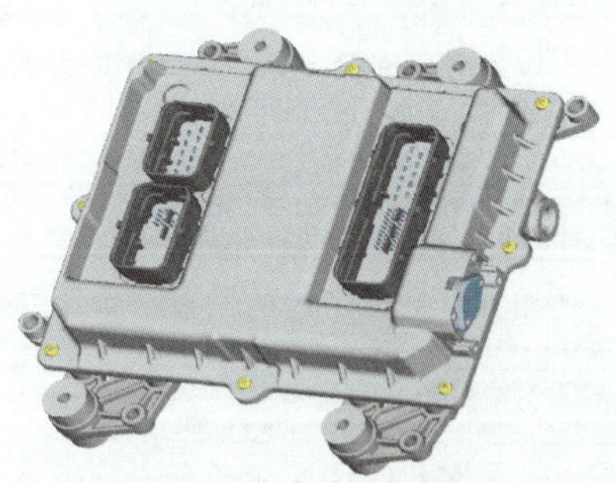

**图3-29 发动机ECU**

微处理器根据输入数据和存储在RAM的中的数据，计算喷油时间、喷油量、喷油率和喷油定时等，并将这些参数转换为与发动机运行匹配的随时间变化的电量。由于发动机的工作是高速变化的，而且要求计算精度高，处理速度快，因此ECU的性能应当随发动机技术的发展而发展，微处理器的内存越来越大，信息处理能力越来越高。

发动机ECU主要功能：

★**喷油方式控制**——多次喷射（现用的为主喷射和预喷射两次）；

★**喷油量控制**——预喷射量自学习控制、减速断油控制；

★**喷油正时控制**——主喷正时、预喷正时、正时补偿；

★**轨压控制**——正常和快速轨压控制、轨压建立、喷油器泄压控制、轨压Limp home控制；

★**扭矩控制**——瞬态扭矩、加速扭矩、低速扭矩补偿、最大扭矩控制、瞬态冒烟控制、增压器保护控制；

★**其他控制**——过热保护、各缸平衡控制、EGR控制、VGT控制、辅助启动控制（电机和预热塞）、系统状态管理、电源管理、故障诊断。

## （2）预热控制单元（GCU）

预热控制单元（GCU）用于确保有效的冷启动并缩短暖机时间，这一点与废气排放有着十分密切的关系。预热时间是发动机冷却液温度的一个函数。在发动机启动或实际运转时电热塞的通电时间由其他一系列的参数（如喷油量和发动机的转速等）确定。

新的电热塞因其能快速达到点火所需的温度（4s内达850℃）以及较低的恒定温度，而性能超群，电热塞的温度因此而限定在一个临界值之内。因此，在发动机启动后 电热塞仍能保持继续通电3min，这种后燃性改善了启动和暖机阶段的噪声和废气排放。

成功启动之后的后加热可确保暖机过程的稳定、减少排烟、减少冷启动运行时的燃烧噪音。如果启动未成功，则电热塞的保护线路断开，防止了蓄电池过度放电。

## （3）高压油泵

高压油泵的主要作用是将低压燃油加压成高压燃油，储存在共轨内，等待ECU的指令。供油压力可以通过压力限制器进行设定。所以，在共轨系统中可以自由控制喷油压力。

博世公司电控共轨系统中采用的供油泵如图3-30所示。

供油泵连接低压油路和高压油路，它的作用是在车辆所有工作范围和整个使用寿命期间准备足够的、已被压缩了的燃油。除了供给高压燃油之外，它的作用还在于保证在快速启动过程和共轨中压力迅速上升所需要的燃油储备、持续产生高压燃油存储器（共轨）所需的系统压力。

**工作原理：** 高压油泵产生的高压燃油被直接送到燃油蓄能器或油轨中，高压油泵由发动机通过联轴器、齿轮、链条、齿形皮带中的一种驱动且以发动机转速的一半转动，如图3-30所示。高压油泵工作原理如图3-31所示，在高压油泵总成中有三个泵油柱塞，泵油柱塞由驱动轴上的凸轮驱动进行往复运动，每个泵油柱塞都有弹簧对其施加作用力，以免泵油柱塞发生冲击振动，并使泵油柱塞始终与驱动轴上的凸轮接触。当泵油柱塞向下运动时，即通常所称的吸油行程，进油单向阀将会开启，允许低压燃油进入泵油腔，在泵油柱塞到达下止点时，进油阀将会关闭，泵油腔内的燃油在向上运动的泵油柱塞作用下被加压后泵送到蓄能油轨中，高压燃油被存储在蓄能油轨中等待喷射。

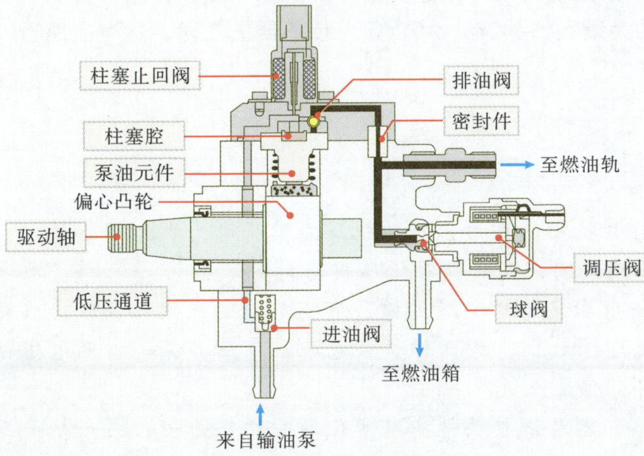


**图3-30 高压油泵结构**

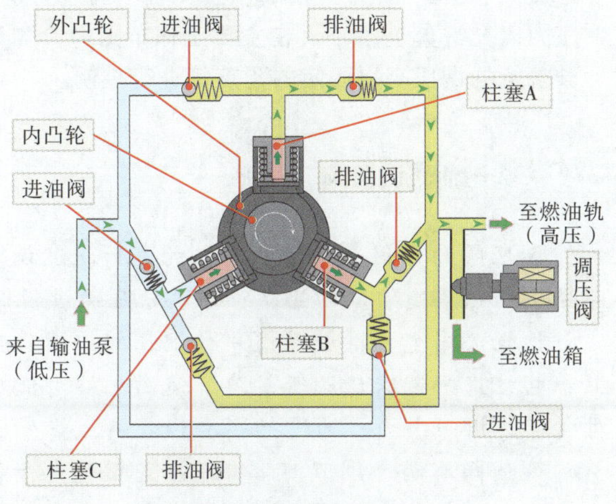


**图3-31 高压油泵工作原理**

### （4）高压蓄能器（燃油轨）

燃油轨是将供油泵提供的高压燃油经稳压、滤波后，分配到各喷油器中，起蓄压器的作用。它的容积应削减高压油泵的供油压力波动和每个喷油器由喷油过程引起的压力震荡，使高压油轨中的压力波动控制在5MPa之下。但其容积又不能太大，需保证燃油轨有足够的压力响应速度以快速跟踪柴油机工况的变化。

在燃油轨（图3-32）上还装配有燃油压力传感器、泄压阀、限压阀等。

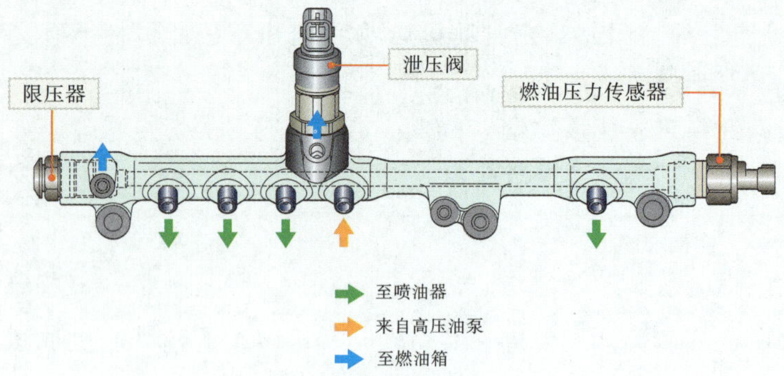

图3-32　燃油轨

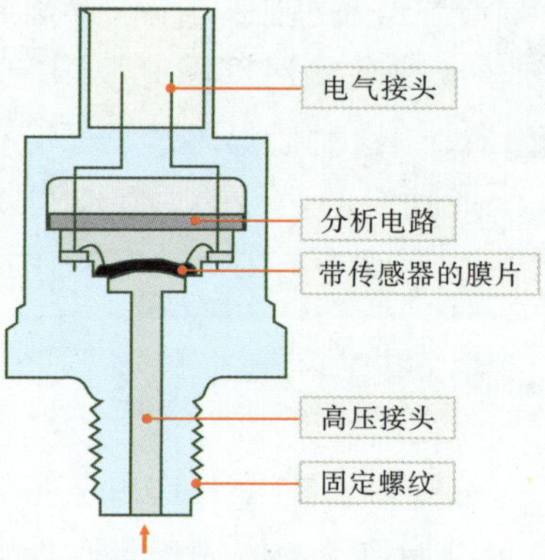

图3-33　燃油压力传感器

#### ①燃油压力传感器

燃油压力传感器以足够的精度，在相应较短的时间内，测定共轨中的实时压力，并向ECU提供电信号。燃油压力传感器如图3-33所示。

燃油经一个小孔流向共轨压力传感器，传感器的膜片将孔的末端封住。高压燃油经压力室的小孔流向膜片。膜片上装有半导体型敏感元件，可将压力转换为电信号。通过连接导线将产生的电信号传送到一个向ECU提供测量信号的求值电路。

**工作原理：** 当膜片形状改变时，膜片上涂层的电阻发生变化。这样，由系统压力引起膜片形状变化（150MPa时变化量约1mm），促使电阻值改变，并在用5V供电的电阻电桥中产生电压变化。电压在0~70mV之间变化（具体数值由压力而定），经求值电路放大到0.5~4.5V。精确测量共轨中的压力是电控共轨系统正常工作的必要条件。为此，压力传感器在测量压力时允许偏差很小。在主要工作范围内，测量精度约为最大值的2%。共轨压力传感器失效时，具有应急行驶功能的调压阀以固定的预定值进行控制。

#### ②燃油轨调节阀

调压阀的作用是根据发动机的负荷状况调整和保持共轨中的压力。当共轨压力过高时，调压阀打开，一部分燃油经集油管流回油箱；当共轨压力过低时，调压阀关闭，高压端对低压端密封。

博世公司电控共轨系统中的调压阀（图3-34）有一个固定凸缘，通过该凸缘将其固定在供油泵或者共轨上。电枢将一钢球压入密封座，使高压端对低压端密封。为此，一方面弹簧将电枢往下压，另一方面电磁铁对电枢作用一个力。为进行润滑和散热，整个电枢周围有燃油流过。

调压阀有两个调节回路：一个是低速电子调节回路，用于调整共轨中可变化的平均压力值；另一个是高速机械液压式调节回路，用以补偿高频压力波动。

**工作原理：**

**a. 调压阀不工作时：**共轨或供油泵出口处的压力高于调压阀进口处的压力。由于无电流的电磁铁不产生作用力，当燃油压力大于弹簧力时，调压阀打开，根据输油量的不同，保持打开程度大一些或小一些，弹簧的设计负荷约10MPa。

**b. 调压阀工作时：**如果要提升高压回路中的压力，除了弹簧力之外，还需要再建立一个磁力。控制调压阀，直至磁力和弹簧力与高压压力之间达到平衡时才被关闭。然后调压阀停留在某个开启位置，保持压力不变。当供油泵改变，燃油经喷油器从高压部分流出时，通过不同的开度予以补偿。电磁铁的作用力与控制电流成正比。控制电流的变化通过脉宽调制来实现。调制频率为1kHz时，可以避免电枢的干扰运动和共轨中的压力波动。

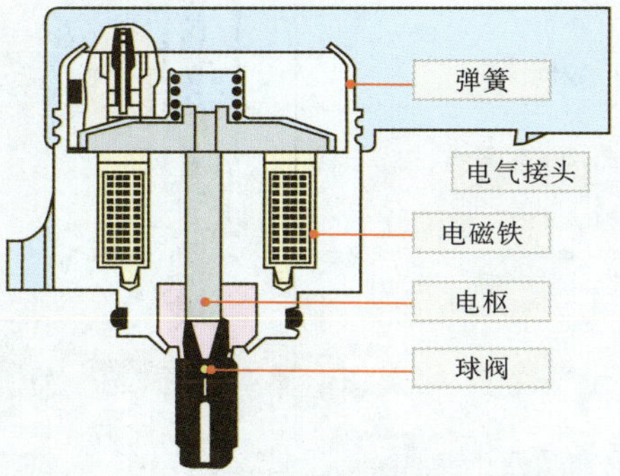


**图3-34 电控共轨系统中的调压阀**

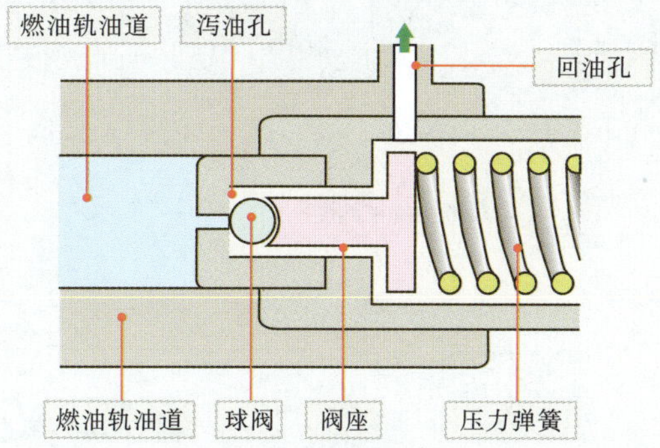


**图3-35 限压阀结构**

### ③限压阀

限压阀是控制燃油轨中的压力，防止燃油压力过大，相当于安全阀，当共轨中燃油压力过高时，打开放油孔卸压。

丰田公司电控共轨系统中的限压阀（图3-35），主要由球阀、阀座、压力弹簧及回油孔等组成。

当燃油轨油道内的油压大于压力弹簧的压力时，燃油推开球阀，柴油通过泻压孔和回油油路流回燃油箱中。当燃油轨油道内的油压不超过压力弹簧，球阀始终关闭泻压孔，以保持油道内的油压的稳定。

## （5）电控喷油器

电控喷油器是共轨系统中最关键和最复杂的部件，也是设计、工艺难度最大的部件。ECU通过控制电磁阀的开启和关闭，将高压油轨中的燃油以最佳的喷油定时、喷油量和喷油率喷入燃烧室。为了实现有效的喷油始点和精确的喷油量，共轨系统采用了带有液压伺服系统和电子控制元件（电磁阀）的专用喷油器。博世电控喷油器的代表性结构如图3-36所示。

**喷油器可分为几个功能组件：孔式喷油嘴、液压伺服系统和电磁阀等。**

**工作原理：**

燃油从高压接头经进油通道送往喷油嘴，经进油节流孔送入控制室。控制室通过由电磁阀打开的回油节流孔与回油孔连接。

回油节流孔在关闭状态时，作用在控制活塞上的液压力大于作用在喷油嘴针阀承压面上的力，因此喷油嘴针阀被压在座面上，从而没有燃油进入燃烧室。

电磁阀动作时，打开回油节流孔，控制室内的压力下降，当作用在控制活塞上的液压力低于作用在喷油嘴针阀承压面上的作用力时，喷油嘴针阀立即开启，燃油通过喷油孔喷入燃烧室，如图3-36（b）所示。由于电磁阀不能直接产生迅速关闭针阀所需的力，因此，经过一个液力放大系统实现针阀的这种间接控制。在这个过程中，除喷入燃烧室的燃油量之外，还有附加的所谓控制油量经控制室的节流孔进入回油通道。

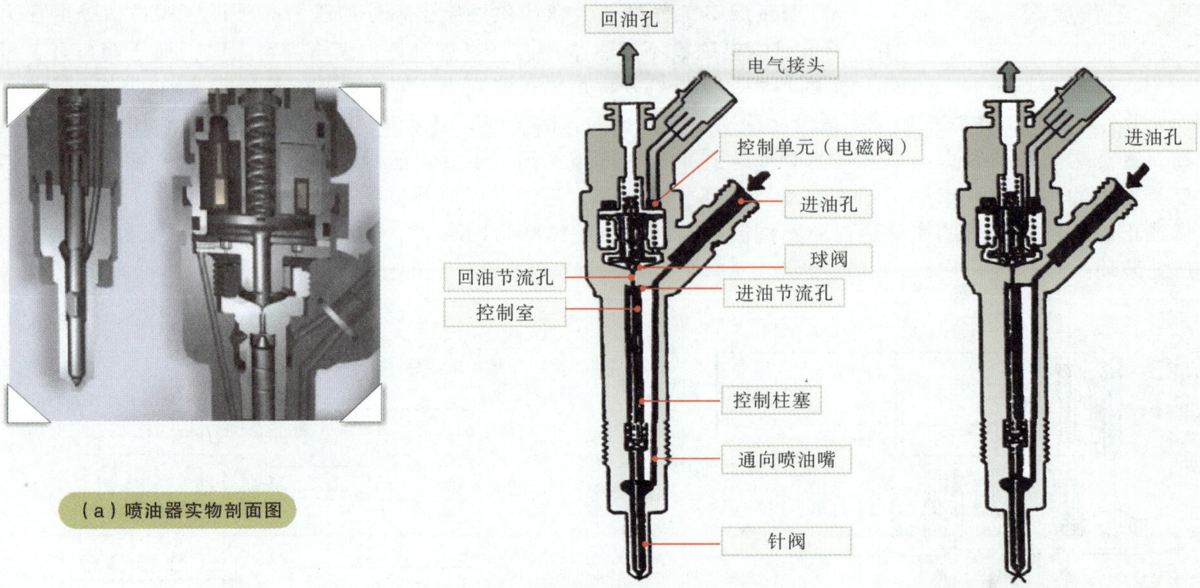


（a）喷油器实物剖面图　（b）喷油器关闭状态（不喷油）　（c）喷油器开启状态（喷油）

**图3-36　博士电控喷油器的代表性结构**

**在发动机和供油泵工作时，喷油器可分为喷油器关闭（以存有的高压）、喷油器开启（喷油开始）、喷油器关闭（喷油结束）三个工作状态。**

### ①喷油器关闭（以存有的高压）

电磁阀在静止状态不受控制，因此是关闭的，如图3-36（b）所示。

回油节流孔关闭时，电枢的钢球受到阀弹簧弹力压在回油节流孔的座面上。控制室内建立共轨的高压，同样的压力也存在于喷油嘴的内腔容积中。共轨压力在控制柱塞端面上施加的力及喷油器调压弹簧的力大于作用在针阀承压面上的液压力，针阀处于关闭状态。

### ②喷油器开启（喷油开始）

喷油器一般处于关闭状态。当电磁阀通电后，在吸动电流的作用下迅速开启，如图3-36（c）所示。当电磁铁的作用力大于弹簧的作用力时回油节流孔开启，在极短时间内，升高的吸动电流成为较小的电磁阀保持电流。随着回油节流孔的打开，燃油从控制室流入上面的空腔，并经回油通道回流到油箱。控制室内的压力下降，于是控制室内的压力小于喷油嘴内腔容积中的压力。控制室中减小了的作用力引起作用在控制柱塞上的作用力减小，从而针阀开启，开始喷油。

针阀开启速度决定于进、回油节流孔之间的流量差。控制柱塞达到上限位置，并定位在进、回油节流孔之间。此时，喷油嘴完全打开，燃油以近于共轨压力喷入燃烧室。

### ③喷油器关闭（喷油结束）

如果不控制电磁阀，则电枢在弹簧力的作用下向下压，钢球关闭回油节流孔。

电枢设计成两部分组合式，电枢板经一拨杆向下引动，但它可用复位弹簧向下回弹，从而没有向下的力作用在电枢和钢球上。

回油节流孔关闭，进油节流孔的进油使控制室中建立起与共轨中相同的压力。这种升高了的压力使作用在控制柱塞上端的压力增加。这个来自控制室的作用力和弹簧力超过了针阀下方的液压力，于是针阀关闭。

针阀关闭速度决定于进油节流孔的流量。

# 三、电控共轨燃油喷射系统控制原理

## 1. 喷油量控制

基本喷油量主要是由加速踏板开度和发动机转速两个基本参数决定；最大喷油量是由发动机转速决定。发动机ECU通过比较基本喷油量和最大喷油量的大小，最后取两个喷油量中小的一个作为最终实际喷油量。电控共轨燃油喷射系统喷油量控制原理如图3-37所示。

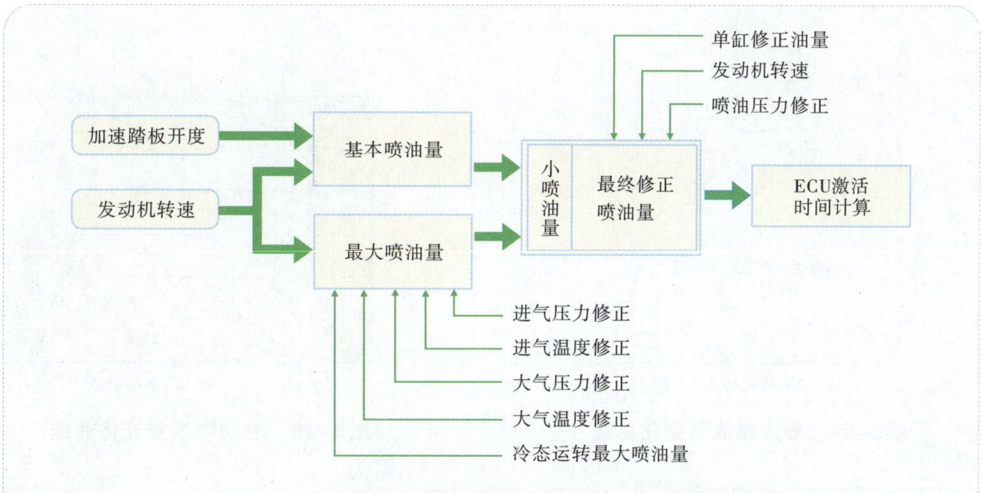


图3-37 电控共轨燃油喷射系统喷油量控制原理

### （1）基本喷油量

基本喷油量是由发动机转速和油门开度决定的。如果发动机转速保持一定，油门开度大，则喷油量增加（图3-38）。

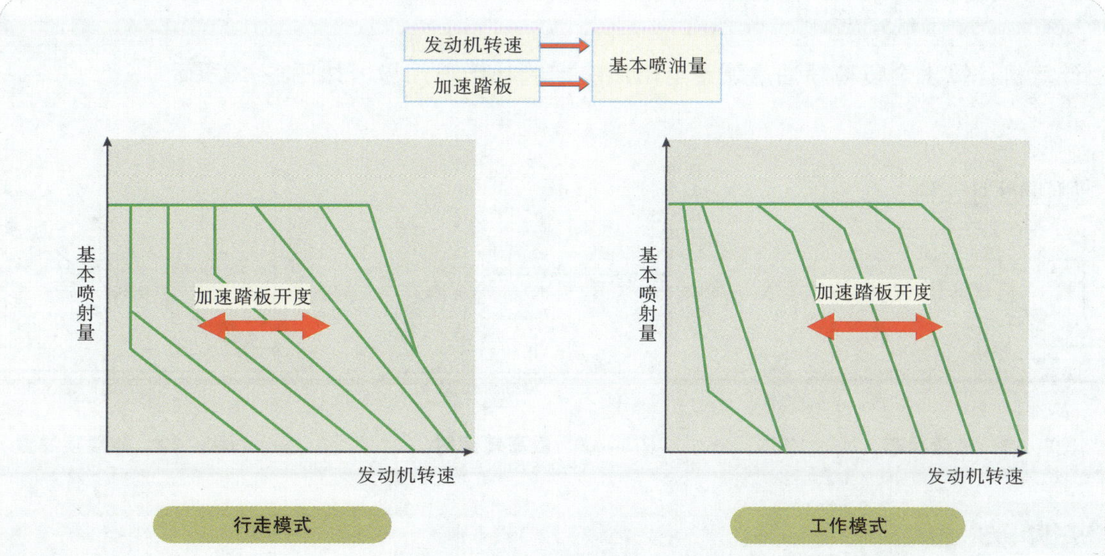


图3-38 基本喷油量变化曲线

## （2）最大喷油量

由发动机转速决定了的最大基本喷油量中，还要加上全负荷喷油量补偿电阻的修正喷油量和燃油温度的补偿喷油量，如图3-39所示。

## （3）启动喷油量

进入启动模式必须满足三个条件：启动装置在NO状态；发动机转速低于某一规定值；加速踏板开度大于50%。在启动模式下的喷油量取决于发动机转速和冷却液温度这两个参数，如图3-40所示。

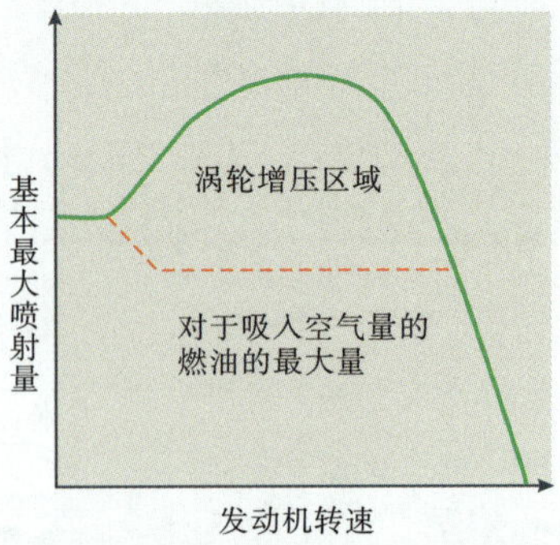


**图3-39　最大喷油量变化曲线**

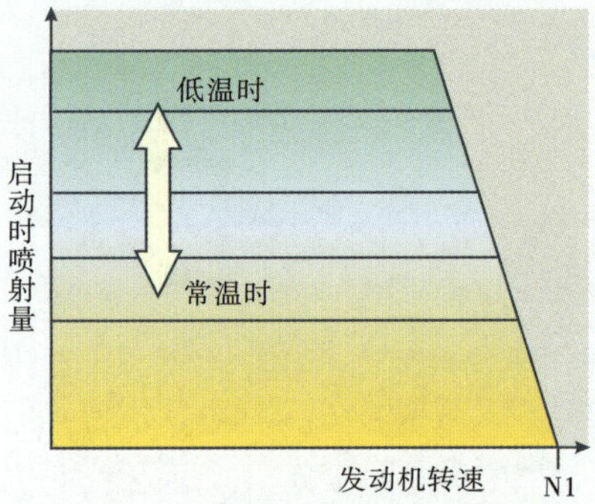


**图3-40　启动喷油量变化曲线**

## （4）过渡状态的喷油量

加速时油门开度变化大，为了使燃油增加得慢一点，从而控制排出黑烟（图3-41）。

## （5）最高转速时的喷油量

控制发动机最高转速时的喷油量如图3-42所示。

## （6）全负荷喷油量补偿电阻

由计算机计算出全负荷喷油量调整电阻所决定的补偿喷油量，如图3-43所示。

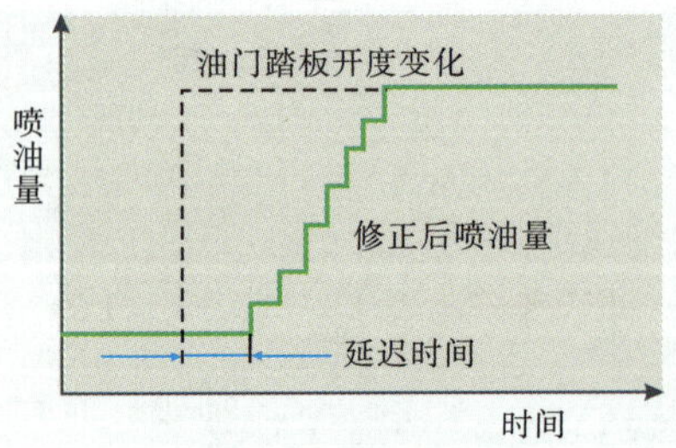


**图3-41　过渡状态**

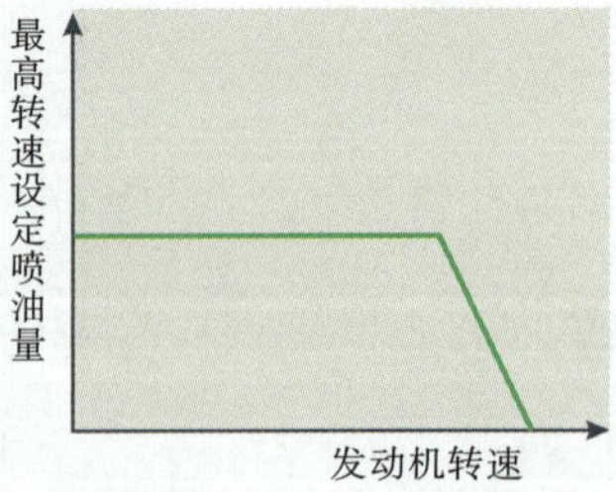


**图3-42　最高转速时**

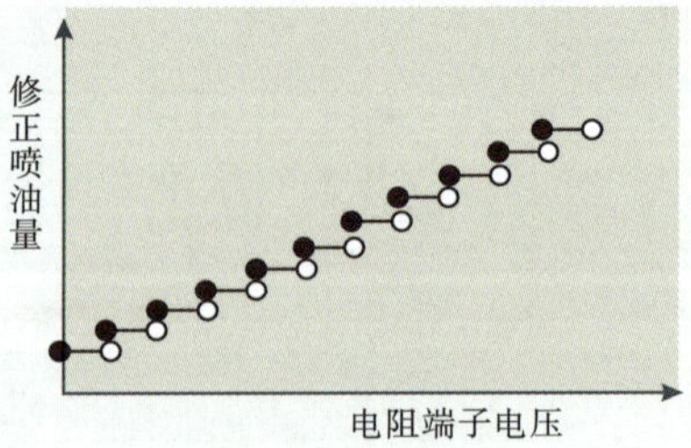


**图3-43　补偿喷油量**

## （7）进气压力修正喷油量

进气压力低时，为了减少排烟，应限制由于进气压力所对应的最大喷油量。

## 2. 喷油压力控制

启动时的燃油喷射压力由发动机转速、油喷射量、冷却液温度计算。在正常状态下的燃油喷射压力由发动机转速和燃油喷射量计算，喷油压力控制如图3-44所示。

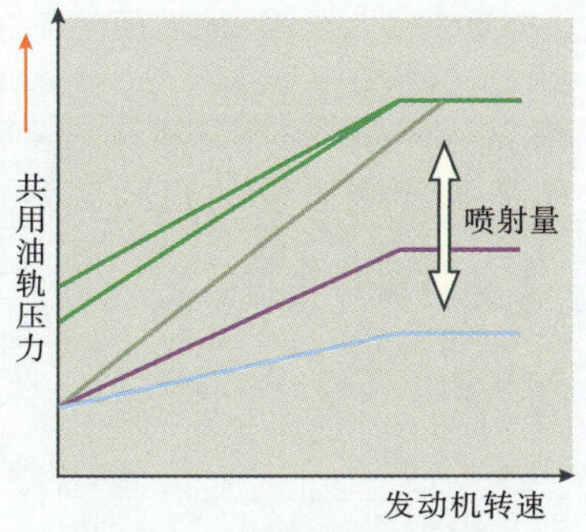


图3-44 喷油压力控制

## 3. 喷油时间控制

### (1) 主喷油时间

主喷油时间是按最终喷油量、发动机转速和水温（按MAP图）计算出来的。但是发动机启动时只是按水温和发动机转速计算出来的，如图3-45、46所示。

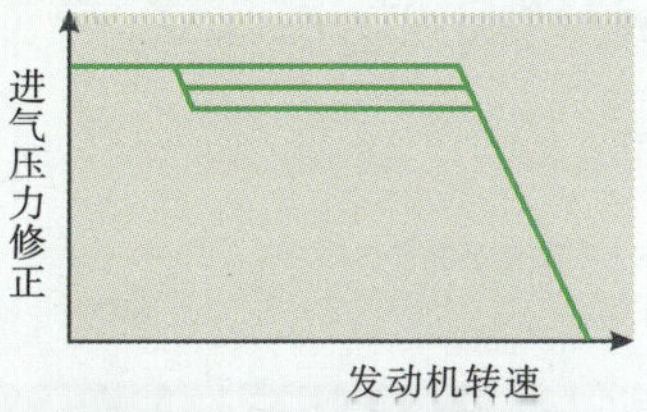


图3-45 进气压力修正

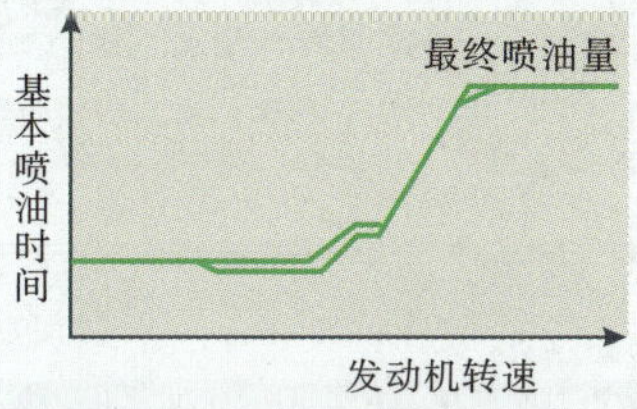


图3-46 主喷油时间修正

### (2) 预喷油时间

预喷油时间是按主喷油时间加上预喷油时间间隔进行控制的。预喷油时间间隔是按最终喷油量、发动机转速和水温（按MAP图）计算出来的。

但是，发动机启动时只按水温和发动机转速进行计算，如图3-47、48所示。

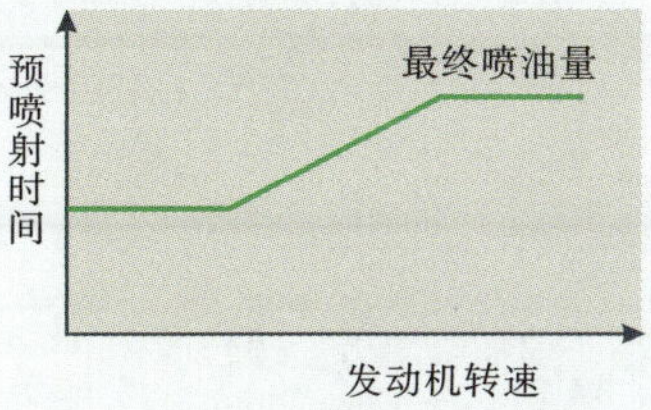


图3-47 预喷油间隔修正

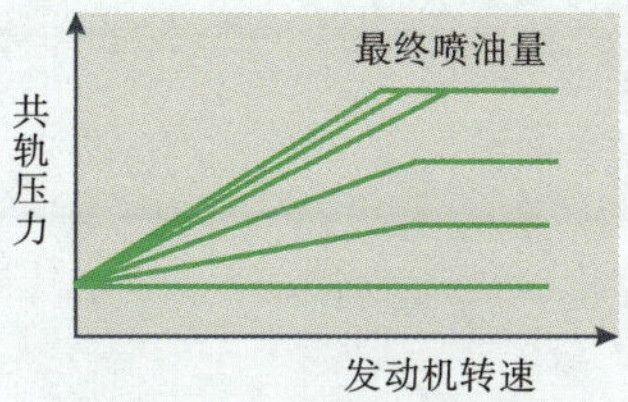


图3-48 喷油压力修正

## 思考与练习

**填空题**

1. 电控共轨系统是通过各种传感器和开关检测出发动机的实际运行状态，通过计算机计算处理后，对__________、__________、__________等进行最佳控制。

2. __________是将供油泵提供的高压燃油经稳压、滤波后，分配到各喷油器中。

3. 如果启动未成功，则电热塞的保护线路__________，防止了蓄电池过度放电。

4. 高压油泵的主要作用是将__________加压成__________，储存在共轨内。

5. 基本喷油量主要是由__________和__________两个基本参数决定；最大喷油量是由__________决定。发动机ECU通过比较__________和__________的大小，最后取两个喷油量中__________的一个作为最终实际喷油量。

6. 启动时的燃油喷射压力由__________、__________、__________计算。在正常状态下的燃油喷射压力由__________和__________计算。

在一些车上可以常常看到发动机盖和车辆尾部标有“TDI”字样，如右图所示。TDI是英文Turbo Direct Injection的缩写，含意为涡轮增压直接喷射（柴油发动机）。在接下来的情境中将介绍大众公司的电控泵喷系统。

# 情境四：电控泵喷嘴系统

泵喷嘴系统顾名思义就是将喷油泵与喷嘴合成一体，以省去高压油管并获得高喷射压力的燃油喷射系统，如图3-49所示。泵喷嘴系统没有高压油管。缩短了喷油持续时间，提高了怠速和小负荷的稳定性，提高燃油喷射压力（可高达2 050bar），精确控制喷射循环和预喷射循环。泵喷嘴系统的优缺点见表3-2。

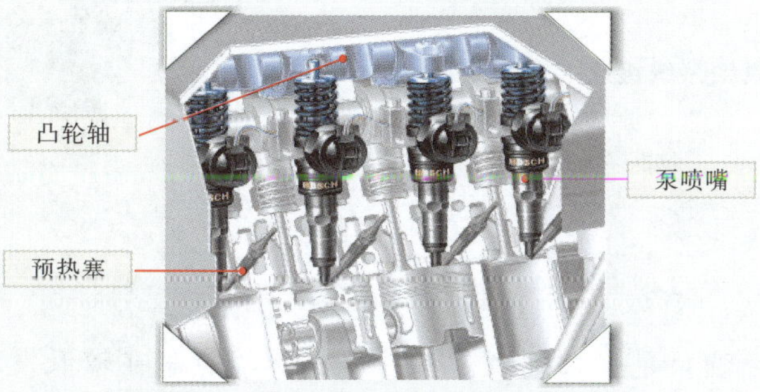


图3-49 泵喷嘴系统

◎表3-2 泵喷嘴系统的优缺点

| | 特点 |
|---|---|
| 优点 | 燃烧噪音低 |
| | 排放清洁 |
| | 结构紧凑 |
| | 油耗低，经济性好 |
| | 维修费用低 |
| | 功率损失小、效率高 |
| 缺点 | 发动机气缸盖结构复杂 |
| | 对凸轮轴及正时齿带驱动产生不均匀高压负荷 |

下面主要介绍大众公司的泵喷嘴系统。

## 一、泵喷嘴系统发动机的由来

20世纪末，大众公司在开发大功率发动机的同时，为符合日益严格的排放标准（D3标准），也为了适应未来的要求（噪音及排放法规），决定开发一种价格便宜、动力强劲、经久耐用的柴油发动机，替代分配泵式柴油发动机。使用这种发动机的车辆可以通过车辆尾部的“TDI”标识进行区别，如图3-50所示。

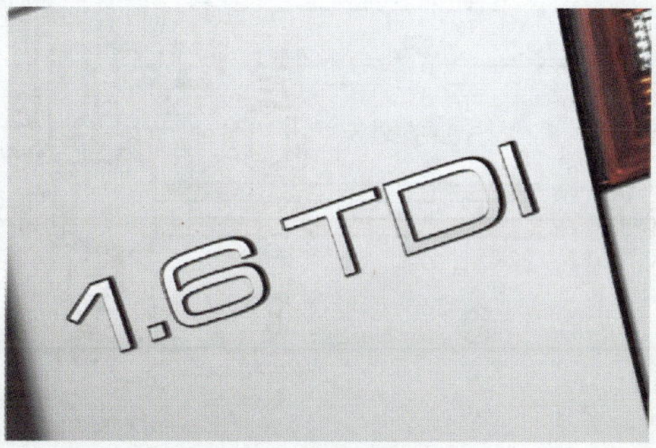


图3-50 “TDI”标识

## 二、泵喷射系统结构

燃油供给系统主要由燃油箱、燃油滤清器、燃油冷却器、燃油温度传感器、油泵总成、泵喷嘴单元、单向阀和燃油分配管等组成，如图3-51所示。

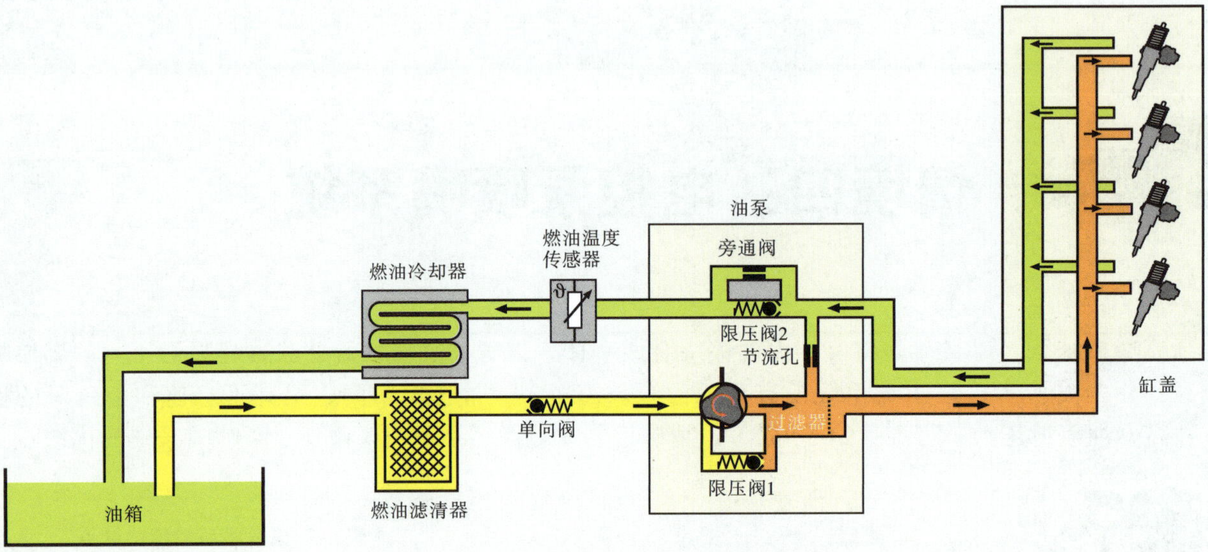


**图3-51　燃油供给系统组成**

### 1. 燃油泵

燃油泵一般安装在气缸盖上，如图3-52所示。该燃油泵是一种间歇式叶片泵，其优点是在较低发动机转速时也可供油。泵体内油道使油泵转子始终处于被燃油浸润的状态，从而可随时输送燃油，燃油泵工作原理如图3-53所示。泵内的节流孔与过滤器用于收集和分离供油管内的气泡。限压阀1调节供油管内的压力，当供油管内压力大于7.5bar时打开；限压阀2的作用是保持回油管路内的压力在1bar，在电磁阀针阀处保持压力平衡。

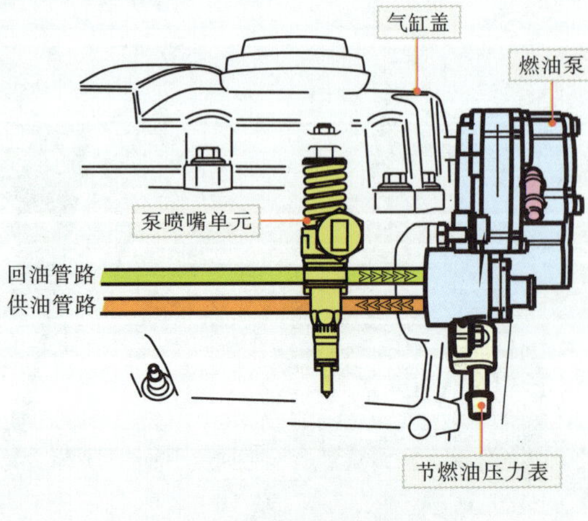


**图3-52　燃油泵的位置**

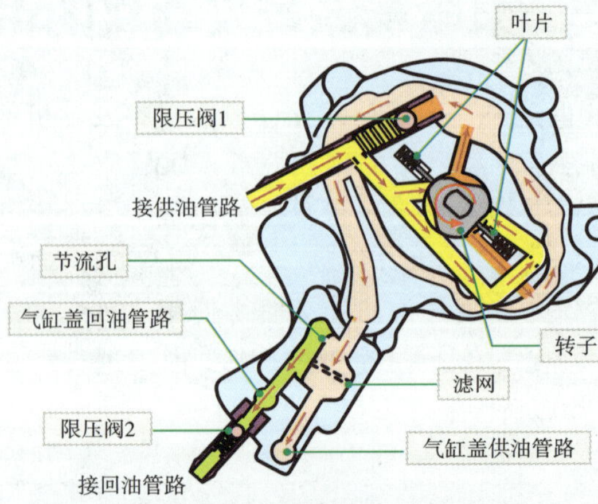


**图3-53　燃油泵工作原理**

## 2. 泵喷嘴单元

大众轿车上的泵喷嘴系统是柴油直喷发动机的一种高压喷射系统，将泵、喷嘴及喷射控制单元形成一个紧凑的整体，如图3-54所示。泵喷嘴直接安装于发动机气缸盖上，必须安装到位。若泵喷嘴与缸盖不垂直，螺栓会松动，引起泵喷嘴或缸盖的损坏。

泵喷嘴单元可以分为以下四个部分：

- ◆ **驱动部分；**
- ◆ **压力产生部分（泵）；**
- ◆ **控制部分（控制单元）；**
- ◆ **喷嘴。**

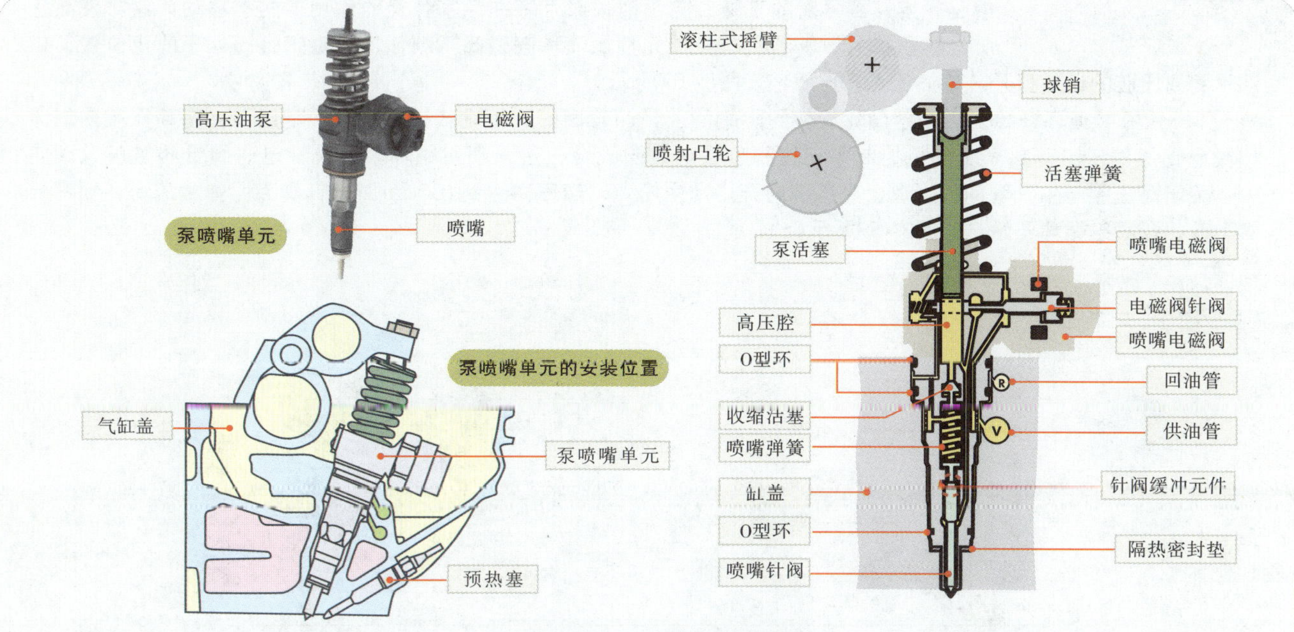


**图3-54 泵喷嘴系统组成**

泵喷嘴是由凸轮轴上的喷射凸轮来驱动的，如图3-55所示。

**驱动原理：** 喷射凸轮随着凸轮轴转动，当喷射凸轮旋转到陡峭的上升凸轮面时，泵活塞在摇臂的杠杆作用下向下运动。这一过程就是泵喷嘴单元的泵油过程，如图3-56（a）所示。

泵活塞在弹簧的弹力作用下向上运动。这一过程就是泵喷嘴单元的吸油过程，如图3-56（b）所示。

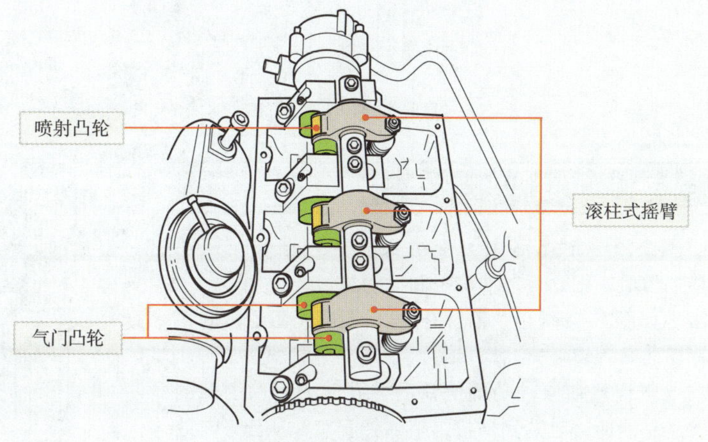


**图3-55 泵喷嘴结构**

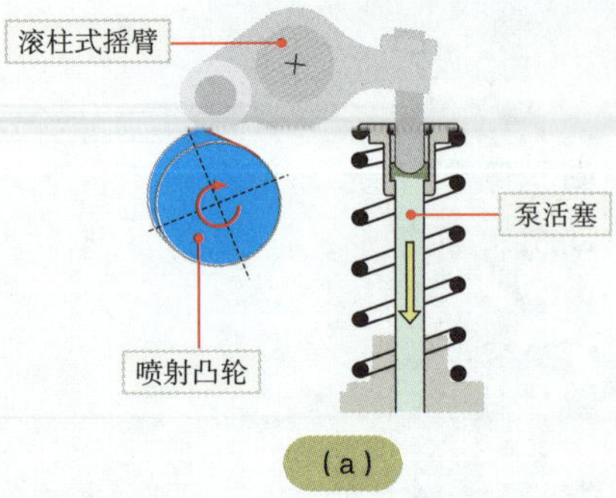


**图 3-56　泵喷嘴单元泵油过程**

**工作原理:**

**a. 高压油腔吸入燃油。**在泵喷射单元工作期间，喷射凸轮随着凸轮轴转动，当喷射凸轮旋转到平滑的下降凸轮面时，泵活塞在活塞弹簧的作用下向上移动，这样使高压腔的容积扩大。发动机电控单元控制喷嘴电磁阀不动作，电磁阀针阀处于静止位置，供油管到高压腔的通道打开。燃油流入高压腔，如图3-57所示。

**b. 预喷射循环开始。**当喷射凸轮旋转到陡峭的上升凸轮面时，滚柱式摇臂将泵活塞压下，将高压腔内的体积减小，燃油压力升高。发动机控制单元控制喷嘴电磁阀吸合，进入喷射循环。此时，电磁阀针阀被压入阀座内，关闭高压腔与供油管间的通道，高压腔内开始产生压力，当压力达到180bar时，针阀克服弹簧压力，喷嘴针阀上升，预喷射循环开始，如图3-58所示。

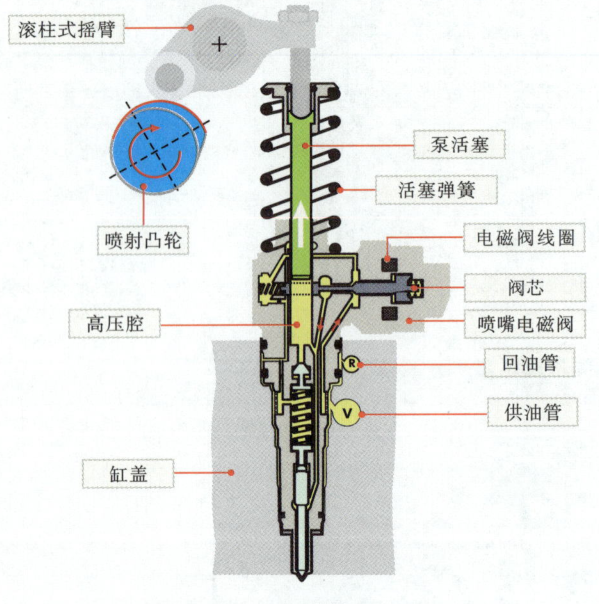


**图 3-57　高压油腔吸入燃油**

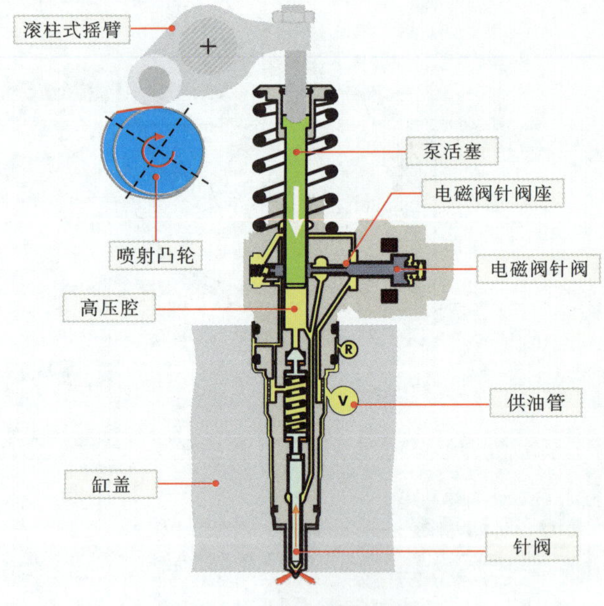


**图 3-58　预喷射循环开始**

## 喷嘴针阀的缓冲阻尼作用

在预喷射循环中，喷嘴针阀的行程被“阻尼垫”阻尼，因此可以准确控制喷射量。

如图3-59所示，前1/3行程，喷嘴无阻尼打开，将燃油喷入燃烧室

当缓冲塞堵住喷嘴壳体的内孔时，针阀上部的燃油只能通过泄油间隙排入喷嘴弹簧室，从而形成液力阻尼垫，限定预喷射循环的针阀行程。

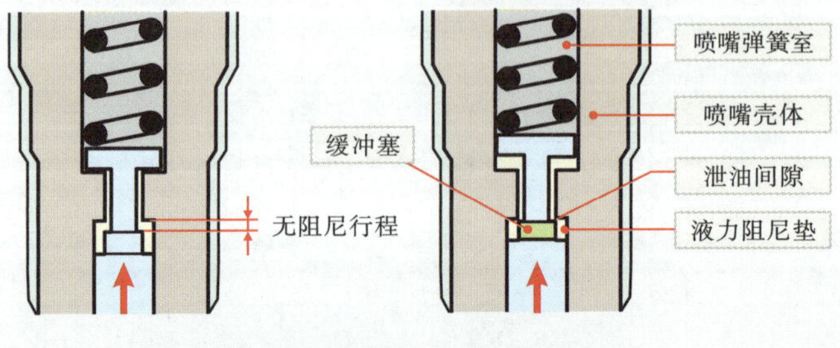


**图3-59　喷嘴针阀缓冲阻尼作用**

**工作原理：**

**c. 预喷射循环结束。** 在预喷射循环结束时，上升的压力使收缩活塞下移，使高压腔容积扩大，于是压力瞬间下降。这时，施加在针阀上的弹簧力和液体压力增加，因此喷嘴针阀关闭，预喷射结束，如图3-60所示。收缩活塞下移增加了喷嘴弹簧的压紧程度。若想再次打开针阀，油压必须比预喷射过程中的油压高。

**d. 主喷射循环。** 泵喷嘴单元经过预喷射循环后进入主喷射循环。喷嘴针阀关闭后短时间内，高压油腔内压力立即重新上升。这时喷嘴电磁阀仍然关闭，泵活塞下移。当高压油腔内的油压约300bar时，燃油压力高于喷射弹簧作用力，喷嘴针阀再次上升，主喷射循环开始，如图3-61所示。喷射过程中，进入高压腔的燃油多于经喷嘴喷出的燃油，压力不断上升，最高可达2 050bar。

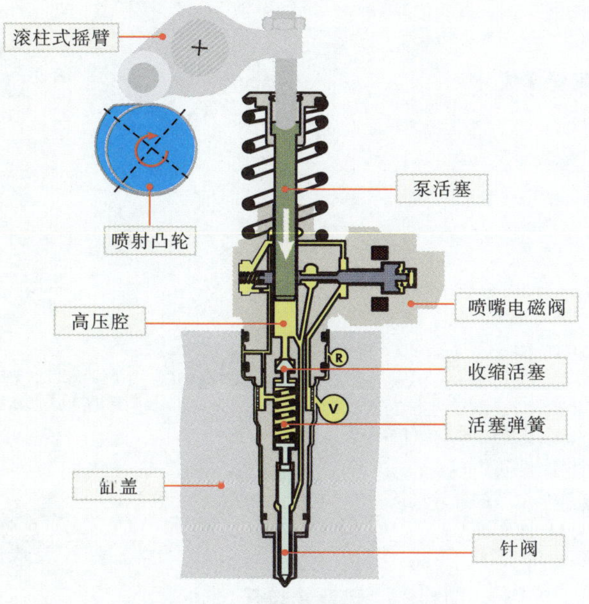


**图 3-60 预喷射循环结束**

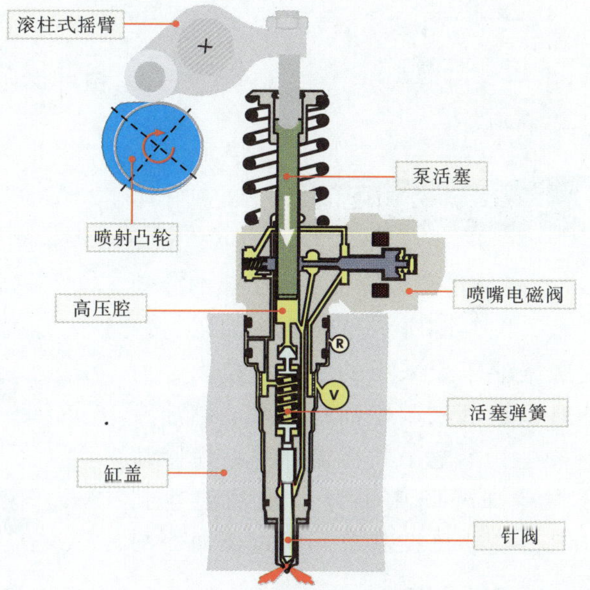


**图 3-61 主喷射循环**

**工作原理：**

**e. 预喷射循环结束。** 当发动机控制单元停止激活喷嘴电磁阀后，电磁阀针阀回位，燃油被泵活塞排出到供油管，泄压。喷嘴针阀关闭，主喷射循环结束，如图3-62所示。

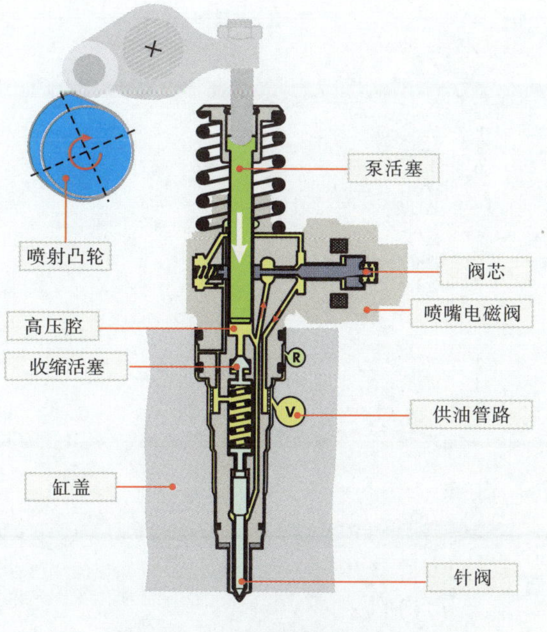


**图 3-62 预喷射循环结束**

## 3. 燃油分配管

燃油分配管集成在缸盖内的供油管内，其功能是等量的向各泵喷嘴分配燃油，如图3-63所示。

燃油与受热燃油在环形缺口混合，并被泵喷嘴强制流回供油管。使供油管内流向各缸的燃油温度一致。所有泵喷嘴被提供相同量的燃油，发动机运转平稳。否则，泵喷嘴的油温将会不同，并且泵喷嘴被提供不同质量的燃油。这将会使发动机运转不平稳并将在头几缸中产生极度高温。

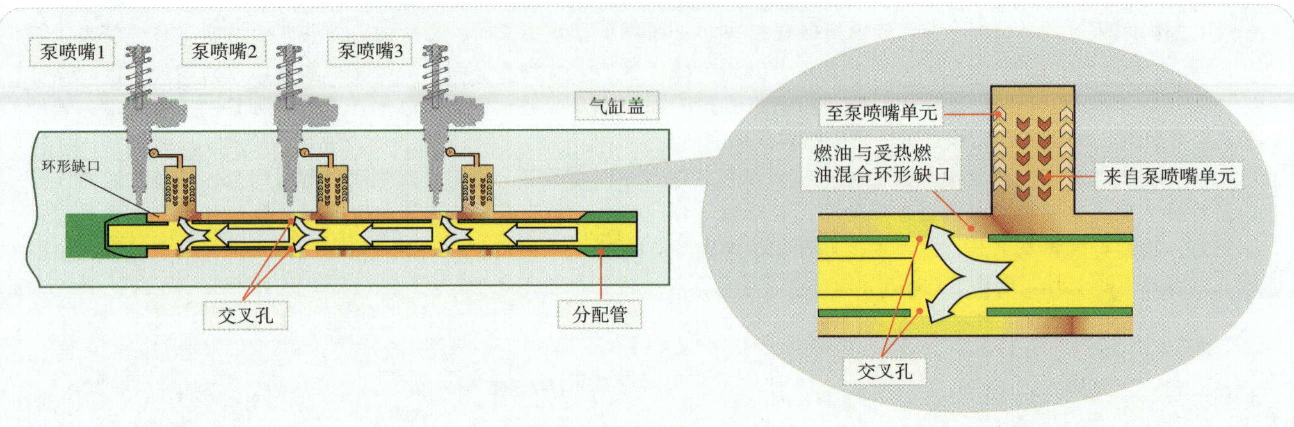

**图 3-63 燃油分配管集成**

## 4. 燃油冷却泵

在燃油供给系统中采用了燃油冷却技术，图3-64所示是燃油冷却泵。在宝来柴油车上采用的是风冷技术，另外有些车辆采用燃油冷却泵。燃油冷却泵是一个电子式再循环泵，使冷却液在冷却环路中循环。当油温达到70℃，发动机控制单元通过燃油冷却泵继电器将其接通。

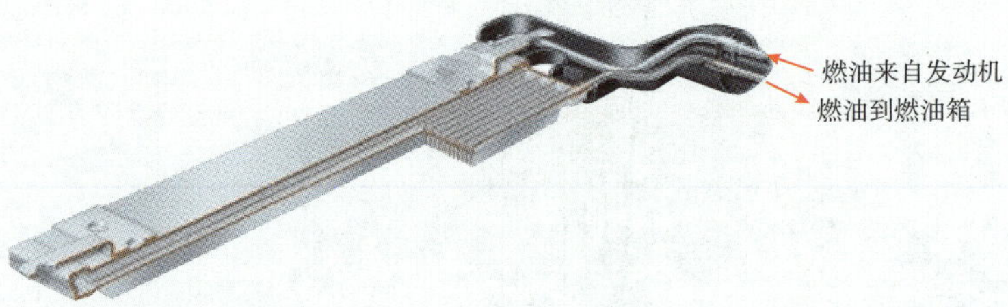

**图3-64 燃油冷却泵**

## 思考与练习

**填空题**

1. 泵喷嘴系统没有____________，缩短了喷油____________，提高了怠速和小负荷的____________，提高燃油____________，精确控制主喷射循环，预喷射循环。

2. 泵喷嘴是由凸轮轴上的____________来驱动的。

3. 泵喷嘴单元可以分为____________、____________、____________和____________。

4. 泵喷嘴单元工作分为两个循环，分别是____________和____________循环。

5. 燃油分配管集成在缸盖内的供油管内，其功能是等量的向各____________分配燃油。

第四部分

# 电控发动机故障诊断

作为一名合格的汽车维修技术人员都应该知道如何进行发动机电子控制系统的故障诊断。故障诊断的方法就是将已知工作正常的元器件或系统排除，逐步找到引起故障的根本原因。所有车辆制造商都会对其生产的车辆提供相应的维修程序，本节推荐的故障诊断方法结合了大多数车辆制造商提供的维修程序以及多年的实际维修工作经验。

## 情境一：电控发动机诊断一般步骤

### 一、诊断步骤

导致发动机运行故障的因素有很多，因此维修技师要尽可能逐步缩小可能引起故障的原因范围，最后找到故障所在并予以解决。下面介绍故障诊断的基本步骤：

#### 确认故障　步骤一

在进行故障诊断之前，必须要确认故障存在。如果不能确认故障，问题就得不到解决或不能验证维修工作是否完成。另外，在确认故障过程中有可能发现一些未被察觉的故障。

对于车辆的运行状态，车辆驾驶员知道的情况较多。在进行故障诊断之前，一定要向驾驶员询问以下问题：

- 故障指示灯是否亮？
- 故障发生时，外界温度是多少？
- 故障发生时，发动机是冷还是热？
- 故障发生在什么时候？
- 车辆行驶里程是多少？
- 仪表警示灯亮吗？如果亮，是哪一个？
- 最近车辆的维修情况。

初步确定故障性质和范围后，在进行故障诊断之前，车主需要填写相关表格。接下来技师就要进行路试，以进一步确认故障。路试条件要尽可能与故障发生时的条件基本一致。

#### 进行彻底的外观检查和基本测试　步骤二

外观检查是故障诊断工作中必不可少的一环。据有关数据统计，有一到三成的发动机运行故障在进行彻底的外观检查时就能够被发现。外观检查应该包括以下内容：

· 检查明显的问题，如燃油泄漏，真空管裂口或脱落，连接器腐蚀，烟雾，异响或怪味。

· 检查空气滤清器和进气道是否被异物堵塞。

· 检查正在工作和没有工作的每一个系统。这项工作将车辆所有的使用功能（如空凋、照明等）都接通并观察其工作状态。

· 检查上一次的维修工作。

车辆在每次进行维修工作时，可能存在零部件变形、被振松以及没有连接好的情况。

· 检查机油油位和状况。外观检查的另一重要内容是检查机油油位和状况。

机油油位：是否在规定范围内?

机油状况：进油中是否含有其他成分。例如：用火柴或打火机烧烤机油标尺上的机油，如果机油出现火焰，则发动机机油中含有汽油；将机油标尺上的机油滴一些在热的排气管上，如果此时机油出现气泡或沸腾，则机油中含有冷却液（水）；用手指研磨机油以查看机油中是否含有沙砾。

· 检查冷却液液面高度和状况。

冷却系统的正常运行是影响发动机寿命的关键因素。大多数发动机机械故障是由冷却系统过热引起的。

· 用纸测试法检查。

运行正常的发动机的排气应该均衡且平稳。在发动机怠速运转时，在离排气管末端25mm处放置一张纸或纸卡。纸张如果平稳地被吹向排气管以外的方向，并且没有“噗噗”声和被吸向排气管的现象，则说明发动机工作正常。如果纸张被吸向排气管，则某一缸或多缸的气阀可能已经烧损。纸张被吸向排气管的其他原因包括：

①在发动机温度低时，由于混合气过稀导致发动机缺火，较常见。

②排气系统中可能有孔。如果废气从排气系统的孔内排出，在排气脉冲间隙中，就可能自排气管口处将空气吸到排气管上的漏孔中，将纸吸向排气管。

· 确保燃油箱有足够的燃油。

燃油箱的油量至少确保在1/4～1/2之间，若燃油不足，则燃油箱底部的水和酒精就可能集中并被吸进燃油系统，造成对车辆的的不良影响。

· 检查蓄电池电压。

蓄电池电压应至少在12.4 V以上，充电电压（发动机转速为2 000 r／min时）应该在13.5～15.0 V之间。蓄电池电压低会引起许多问题，如燃油经济性差和怠速不正确(通常是太高)等。

· 检查火花塞（用火花塞测试器）。

将一个火花塞导线拆下并与火花塞测试器连接。将火花塞测试器接地夹与发动机接地连接。启动发动机或进行盘车并观察火花塞测试器。如果测试器上产生的火花是稳定和连续的，则说明火花塞正常。若产生间歇火花，则应该视为无火花。如果出现上述这些情况，就要仔细地检查所有点火系统初级和次级电路中的所有元器件。

· 检查燃油泵压力。

在诊断过程中尽早检查燃油泵压力，将燃油供给系统的故障排除。

## 查取故障代码　　步骤三

如果ECU存储器中有故障代码（DTC）存在，则故障指示灯（MIL）就会点亮。指示灯亮时所显示的故障代码叫作“硬故障代码”。指示灯不亮时所显示的故障代码叫作“软代码”。软代码有时又叫作“断续代码”，它表示计算机检测到一个用诊断故障代码（DTC）代表的故障。由于故障指示灯（MIL）没有亮，所以软代码所代表的故障不复存在。软代码提醒维修技术人员车辆过去曾有故障，但需要进一步的测试以便找到故障根本原因。大多数车辆制造商所指定的诊断程序都只针对硬故障代码。查找故障代码的方法将会在本部分的情境三中作介绍。

## 查阅维修技术通报　　步骤四

根据具体故障形式查询相关的维修技术通报。据统计，30%左右的故障可以通过维修技术通报提供的信息得到排除。因为维修技术通报中涉及许多硬故障，所以在查询维修技术通报前应该先获得诊断故障代码。

**用解码器查询数据** 步骤五

将解码器与数据连接器（DLC）相连接获取数据。许多新维修技术人员常常会犯这样的错误，就是将所有数据都查看一遍，但不知究竟要看什么。浏览数据的最好方法是查看能够告诉维修技术人员最多发动机信息的数据。

**将故障范围缩小到某个系统或某个气缸** 步骤六

将注意力缩小到某个系统或某个气缸，这是故障诊断中最难的一步。

**故障修复和确认故障根本原因** 步骤七

维修或部件更换必须遵循制造商的规定，一般可查找相关车辆的维修手册。具体操作时要遵守制造商规定的维修程序和方法。

**故障修复和确认故障根本原因** 步骤八

①进行车辆试验运行以确认故障已经彻底排除。
②确认在维修过程中没有造成其他问题。
③清除所有故障代码。
④交车时再次检查。

## 二、诊断方法

诊断检修发动机电控系统故障时，常用振动法、加热法、水淋法等几种模拟试验方法。

**方法一 振动法**

当导致产生故障的主要原因可能是振动时，就可利用振动法进行检验。检验方法主要包括：在水平和垂直方向轻轻摆动连接器、线束、导线接头；用手轻轻拍打传感器、执行器、继电器和开关等控制部件。

注意：继电器不能用力拍打，以免产生误动作。

**方法二 加热法**

当汽车故障是在热机或是由某些传感器与零部件受热所致时，运用电加热吹风机等加热工具对可能引起故障的零部件或传感器进行适当加热，以检查其是否有此故障。

注意：加热温度不得超过60℃，且不能对电控单元ECU进行加热。

**方法三 水淋法**

当故障在雨天或湿度较大的条件下产生时，可以通过喷淋试验检查诊断故障。检验时，将水喷洒在散热器前面和汽车顶部，间接改变温度和湿度检查其是否发生故障。

注意：不能将水直接喷洒在电气与电控系统零部件上，以免造成短路或其他故障。

## 三、发动机电控系统诊断的一般原则

发动机的电子控制系统是一个复杂而又精密的系统，因此故障的诊断也较为困难。而造成电控发动机不工作或工作不正常故障的原因可能是电子控制系统，也有可能是电子控制系统外其他部分的问题。故障检查的难易程度也有所不同。如果我们能够遵循故障诊断的一些基本原则，就可以以较为简单的方法准确而迅速地找出故障所在。电控发动机故障诊断排除的基本原则可概括为以下几点：

### 原则一 先外后内

当发动机出现故障时，先对电子控制系统以外的可能故障部位予以检查。这样可避免本来与发动机电控系统无关的故障，却对系统的传感器、发动机控制单元、执行器及线路等进行复杂且费时又费力的检查，造成检查方向的错误，即使是真正的故障可能是较容易查找到却未能找到的。简单的方法：当发动机发生故障时，首先观察系统的故障指示灯，如果指示灯没有显示故障，则基本可以确定为机械故障来进行处理。如果指示灯显示故障，我们就可以通过闪码来知道故障位置，进而进行相应处理。

### 原则二 先简后繁

在实际维修过程中，发动机故障绝大多数都是比较简单的故障，电气系统的故障亦如此。我们可以先对电气系统进行初步的检查（如检查电控系统线束的连接状况：传感器或执行器的电连接器是否良好；线束间的连接器是否松动或断开；电线是否有磨破或线间短路现象；电连接器的插头和插座有无腐蚀现象等，检查每个传感器和执行器有无明显的损伤）。

直观检查未找出故障，需借助于仪器仪表或其他专用工具来进行检查时，也应对较容易检查的先予以检查。能检查的项目先进行检查。

### 原则三 代码优先

现在的发动机电控系统通常都有故障自诊断功能，当电控系统出现故障时，自诊断系统就会立刻监测到故障并通过“检测发动机”警告灯提醒驾驶员，与此同时以代码的方式储存该故障的信息。这时我们应该按下发动机检查开关，这时发动机故障指示灯会按顺序闪出闪码，我们可根据对应故障代码在维修手册上查出闪码指示的故障，从而解决故障。

### 原则四 综合检测

如果前面所做的工作都解决不了问题，我们就需要利用专门的诊断仪对电控系统做全面的检测了。可利用诊断仪的各项功能对发动机进行具体诊断，例如，发现发动机喷油器某一缸喷油量为零，则可初步判断这一缸喷油器或者线束有问题，再进行进一步的排除就比较简单了。

### 原则五 新件替换

电控发动机的电气系统中线路发生的故障通常是配线和连接器接触不良所致，此时想要具体查处故障原因可能要耗费比较多的时间。在实际的维修工作过程中，为了能迅速解决问题，排除故障，最快捷的方法莫过于采用新件替换。采用这种办法要比找到具体故障部件后查找问题原因要简易得多。

**特别注意：**电控发动机的有些故障并非一定出在电子控制系统。如果发现发动机有故障，而故障警告灯并未发亮（即无故障代码显示），大多数情况下，该故障可能与发动机电控系统无关。此时，就应该像发动机没有装电控系统那样，按照基本诊断程序进行故障检查。否则，可能遇到一个本来与电控系统无关的故障，却检查电控系统的传感器、执行器和电路等，花费了很多时间，而真正的故障反而没有找到。

## 思考与练习

**填空题**

1. 发动机电控系统诊断的一般原则有________原则、________原则、________原则、________原则和________原则五个。

2. 诊断检修发动机电控系统故障时，常用________、________、________等几种模拟试验方法进行。

3. 指示灯亮时所显示的故障代码叫作________，指示灯不亮时所显示的故障代码叫作________。

4. 电控发动机诊断的八个步骤的正确顺序：第一步____；第二步____；第三步____；第四步____；第五步____；第六步____；第七部____；第八步____。（选填选项的序号）

a. 查取故障代码
b. 查阅维修技术通报
c. 用解码器查询数据
d. 确认故障
e. 进行彻底的外观检查和基本测试
f. 将故障范围缩小到某个系统或某个气缸
g. 故障修复和确认故障根本原因
h. 故障修复和确认故障根本原因

有过开车经验的可能知道，在点火钥匙转到点火开关ON位置时，仪表板上的一些指示灯会亮起，如图所示。但在亮起几秒之后又全部熄灭,而有些车并不全部熄灭。有些人可能会提出种种疑问，例如：点火开关在点火钥匙从OFF转到ON后仪表板上的指示灯为什么亮？这是因为汽车在启动前（点火钥匙从OFF转到ON后），车上的电控系统在进行自检，自检完成后仪表盘上的指示灯自动熄灭。但是如果在车辆自检过程中发现哪个系统有故障，则在仪表盘上指示该系统的指示灯就会持续亮起。这样就能够提醒驾驶员，车辆某系统存在故障，需及时对故障进行排除。这就是车辆故障自诊断。

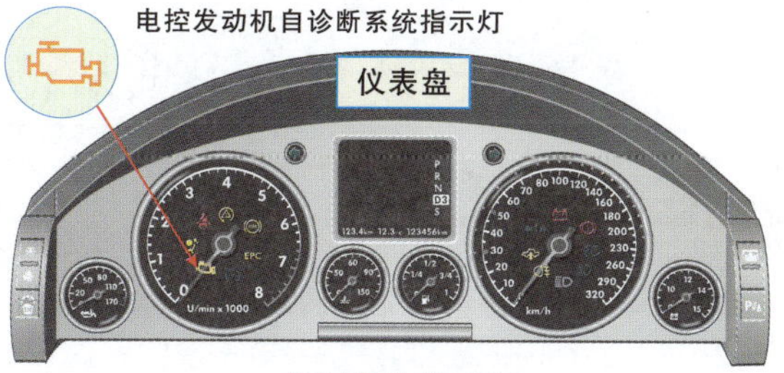


本书主要介绍电控发动机，因此接下来将主要介绍的是电控发动机故障自诊断系统。电控发动机自诊端系统的指示灯（MIL或CHECK ENGINE，不同厂家叫法略有不同）。

# 情境二：发动机故障自诊断系统

## 一、发动机电控自诊断系统

现代汽车电子控制系统中，一般都设有故障自诊断系统（OBD），现在已经发展到了第二代，即OBDⅡ。电控系统工作时，自诊断系统对电控系统各种输入、输出信号进行监测，并运用程序进行推理、判断，将结果迅速反馈到主控系统，改变控制状态；此外，还根据自诊断结果控制“故障指示灯”工作。OBDⅡ具有以下特点：

**特点一**

各车型诊断座形状统一为16端子，并安装在驾驶室仪表板下方。

**特点二**

具有数值分析资料与传输功能。

数据传输有两个标准：ISO欧洲统一标准（INTERNATION STANDARDS ORGANIZATION 9141-2），利用7号、15号端子传输数据；SAE美国统一标准（SAE-J1850），利用2号、10号端子传输数据。采用OBD-Ⅱ-DLC标准接头。OBD-Ⅱ诊断座应用规定见表4-1。

**特点三**

统一各车型相同故障码及意义。

**特点四**

具有行车记录器功能，及时记录故障码。

**特点五**

具有重新输出记忆的故障码功能，便于汽车故障的诊断。

**特点六**

可用仪器直接清除故障码功能。

◎表4-1 OBD-Ⅱ诊断座应用规定

| | | | | | | | |
|---|---|---|---|---|---|---|---|
| 1号 | 由制造厂设定 | 5号 | 信号反馈接地 | 9号 | 由制造厂设定 | 13号 | 由制造厂设定 |
| 2号 | SAE-J1850数据传输 | 6号 | 由制造厂设定 | 10号 | SAE-J1850数据传输 | 14号 | 由制造厂设定 |
| 3号 | 由制造厂设定 | 7号 | ISO-9141数据传输K | 11号 | 由制造厂设定 | 15号 | ISO-9141数据传输L |
| 4号 | 车身接地 | 8号 | 由制造厂设定 | 12号 | 由制造厂设定 | 16号 | 接蓄电池正电源 |

## 二、发动机电控自诊断系统工作原理

发动机电控系统故障自诊断原理如图4-1所示。

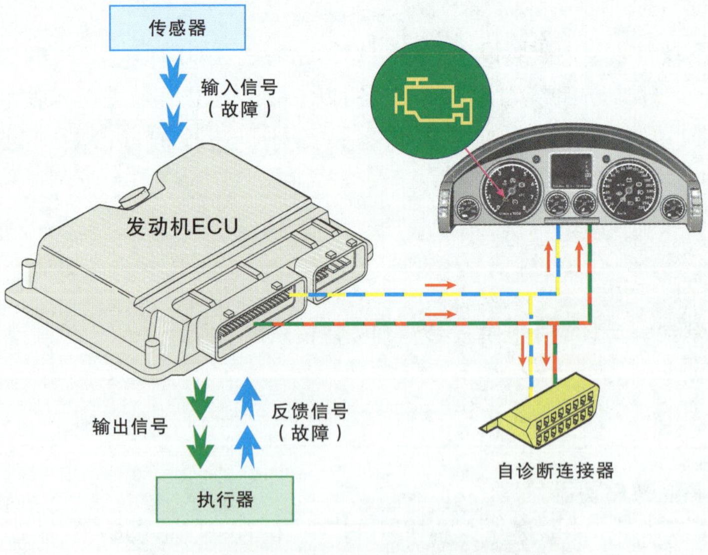


图4-1 发动机电控系统故障自诊断原理

传感器是向ECU输送信号的电控系统元件，不需专门的线路，自诊断系统即可对各个发动机电控系统传感器进行故障自诊断。如果某传感器输入ECU的信号超出正常范围，或在一定时间内ECU收不到该传感器信号，或该传感器输入ECU的信号在一定时间内不发生变化，ECU自诊断系统就会判定该信号是故障信号，即该传感器有故障。故障信号持续出现超过一定时间或多次出现，自诊断系统即判定有故障，并将此故障以故障码的形式存入ECU的存储器（RAM）中，同时接通故障指示灯（闪烁）电路警告驾驶员。此外，自诊断系统还会根据故障性质，自动启动失效保护系统或应急备用系统等。

电控系统的执行元件一般只接收ECU的执令信号，所以在没有反馈信号的开环控制系统中，执行元件或其电路是否有故障，自诊断系统只能根据ECU输出的执令信号来判断，其自诊断原理与传感器类似。

带有反馈信号的闭环控制系统（如点火控制系统、爆燃控制系统等）工作时，自诊断系统还可根据反馈信号判别故障。这类系统出现故障，有些会导致电控系统停止工作。

## 三、故障码、故障与故障症状之间的关系

发动机ECU存储的故障码有两种：**一是当前故障码，即当前控制系统中存在着故障；二是历史故障码，即过去曾经存在故障，但当前不存在该故障**。因此，排除了故障之后，必须清除记录在微机中的故障代码。不清除故障代码虽然不会影响发动机的运行，但在微机中会一直保留着，下次再出现故障时，保留的故障码会与新的故障代码一起出现，造成识别故障代码的错觉。故障码、故障与故障症状之间的关系见表4-2。

◎表4-2 故障码、故障与故障症状之间的关系

| 故障码 | 故障 | 故障症状 |
|---|---|---|
| 有 | 有 | 明显或不明显 |
| 有 | 没有 | 没有 |
| 没有 | 有 | 不明显或明显 |

## 四、故障码读取与清除

### 1. 人工读取故障码

不同车型的电喷发动机用人工的方法读取故障代码的方式各不相同，常见的有以下几种：

#### （1）利用仪表板上发动机故障警告灯的闪亮规律读取

目前，大部分车型都可以用这种方法读出故障代码，如日本生产的大部分丰田、马自达、本田等轿车，以及美国通用、福特、克莱斯勒三大汽车公司生产的部分轿车及欧洲各汽车公司生产的大部分轿车。只要将这些车型发动机附近或仪表盘下方的故障检测插座内特定的两个插孔（故障自诊断插孔和接地插孔）用一根导线短接后，再通过观察仪表盘上的发动机故障警告灯的闪亮规律和次数，就可读出故障代码。

下面以丰田CROWN3.0轿车2JZ-GE发动机为例，说明故障代码的读出方法。可以作为其他车型的参照来，方法也基本相同。

##### ①读取故障码之前发动机应具备的基本条件

a. 蓄电池电压高于11V。

b. 节气门完全关闭（即节气门位置传感器内的怠速开关闭合）。

c. 变速器位于停车挡（自动变速器）或空挡。

d. 关闭所有附属设备（如空调器、音响、灯光等）。

### ②读取故障码的操作方法

a. 将发动机熄火，关闭点火开关。

b. 打开位于发动机附近的故障检测插座罩盖，依照罩盖内注明的各插孔的名称，用一根导线将$TE_1$（发动机故障检测）和$E_1$（接地）两插孔相连接。

+B—蓄电池电源；FP—电动汽油泵；$VF_1$—反馈信号；$TE_1$—自诊断触发端；W—故障警告灯；$TE_2$—运行故障诊断触发端；$E_1$—接地；$OX_1$—氧传感器；$OX_2$—氧传感器；IG—点火线圈信号。

c. 打开点火开关（ON位置），不启动发动机。

d. 根据发动机系统故障警告灯的闪亮规律读出故障代码。

如果系统正常，ECU内没有故障代码，则故障警告灯将以每秒5次闪烁频率连续闪烁。

如果ECU中存有故障代码，则故障警告灯以0.5s/次闪烁频率闪烁，将两位数的故障代码的十位数和个位数，先后用故障警告灯以闪烁次数表示出来。如ECU中存在故障代码为23时，故障警告灯先以0.5s/次的频率闪烁2次，表示故障代码的十位数为2，然后间隔1.5s，再以0.5s/次的频率闪烁3次，表示故障代码的个位数为3。

若ECU内存在几个故障代码，电脑按故障代码的大小顺序依次将贮存的故障代码一一显示出来，相邻两个故障代码之间的停顿时间较长，一般为2.5s。所有的故障代码全部显示完后，停顿4.5s，再重新开始显示。如此循环反复，直到拔下检测插座上连接导线为止。

某些车型的故障警告灯，以不同频率的闪烁次数来表示故障代码的不同位数，有的以较慢频率的闪亮次数显示故障代码的十位数，有的以较快频率的闪亮次数显示故障代码的个位数。也有一些车型的故障代码为三位数，其读取方法也基本相似。

e. 读取所有的故障代码后，从检测插座上拔下连接导线，盖好罩盖，关闭点火开关。

### （2）利用故障检测插座上输出的电脉冲读取

当手头上没有电脑检测仪且发动机故障灯也不亮时，又怎样读取故障码呢？遇到这种情况时，可以利用万用表来完成对故障码的读取工作。这种方法，也可以通过人工的方法来实现。下面以丰田皇冠3.0小轿车2JZGE发动机为例，说明这种具体的操作方法。

①将发动机熄火，关闭点火开关。

②打开发动机故障检测插座罩盖，用一根导线连接$TE_1$和$E_1$两插孔。

③将万用表拨到直流电压挡（量程为25V左右），红表笔接故障检测插孔上的W插孔（输出插孔），黑表笔接地。

④打开点火开关（置于ON位置），且不启动发动机。此时，故障代码会以一串脉冲的形式向输出插孔（W）发信号，其脉冲的频率和前述故障警告灯的闪亮形式相同。观察万用表指针的摆动规律和次数就可以读出故障代码。

在读取故障代码时发动机故障警告灯却不会闪亮的车型可使用此法。美国通用汽车公司、福特公司生产的部分车型可以使用这种方法。

### （3）利用故障显示发光二极管的闪亮次数读取

日产MAXIMA轿车VG30E发动机可以使用故障显示发光二极管的方法。在这种发动机电脑的侧面有一个故障自诊断开关及红、绿发光二极管各一个。

在显示故障代码时，红色和绿色发光二极管闪亮次数分别表示故障代码的十位数和故障代码的个位数。读取方法如下：

①确认电脑上的故障自诊断开关已按逆时针方向拧到头；
②打开点火开关（转到ON位置），不启动发动机；
③按顺时针方向将故障自诊断开关拧到头；
④启动发动机；
⑤根据红、绿两个发光二极管的闪亮次数，读出故障代码。
⑥读取完所有故障代码后，让发动机熄火，将故障自诊断开关按逆时针方向拧到头。

为了避免人为因素影响自诊断故障代码（如在发动机运行过程中拔下某个传感器接线）的准确性，在读取完所有故障代码并记录下来后，应拆下汽车蓄电池负极线一段时间（约30s），以清除电脑内贮存的所有故障代码。然后接好蓄电池负极线，启动发动机，车辆行驶5～10min，再重复上述方法对发动机控制系统进行故障自诊断。如果原有的故障代码不再出现，说明该故障是偶然发生的或人为造成的；若原有的故障代码仍然出现，说明控制系统确有故障，可根据该故障代码的信息作进一步检修。

## 2. 电脑监测仪器读取故障码

电脑检测仪能将储存在电控装置控制系统电脑中的故障代码读出，并同时显示出故障代码的含义。检修人员可以此为依据查找故障原因。此外，当电控装置控制系统的故障排除后，检修人员可通过电脑检测仪将仍然储存在电控装置控制系统电脑中的故障代码清除掉，如图4-2所示。

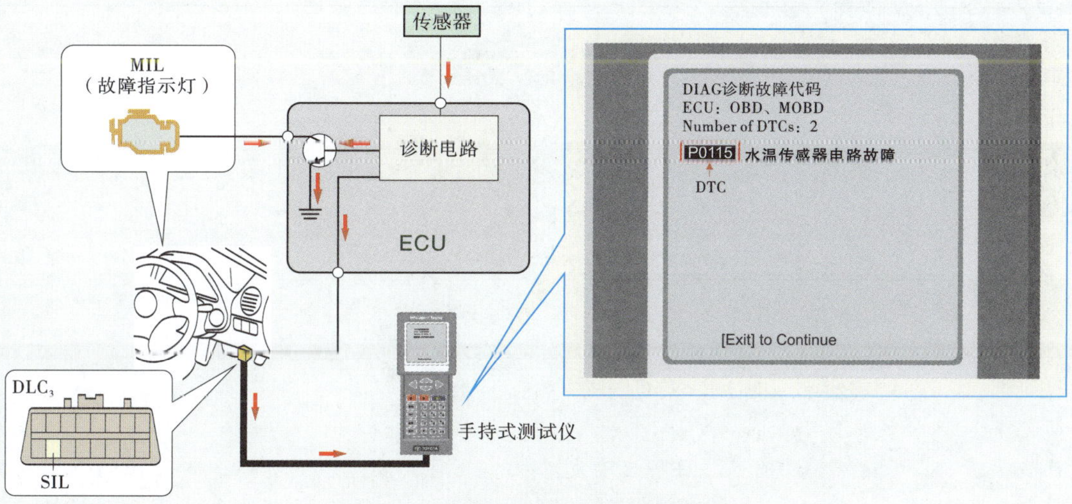


**图4-2 手持式测试仪读取故障代码**

## 3. 故障码的清除

发动机ECU 利用常供电源来处储存故障代码，所以当关闭发动机后，并不会清除故障代码，如图4-3所示。

因此，要按规定来清除故障诊断代码，必须使用手持式测试仪直接与发动机ECU 通信，来清除故障诊断代码，或者拆下EFI保险丝，或者切断发动机ECU 的常供电源。由于切断发动机ECU的常供电源，会同时清除发动机ECU 内存内的其他状态测试数据，所以对这一方法须慎用。

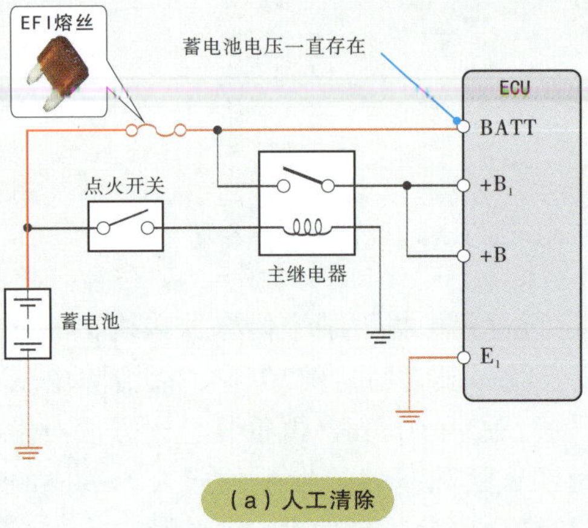


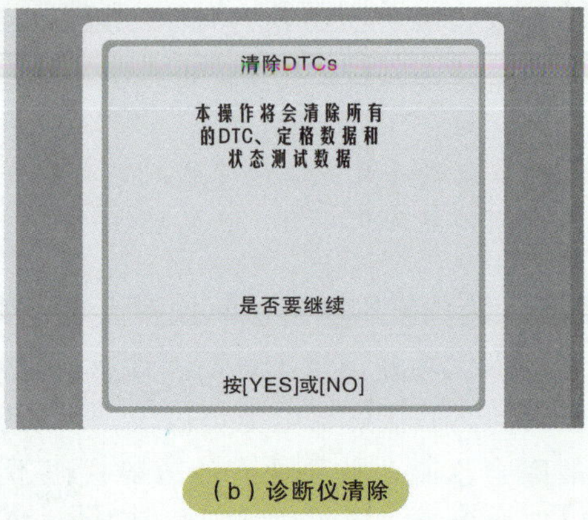


图4-3　清除故障代码

**参考**

手持式测试仪可与发动机ECU通信，除了故障诊断代码输出及清除处，还可进行以下操作：

检查定格数据。

检查发动机ECU所监测的数据。

实施主动测试，强制驱动执行器。

## 思考与练习

**填空题**

1. 读取与清除故障码的方法一般有为__________读取与清除和__________读取与清除两种。

2. 发动机ECU存储的故障码有两种：一是__________，即当前控制系统中存在着故障；二是__________，过去曾经存在故障，但当前不存在该故障。

3. 由于切断发动机ECU的常供电源，会__________发动机ECU 内存内的其他状态测试数据，所以需对这一方法须慎用。

4. 故障以故障码的形式存入ECU的__________中。

在维修带电控系统的轿车之前，必须懂得电控系统的工作原理，了解故障码的产生条件。故障码可分为硬性故障码和逻辑故障码。传感器、执行器自身故障或线路断路、短路、接触不良而产生的故障码称之为“硬性故障码”；发动机ECU经过各传感器参数自学习后分析产生的故障码称为“逻辑故障码”，如氧传感器失效故障码。硬性故障码有时也是电脑通过分析产生的，不一定是真实的故障代码，如空气流量计故障码，就有可能是因管路漏气，氧传反馈后电脑分析产生的。因此，在进行故障维修时要仔细分析故障码所产生的原因。另外，排除每个故障之后要进行归类和总结，这样才能够丰富自己的经验和技能。

在本情境中，将对电控发动机系统常见的一些故障及其排除方法进行归类和介绍。

# 情境三：电控发动机常见故障诊断与排除

电控发动机常见的故障主要有：

- 不能启动或启动困难。
- 动力不足、加速不良。
- 发动机怠速不稳。
- 汽车喘振或转速下降。
- 爆燃/点火爆燃。
- 发动机缸火。
- 燃油经济性不良。
- 发动机回火、排气管放炮。
- 发动机续燃/不熄火。
- 排放超标。

在进行测试时，只有发生故障才能用症状诊断进行故障诊断。下面就以上海通用世纪为例介绍各种常见故障的诊断。

## 一、发动机不能启动或启动困难

### 症状描述

启动机能带动发动机正常运转，但发动机不能启动或需要连续多次启动或长时间转动才能启动。

### 故障原因及排除方法

发动机正常启动必须满足以下条件：

启动机能够正常运转；

足够的点火能量和正确的点火正时；

恰当浓度的混合气；

正常的气缸压缩压力。

如果以上有其中一个条件不能满足，就会造成发动机不能启动或启动困难。

## 具体过程

**（1）检查启动机能否转动。如查启动机不运转，则先检查蓄电池电量及启动相关电路路。若起启动机运转正常但发动机不能运行，则检查启动机与发动机啮合部分以及发动机机械部件。**

注意：在使用磁脉冲式传感器判气缸信号的车辆上，还需注意启动机的转速，即启动机是否能够带动磁脉冲传感器产生足够的电压信号传给发动机ECU。特别是在检查磁脉冲传感器能产生电压信号，但在点火器不点火或发动机ECU无IGT信号，且更换了点火器或发动机ECU故障依然存在的情况下，很可能是因为发动机性能下降或搭铁不良引磁脉冲传感器的电压信号不正常。霍尔式和光电式传感器只要有电有驱动转速就能产生足够的信号。

**（2）如果将加速踏板踩到中等开度位置再启动时，发动机能启动，则故障可能怠速控制系统的问题或进气管漏气或者堵塞或燃油供给系统存在问题。**

**在发动机启动过程中，发动机ECU通过控制怠速执行器（如怠速步进电机）来实现对发动机的怠速进行控制。如果怠速执行器在发动机启动过程中开度不足，将减少进气量而使发动机无启动。正常情况下，在关闭点火开关后，怠速执行器应回到最大开度位置，而在打开点火开关后，怠速执行器应在适当的位置。否则逐步检查以下方面：**

①检查发动机ECU和怠速执行器之间的线路是否接触不良。具体检查项目：线束接头端子是否松脱、配合是否不当、端子是否变形或损坏等。

②检查进气道是否堵塞或漏气。检查项目：进气歧管是否损坏漏气、空气滤清器是否堵塞或者是否有异物堵塞进气道。

③检查节气门体。具体检查项目:怠速控制旁通气道或节气门体空气孔是否堵塞、怠速控制旁通气道和怠速执行器上是否积炭过多、检查节气门是否卡滞。

**（3）检查启动时火花塞有没有电火花。若没有电火花或是火花很弱，则检查点火系统。**

①检查点火正时是否正确。

②检查点火线圈是否开裂、积炭是否过多或次级点火线圈的电阻值是否超出技术范围，正常情况下点火线圈次级绕组的电阻在5 000～8 000Ω之间。

③ 检查火花塞高压线是否漏电。

④检查火花塞高压线布线是否正确。检查火花塞高压线的电阻是否合格，正常情况下，火花塞高压线的电阻约为8 000Ω。

⑤ 检查火花塞的型号是否正确，如果型号错误，应进行更换。

⑥ 检查火花塞是否损坏。检查项目：火花塞上是否有污物、裂纹、磨损、油淹；火花塞间隙是否准确；火花塞电极是否烧损或损坏；火花塞的类型（冷型或热型）是否准确。

⑦检查点火控制模块和发动机ECU是否正常。具体检查项目：发动机ECU和点火模块的供电是否正常、发动机ECU和点火控制模块之间的信号线路是否连接完好。

**（4）检查燃油供给系统是否正常。**

①检查燃油质量。检查项目：是否掺入水、受到污染。

②检查喷油器控制电路。检查项目：熔断丝是否完好；线路是否连接完好。

③检查燃油泵控制电路的运行是否正常。当打开点火开关时，发动机ECU为油泵继电器提供控制信号，使油泵继电器处于接通位置（注意：大部分继电器闭合会发出“嗒”的响声，可以此判断继电器是否损坏）。电动燃油泵会运转一段时间，以建立发动机启动时所必须的油压。如果在点火开关接通一个特定的时间段后，发动机不运转，则发动机ECU会切断油泵继电器的控制信号，使油泵停断电。在发动机运行过程中，发动机ECU接收到来自曲轴位置传感器信号的脉冲信号，此信号触发燃油泵继电器，使其通电，持续向电动燃油泵提供工作电压。如果燃油泵控制电路中各种接口连接不良，导线绝缘皮损坏或绝缘皮内的导线折断，均可导致燃油泵无法正常工作。燃油泵控制电路的检测：

第一步：打开点火开关（在ON位置），在油箱口倾听燃油泵工作时的声音。如果能听到燃油泵运转的声音，则说明燃油泵控制电路没有问题，此时应进行第二步测试；若听不到燃油泵运转的声音，则说明燃油泵控制电路有故障，此时应进入第三步测试。

第二步：点火钥匙旋转到启动（ST）位置，启动发动机，继续倾听燃油泵的运转声响。如果在启动时燃油油泵不能正常运转，说明故障是由于发动机ECU接收不到曲轴位置传感器的信号。此时应检查曲轴位置传感器的输出信号是否正常，曲轴位置传感器和发动机ECU之间的连接线路是否完好。

第三步：直接向燃油泵提供蓄电池电压，若燃油泵能正常运转，应进入第四步进行检查；若燃油泵不工作应检查油泵本身是否存在故障，或者油泵的搭铁电路是否断路。可检查燃油泵的电阻，如果电阻异常，更换燃油泵。

第四步：直接向油泵控制继电器的线圈提供蓄电池电压，如果油泵能正常运转，则应进入第五步测试；如果燃油泵不能正常运转，则应检查燃油泵继电器的供电线路是否有蓄电池电压信号，继电器线圈接地线是否接地良好，燃油泵继电器本身是否存在故障。

第五步：检查发动机ECU端子与燃油泵控制继电器端子之间的导线是否连接完好，发动机ECU在规定的状态下是否向燃油泵继电器提供控制指令，必要时进行修理。

④检查供油系统的压力时是否过低。电动燃油泵动力不足、泵体叶轮磨损、燃油滤清器堵塞、输油管路泄漏、燃油压力调节器损坏都会造成供油系统的压力过低。过低的油压会导致混合气过稀，发动机启动困难甚至不能启动。供油系统燃油压力的测试测试方法：关闭点火开关，安装燃油系统压力表，然后启动发动机，观察燃油表的压力读数是否正常（一般在284～325kPa之间）。关闭点火开关，当燃油泵停止运行时，燃油系统的压力略有下降，最后稳定不变。

⑤检查喷油器的工作是否正常。喷油器是发动机ECU控制混合气的重要执行器。如果喷油器组件出现故障，必将造成可燃混合气的浓度不合适，继而影响发动机的启动性能和工作性能。通常情况下，造成喷油器不能正常工作的原因有：喷油器的电源电压不正常、喷油器和发动机ECU之间的连接线路出现短路或断路的问题、喷油器堵塞、喷油器泄漏、喷油器电磁线圈短路或断路、喷油器针阀卡滞或断裂等。喷油器的检查步骤如下：

第一步：检查喷油器的驱动信号是否正常。

第二步：检查喷油器的电阻是否正常。

第三步：用喷油器综合实验台检查喷油器的工作情况，如是否漏油、喷油量是否足够及喷油雾化情况等，如图4-4所示。

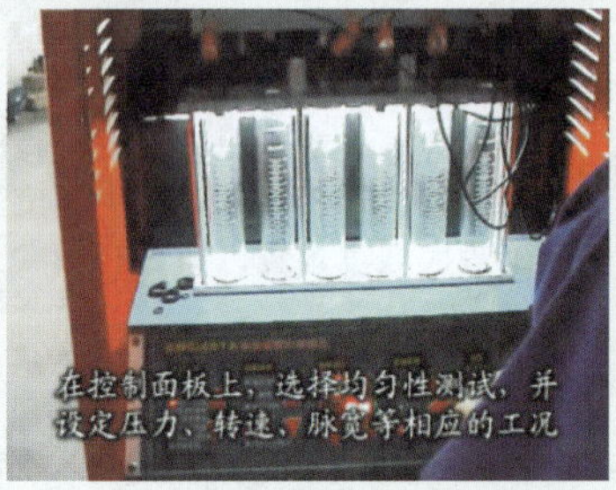

**图4-4　用喷油器综合实验台检查喷油器的工作情况**

**（5）检查EGR系统的密封、连接和操作是否正常。发动机ECU根据发动机冷却液温度信号和负荷信号确定是否需要进行废气再循环控制，并通过EGR阀位置传感器检测再循环废气的流量。在发动机启动过程和怠速运转过程中，废气再循环系统应处于完全关闭的状态。而如果由于某种原因，EGR阀在发动机启动过程或怠速运行过程中错误打开，将造成实际参与燃烧的新鲜空气量减少，混合气过稀，最终导致发动机启动困难或不能启动。**

**（6）检查发动机冷却液温度传感器电路和电阻值是否符合规范。**

**（7）检查进气歧管绝对压力（或质量空气流量传感器）是否有问题。**

**（8）检查曲轴位置传感器间隙和电阻值。**

**（9）检查基本的发动机机械问题。如果气缸的密封性不良（测压力）、曲轴的旋转阻力过大以及配气相位有问题，都会造成发动机启动困难。因而应进行检查，特别是在上次熄火时发动机曾发出巨大的撞击声，就应首先检查发动机的机械系统是否正常。**

# 二、动力不足、加速不良

### 症状描述

动力不足：发动机无负荷时运转基本正常，但有负荷运转时，加速缓慢，上坡无力，即使将加速踏板踩到底，仍感觉动力不足。

加速不良：踩下加速踏板后，发动机转速缺乏及时的响应，有迟滞现象或加速轻微。

### 故障原因及排除方法

造成发动机动力不足、加速不良的原因有：

燃油压力过低。

喷油器喷油不良。

点火高压低或能量小。

点火正时不正确。

相关传感器信号有问题。

气缸压缩压力低及排气管堵塞等。

**具体过程**

（1）将加速踏板踩到底，检查节气门能否全开。如果节气门不能完全打开，调整节气门拉索或加踏板。

↓

（2）检查进气系统是否堵塞或漏气。如果进气系统堵塞或漏气，必然影响发动机的充气效率，造成发动机动力和加速性能下降。具体应该检查空气滤清器、进气管道（如连接软波纹塑料管及连接紧固卡处、谐波增压的真空控制管、EGR阀的真空控制管、进气门积炭严重等）及各种真空软管有无堵塞或漏气。

↓

（3）检查排气系统是否堵塞。排气系统的背压一般控制在2.5个大气压以内，如果排气管堵塞而造成排气系统的背压过大，必然造成气缸内残余的废气含量增大，从而造成混合气的燃烧速度下降，气缸的有效压力降低。造成排气系统背压增大的原因主要有排气管堵塞、排气消音器变形或三元催化转换器损坏等，应检查这些部件。

↓

（4）检查燃油系统供油是否正常。

→ ①查燃油系统的压力。特别注意急加速和高速全负荷时燃油压力的变化。如果燃油系统的压力不正常，特别是在燃油系统压力过低时，在单位时间内喷油器的喷油量就会减小，从而造成混合气过稀，发动机的动力性将大大下降，造成发动机动力不足、加速不良。

→ ②检查喷油器的工作情况。如果喷油器的孔径因为积炭堵塞或者磨损而发生变化，那在燃油系统压力和喷油脉冲宽度不变的情况下，喷油器的实际喷油量将减小，导致发动机动力不足。另外，若喷油器雾化不好，将影响混合气的燃烧质量，导致发动机动力不足或加速不良。

→ ③如果燃油质量不好或进入杂质，燃烧后输出的功率将比较小，造成发动机加速不良或者动力不足。

↓

（5）检查点火系统、点火部件工作以及点火正时是否正常。点火系统的点火能量和点火提前角的大小对发动机性能的发挥十分关键。如果点火能量下降、点火正时过晚，将使发动机的有效压力减小，输出功率下降、加速时反应迟缓。具体应该检查点火正时是否正确、火花塞型号是否正确、火花塞间隙是否合适、火花塞高压线电阻是否在规定范围、点火线圈电阻是否正确、蓄电池电压是否合适或蓄电池接线柱是否有虚接或氧化等。如果点火正时过晚，还应该检查曲轴位置传感器、空气流量传感器、爆燃传感器、发动机、冷却液温度传感器以及发动机控制模块等是否有问题。如果发现问题则维修或更换相应部件。

↓

（6）检查废气再循环系统的操作是否正常。如果在发动机加速或者大负荷运行过程中，废气再循环控制系统还处于流通状态，将造成气缸内废气的含量过大，新鲜混合气的含量减小，混合气的燃烧速度减小，发动机的动力下降，加速迟缓。

↓

（7）检查气缸压力是否正常。在压缩行程终了时，气缸内的压力对混合气的燃烧质量影响很大。如果压缩终了时气缸内的压力小，混合气的燃烧速度就低，发动机输出有效功率就不足，也就不利于发动机动力性能的发挥，表现出来的就是发动机动力不足，加速不良。造成气缸压缩压力下降（或不足）的常见原因有气缸和活塞之间的间隙过大、气缸垫的密封性下降、气门漏气、配气相位失准、进气阻力过大等等。

↓

（8）检查发动机的凸轮轴、缸盖、活塞等机械部件。发动机的凸轮轴主要控制配气相位并带动凸轮轴位置传感器的信号盘转动，以便正确反应凸轮轴的旋转角度。如果在凸轮轴安装过程中错位或者凸轮轴驱动轮和凸轮轴之间松旷，将造成配气相位失准，影响发动机性能的发挥。

## 三、发动机怠速不稳

发动机怠速不稳一般包括怠速太低、太高和发动机怠速运转不平稳三种情况，下面分别介绍。

### 1. 发动机怠速转速太低

**症状描述**

发动机怠速转速低于制造厂的规定值，此时发动机容易抖动，严重时甚至熄火。

### 故障原因及排除方法

造成发动机怠速太低的原因：进气系统管路漏气、旁通道和节气门体因积炭过多、EGR阀软管漏气、燃油蒸发系统电磁阀漏气、燃油压力过低、喷油器过脏、燃油质不好或受到污染、火花塞间隙不正确、火花塞电极烧损或损坏、火花塞型号不对（如冷热型号等）、高压线不正常、点火线圈不正常，发动机ECU与点火模块信号线连接不良、水温传感器故障、进气温度传感器故障、气缸压力不正常等。

### 具体过程

（1）检查进气系统。进气系统中的管路接头及各管路软管是否漏气，空气滤清器是否过脏堵塞。

↓

（2）检查怠速阀。若怠速阀内的旁通道和节气门体因积炭过多而堵塞，进气量减少，发动机转速降低。

↓

（3）检查EGR系统。EGR阀若在怠速时就打开或是软管漏气，就会有废气进入进气歧管，从而可能使混合气中新鲜孔气的比例减少，也就使得怠速降低。

↓

（4）检查燃油蒸发系统电磁阀是否漏气。如果燃油蒸发系统电磁阀漏气，则有混合气中的燃油比例增多，而进气量并没有增加，混合气过浓，燃烧效率下降，怠速过低。

↓

（5）检查燃油压力是否过低。若燃油压力过低，则燃油供应不足，怠速过低。

↓

（6）检查喷油器工作是否正常。喷油器过脏，易造成阻塞，会减小喷油量且燃油雾化不良，发动机怠速低。

↓

（7）检查喷油器线路连接是否正常。若喷油器线路连接有断路或虚接，导致喷油器不能喷油或喷油不正常，就会怠速过低。

↓

（8）检查燃油是否受到污染。若燃油质不好或受到污染，就会影响燃烧效果，燃烧能量下降，怠速过低。

↓

（9）检查火花塞上是否有污物、裂纹、磨损，检查火花塞间隙是否正确、火花塞电极烧损和损坏，检查火花塞的热型是否正确。

↓

（10）检查火花塞高压线。主要检查高压线是否漏电、窜火，布线是否正确，高压线电阻值是否在标准范围内。

↓

（11）检查点火线圈，检查是否开裂、积碳和初级、次级点火线圈的电阻值是否在标准范围内。

↓

（12）检查发动机ECU和点火控制模块之间的信号接线的连接是否完好，供电是否正常。

↓

（13）检查水温传感器和进气温度传感器。

↓

（14）检查气缸压力。若有气缸压力不足或气缸间压力差别过大，则使发动机性能下降，怠速降低，运行不稳。

## 2. 发动机怠速转速太高

### 症状描述

发动机怠速时转速高于规定值。

## 故障原因及排除方法

进气量过多、喷油过多或发动机ECU控制信号错误等都可能造成发动机怠速过高。

## 具体过程

（1）检查各真空管道是否漏气。若有真空泄漏，发动机ECU就有可能增加喷油量，导致怠速过高。

↓

（2）检查怠速控制阀工作是否正常。怠速控制阀是否有积炭而造成卡滞，阀体是否良好以及控制系统是否有问题。

↓

（3）检查节气门在怠速时是否关严。若节气门关不严，则应检查节气门是否因积炭卡住或是节气门拉索过紧等。

↓

（4）检查进气温度传感器和水温传感器的信号及其线路是否正常。若检测到的温度比发动机实际温度高，就会增加喷油量，导致怠速过高。

↓

（5）检查空气流量计（或进气歧管压力传感器）的信号及其线路是否正常。

↓

（6）检查空调系统、动力转向开关及换挡开关（在装备自动变速器的车辆）在不工作时是否有信号输出或线路是否有问题。如果这些系统不工作时仍有信号输出，怠速就会过高。

↓

（7）检查发动机ECU或匹配设定是否有问题，如果有问题则重新设定。

↓

（8）检查燃油压力是否过高。压力过高使喷油量增大，混合气浓，怠速过高。

↓

（9）检查喷油器是否泄漏。喷油器若泄漏，就会增大喷油量使怠速过高（注：喷油器与缸盖的O型密封圈漏气会造成混合气过稀）。

↓

（10）检查喷油器喷油量是否在规定范围内。

# 3. 发动机怠速转速不稳

## 症状描述

怠速不稳主要表现为怠速时发动机抖动，转速表指针上下波动，转速忽高忽低。

## 故障原因及排除方法

怠速不稳一般是因为混合气过浓或过稀，点火不完全或传感器信号不正确，除此外还有其他原因。

## 具体过程

（1）检查真空管道是否漏气。

↓

（2）检查怠速控制阀是否有积碳卡滞或堵塞，工作是否正常。

↓

（3）检查燃油压力是否平稳，喷油器喷油量是否一致，喷油器的损坏情况（如有无堵塞或泄漏等）。

（4）检查点火正时及各缸火花塞、高压线、分火头是否工作不良。若有分火头烧蚀严重、高压线断路、漏电或火花塞积炭过多都会使发动机怠速不稳。

（5）检查发动机冷却液温度传感器。发动机冷却液温度传感器信号是决定喷油器喷油量的基本信号，如果它出现异常就会引起喷油量异常。

（6）检查氧传感器。如果氧传感器失效，就不能反馈给发动机ECU正常的信号，起不到修正喷油量的作用。在怠速时供给发动机过浓或过稀的混合气，引起怠速不稳。

（7）检查EGR阀。如果EGR阀关不严，在怠速时废气就会进入气缸，造成怠速过低而不稳定。

（8）检查发动机支架与缓冲橡胶。如果发现连接不牢或橡胶底座损坏，应进行维修处理。

分析：发动机各连接部位的连接可靠性，特别是橡胶底座。因为连接不可靠或底座橡胶损坏时，发动机工作时的振动会使各连接或发动机底座与大架相互振动撞击，产生高频振动，特别是在点火后汽缸压力最高时产生振动更为明显，爆震传感器接收到这种时刻都在产生的撞击振动后，误为爆震信号反馈给微电脑控制点火提前角推迟，当某一刻又没有检测到这种误信号时又控制点火提前。如此反复，使怠速不稳，且在高速时故障现象仍存在。

（9）检查各缸压力。如果气缸压力不均会导致怠速不稳。

发动机怠速系统在发动机电控系统中是一个特定的工作系统，影响它的因素相对来说比较广，故障分析也比较难，因此必须理解和掌握怠速的影响条件（机械、电气、反馈时机、其他系统干扰）及分析方法。机械包括缸压、进排气门间隙及密封性、凸轮轴凸圆高度磨损状况、配气正时以及进气系统积炭脏污情况等；电气包括电控系统、点火系统与点火时机、节气门信号、转速信号、进气量检测信号、影响怠速的开关信号、负荷信号、怠速电机等；反馈时机包括氧信号和ECU自学功能、转速信号；其他系统干扰包括开启空调、大灯、加热器等大功率用电设备及蓄电池亏电情况，发电机负荷情况等。

## 四、发动机喘振或转速不稳

### 症状描述

在稳定节气门开度或巡航行驶时发动机功率变化，发动机转速忽高忽低（也叫发动机游车）。

### 具体过程

（1）检查各真空管道。若有真空泄漏，发动机控制模块就有可能改变喷油量，从而导致发机喘振。

分析：进气管路中的波纹软管常产生隐藏的真空泄漏小裂缝，有振动或力矩变化时漏气，无太大的力矩变化时关闭，引起混合气时浓时稀，造成氧传的反馈控制作用。

（2）检查变速器挡位开关调整是否正确（在带自动变速器的车辆上）。

（3）检查液力变矩器所在离合器电路是否有间发断路或对地短路故障（在带自动变速器的车辆上）。

（4）检查EGR系统的工作是否正常。如果在不该进行废气再循环的时候引入了废气，或者引入废气的循环量过大，都会造成发动机的动力性下降，从而导致发动机喘振，而如果引入废气的循环量过小，那发动机的燃烧温度可能会提高，从而导致发动机的爆燃。

↓

（5）检查燃油蒸发系统工作是否正常。

↓

（6）检查点火控制系统工作是否正常。注意检测是否有导线接触不良造成发动机工作期间断火或瞬间断油现象。

↓

（7）检查节气门轴磨损是否过大。

↓

（8）检查加热型氧传感器的工作是否正常。如果发动机控制模块不能接收到正确的氧传感器信号，就无法准确监视混合气的浓度，造成实际参与燃烧的混合气过稀或过浓。

↓

（9）检查喷油器喷油量是否一致，喷油器是否堵塞。检查各喷油器线束是否正确连接，如果在连接导线的时候出现错误，喷油器将无法在合适的曲轴转角位置喷射燃油，造成发动机喘振。

↓

（10）检查燃油系统的压力是否正常。如果燃油系统的压力过低，混合气可能过稀，就会造成发动机的转速过低，如果发动机处于怠速运转，会造成发动机喘振。

↓

（11）检查燃油是否受到污染。

↓

（12）检查火花塞，点火线圈及高压线。检查点火电压输出是否足量（点火能量是否充足，这些部件在高温下是否可靠）。

↓

（13）检查排气系统是否阻塞。

↓

（14）检查燃油中是否加入多了添加剂。

↓

（15）检查车速里程表是否工作正常。

## 五、发动机爆燃

### 症状描述

发动机发出轻微或严重的金属敲击声，通常在加速条件下更加明显。

### 故障原因及排除方法

爆燃一般是由进气温度过高，点火提前角过大造成。

### 具体过程

（1）检查发动机是否明显过热，若是则先查明原因。

↓

（2）检查是否由于点火系统的故障造成发动机爆燃。如果点火提前角过大，就会造成混合气的燃烧速度过快，从而导致发动机爆燃燃烧。曲轴位置传感器安装错位（或松旷）、正时皮带安装错齿、动力控制模块的运行程序出现故障、空气流量传感器检测的进气量过小、爆燃传感器反应迟钝等都是造成点火提前角过大的原因。

（3）检查燃油系统的压力是否过低。如果燃油系统的压力过低，喷油量不足，造成混合气过稀，这样混合气的燃烧速度将下降，那么混合气燃烧后通过气缸壁传到冷却液中的热量增加，导致发动机温度过高。而发动机温度过高，容易产生爆燃。

（4）检查燃油是否受到污染。汽油的标号（即辛烷值）越低，汽油的抗爆能力就越差。因此使用辛烷值低的汽油作为燃料时，发动机就容易产生爆燃燃烧。另外，如果标号比较高的的汽油中掺加了杂质，也会造成汽油的抗爆能力下降。

（5）检查是否由发动机冷却系统的故障造成发动机爆燃。发动机实际工作温度的高低决定于单位时间内混合气燃烧所产生的热量和散热系统散发出的热量。如果冷却系统有故障，发动机的温度就会越来越高，产生爆燃的倾向就越来越大。检查冷却系统的方法：

①检查发动机冷却液面是否过低。如果发动机中冷却液的含量不足，发动机机体就会散热差或部分冷却液挥发成气体而产生气阻现象，影响冷却液的循环速度，最终导致发动机内混合气燃烧所产生的热量无法散发出去，造成发动机温度过高。

②检查散热器水道是否堵塞。如果散热器中的水道堵塞，势必会影响整个冷却系统中冷却液的流动，从而散热变差，发动机的温度过高。

③检查电动冷却风扇是否能正常工作。如果电动冷却风扇不能正常旋转，会造成冷却液的热量在散热器无法释放出来，从而造成发动机的温度过高。

④检查冷却液浓度是否符合发动机的要求。不同地区运行的发动机采用不同凝固点和沸点的冷却液，因为冷却液的沸点不同确定了发动机的工作温度。如果实际应用过程中采用的冷却液的浓度不符合要求，就可能造成发动机的温度过高，导致发动机爆燃。

⑤检查是否散热器水箱盖换错和堵塞失效。现代汽车的水箱盖几乎都是压力水箱盖，冷却系统中的冷却液有一定的工作压力，当换错水箱盖时，会改变冷却液的工作压力，改变其沸点温度也就改变了冷却液的实际工作温度，造成发动机过热产生爆燃。

（6）检查气缸的压力是否过大。如果气缸的压力过高，混合气的燃烧速度就提高，发动机产生爆燃的可能性就增大。而造成气缸压力过大的原因是气缸盖、活塞或气缸垫型号不对等原因改变了气缸的工作容积大小，改变了气缸的缸压。

（7）检查发动机燃烧室内的积炭是否过多。如果气缸内积存了大量的积炭，在气缸压缩过程中，积炭所形成的炽热点就可能提前点燃混合气，而造成气缸内的压力在进一步压缩过程中突然增大，出现爆燃。形成积炭的原因：混合气过浓、点火能量比较差、汽油的质量比较差、发动机因某种原因烧机油等，可一一检查。

（8）检查EGR系统工作是否正常。如果在废气再循环系统工作的范围内，该系统出现故障而无法使废气进入气缸参与燃烧，必将造成混合气燃烧温度上升，从而使发动机过热，容易出现爆现象。

（9）检查火花塞的应用和热值范围是否正确。

## 六、发动机气缸缺火

### 症状描述

发动机个别气缸内混合气燃烧不良或燃烧中断，而引起发动机随着转速变化而产生颤动。当发动机负载增加时，非常明显。此外在怠速或低速情况下，排气歧管内可能有连续轻微的声响。

## 具体过程

（1）检查燃油系统的压力。如果发动机燃油供给系统压力过低，混合气就过稀，混合气中汽油含量比较少，在燃烧的过程中，火焰的传播就可能中断，造成部分混合气无法完全燃烧，严重时火花塞不能点燃混合气。如果燃油供给系统压力过高，混合气过浓，也有可能使火焰传播中断。

↓

（2）检查喷油器。如果喷油器部分堵塞，则喷油器的喷油量将减少，造成混合气过稀；如果喷油器因为磨损而孔径变大或者因为密封不严长时间泄露，又会造成混合气过浓。不管混合气是过稀还是过浓，都可能造成发动机缺火。喷油器的驱动电路连线接触不良或老化或ECU中喷油器的驱动器电路故障，造成单缸不喷油或间隙性不喷油。

↓

（3）检查燃油质量。如果燃油受到污染也会影响到混合气的燃烧。

↓

（4）检查燃油压力调节器。燃油压力调节器的真空软管中如果有燃油，就说明燃油压力调节器中的橡胶膜片破裂，导致燃油系统的中高压燃油透过膜片直接进入进气歧管，造成混合气严重过浓（也能造成转速偏高），甚至淹死火花塞，使火花塞根本不能点燃混合气，此时应该更换燃油压力调节器。

↓

（5）检查节气门轴是否松旷、积炭过多或损坏。节气门轴如果松旷，会造成一部分空气未经空气流量传感器的检测就直接进入进气歧管，导致混合气过稀，发动机缺火。倘若节气门体中有了积炭，将会减少进气量，那喷油器的喷油量也相应减少，导致火焰传播中断，这种情况也在发动机怠速运转时更加明显。

↓

（6）检查进气系统是否堵塞。如果进气系统堵塞，势必会造成混合气的总量减少，从而造成发动机缺火。

↓

（7）检查是否有严重的真空泄露。进气歧管出现泄露的时候必然会造成混合气稀，导致发动机缺火。常见造成真空泄露的部位：进气道的波纹连接软管波纹开裂、卡夹松旷；各处真空管、喷油器与歧管相连接的O型密封圈、节气门轴磨损处、进气歧管与缸体的接合面等。

↓

（8）检查废气再循环系统的工作是否正常。如果废气再循环系统工作不良，将使混合气中的废气过多，出现火焰传播中断的现象。

↓

（9）检查曲轴箱强制通风系统的工作是否正常。如果PCV阀在发动机怠速运转过程中开度过大，容易引起混合气过稀，容易导致发动机缺火。

↓

（10）进行火花试验。如果所有的火花塞均不能发出电火花，则检查点火线圈的供电电路、点火系统初级电路或者点火控制系统。如果是个别火花塞不能发出电火花，则检查该火花塞对应的点火线圈或次级电路是否出现故障。

↓

（11）检查排气系统是否阻塞或变形。如果排气管阻塞，会造成排气管的背压过高，进而严重影响发动机的进气量和混合气的浓度，造成混合气燃烧不良。此外，背压过高对EGR系统的影响比较大，会影响废气循环量。

↓

（12）检查三元催化转换器是否损坏阻塞。

↓

（13）检查发动机机械系统。发动机机械系统的故障也是造成发动机缺火的原因，如气缸压力是否过小、气门是否卡滞或泄漏、凸轮轴工作面是否过于磨损、气门正时是否准确、气门推杆是否弯曲。

↓

（14）对于带有断油功能的发动机控制管理系统检查是否某种原因触发了断油功能。

# 七、燃油经济性差

## 症状描述

发动机动力没问题，但是耗油量过大，加速时排气管冒黑烟。

## 具体过程

（1）直观检查真空软管是否有裂口或扭结，连接是否正确。

↓

（2）检查燃油系统的压力是否正常。

↓

（3）检查空气滤清器是否被弄脏或堵塞。

↓

（4）检查喷油器的工作是否正常。如果喷油器喷油量过大，造成混合气过浓，将导致发动机油耗增加。

↓

（5）检查喷油器线束是否连接正常。

↓

（6）检查燃油压力调节器真空软管中是否有燃油（有则膜片破裂泄油）或脱落、破损（有则与大气相连，使燃油系统的压力升高，单位时间喷油器的喷油量增大）。

↓

（7）检查燃油是否受到污染。

↓

（8）检查进气系统和曲轴箱是否漏气。如果进气歧管漏气（指未经计量的空气），会造成混合气过稀（氧传反馈信号后，微电脑指令喷油器增大喷油量），发动机的油耗将增大。如果曲轴箱漏气，那从气缸和活塞之间的间隙泄漏的混合气漏进曲轴箱后，就直接排入大气，从而造成发动机的油耗过大。

↓

（9）检查点火系统。如果点火系统的点火能量不足或者点火正时不准确，都会造成发动机的油耗增大。特别注意：使用了劣质的火花塞，使用一段时间后火花塞的点火性能会下降，影响产生火花的能量，启动次数增多，启动时未燃烧的燃油排入大气，并且使火焰传播速度减慢，燃油燃烧产生的最大爆发力错过了最佳工作点（上止点后100～200之间），影响发动机的功率输出；使用高品质的火花塞，能保证火花塞时刻工作在最佳状态，保证点火可靠，启动时启动次数少，因此会更省油。

↓

（10）检查发动机冷却液是否过少。如果冷却液含量过少，将容易产生爆燃。混合气燃烧后产生的功率主要用来对机体冲击，很少能用来对活塞作功，所以汽车的油耗将大大增加。

↓

（11）检查发动机节温器的工作是否正常。如果节温器工作不正常，那发动机的温度将升高或降低。如果节温器常关，冷却液温度上升，发动机工作不良油耗将增加；如果节温器常开，冷却液温度会比较低，导致混合气浓度较高（温度低冷启动加浓量大，且暖机时间过长，此期间耗油量高；正常行驶中因温度低，发动机控制系统控制加浓修正量也大，相对正常温度来说也比较耗油），汽车油耗增加。

↓

（12）检查空调是否总处于运行状态。

↓

（13）检查制动是否受阻。制动受阻等于增加了汽车的负载。

↓

（14）检查轮胎压力是否正常。汽车是否在过度加速或过载条件下运行。

↓

（15）检查是否由于发动机机械系统的原因造成发动机油耗增加。如气缸的压力是否合适、气门是否卡滞或泄漏、凸轮轴工作面是否过于磨损及气门正时是否准确等。

## 八、发动机回火、排气管放炮

### 症状描述

燃油在进气歧管或排气系统内燃烧，发出尖锐的“砰砰”声。

### 具体过程

（1）检查气门正时是否正确。

↓

（2）检查发动机是否有真空泄漏和（或）发动机是否调准到规定值。

↓

（3）检查二次空气喷射系统。

↓

（4）检查EGR阀衬垫是否泄漏或阀是否打开。

↓

（5）检查发动机气门是否黏结或泄漏。

↓

（6）检查通向进气歧管绝对压力传感器的真空软管内是否有燃油或水，软管是否被阻塞。

↓

（7）检查喷油器是否有泄漏，喷油器的喷油量和燃油雾化是否正常。

↓

（8）检查燃油系统有无泄漏、燃油压力是否符合规定。

↓

（9）检查点火系统、点火部件工作以及点火正时是否正常。拆下火花塞并检查火花塞是不是潮湿、有裂缝、间隙不正确、电极烧毁或积碳过多等。检查正时齿轮是否松旷或正时皮带是否错齿；检查分电器盖、转子和火花塞高压线以及分电器固定装置的情况。特别注意：正时齿轮松旷或正时皮带错齿以及分电器固定装置或分电器轴连接部位磨损，或与传感器信号有关的齿轮缺齿、松旷或因脏堵塞引发信号失准引发的故障，很多时候很隐蔽。维修中当遇到检查完所有发动机可能产生故障的部位后均正常，但故障就是依然存在时，应特别重点再次检查这些部位。

↓

（10）检查点火系统有无间歇性故障。

↓

（11）检查进气和排气歧管通道内有无铸件飞刺。

## 九、发动机续燃、不熄火

### 症状描述

关闭点火开关后，发动机不会马上熄火，而是继续工作一段时间。

### 具体过程

（1）检查节气门拉杆是否被卡住。

↓

↓

(2) 检查喷油器是否泄漏。

↓

(3) 检查怠速空气控制系统。怠速空气控制系统是否有真空泄漏或高怠速，控制室内是否有外物，怠速空气控制阀接头连接是否正常。

↓

(4) 检查燃油供给系统。燃油是否被掺入水、是否使用了过量的燃油添加剂、燃油压力是否正常、喷油器是否被阻塞。

↓

(5) 检查曲轴箱通风阀是否有故障。

↓

(6) 检查空调压缩机或继电器是否有故障。

↓

(7) 检查发动机是否过热。

↓

(8) 检查点火开关是否正常有效。

## 思考与练习

**填空题**

1. 根据电控发动机常见的故障选择相应的故障现象：

①不能启动或启动困难——_______；

②汽车喘振或转速下降——_______；

③爆燃/点火爆燃——_______；

④发动机缸火——_______；

⑤燃油经济性不良——_______；

⑥发动机回火、排气管放炮——_______；

⑦发动机续燃/不熄火——_______；

故障现象：

a. 在稳定节气门开度或巡航行驶时发动机功率变化，发动机转速忽高忽低（也叫发动机游车）。

b. 发动机个别气缸内混合气燃烧不良或燃烧中断，而引起发动机随着转速变化而产生颤动。当发动机负载增加时，非常明显。此外在怠速或低速情况下，排气歧管内可能有连续轻微的声响。

c. 启动机能带动发动机正常运转，但发动机不能启动或需要连续多次启动或长时间转动才能启动。

d. 燃油在进气歧管或排气系统内燃烧，发出尖锐的“砰砰”声。

e. 发动机发出轻微或严重的金属敲击声，通常在加速条件下更加明显。

f. 关闭点火开关后，发动机不会马上熄火，而是继续工作一段时间。

g. 发动机动力没问题，但是耗油量过大，加速时排气管冒黑烟。

2. 发动机怠速不稳一般包括__________、__________和__________三种情况。

3. 发动机正常启动必须满足____________、____________、____________和____________四个条件，如果以上有其中一个条件不能满足，就会造成发动机不能启动或启动困难。

# 参考文献


[1] 赵学敏. 汽车电控系统构造与维修. 北京：国防工业出版社，2003

[2] （美）S.V.哈奇著. 宋建才，等译. 汽车发动机计算机控制系统解析. 北京：机械工业出版社，2007

[3] 邯郸北方学校. 怎样维修电控发动机 . 北京：机械工业出版社，2003

[4] 林平. 汽车电喷发动机故障速查快修200Q&A. 北京：电子工业出版社，2003

[5] （美）霍尔德曼（Haldeman，J.D），（美）米切尔（Mitchell，C.D.）著. 刘存友，祈传琦，蒋林，邢茜译. 汽车电子控制与尾气排放技术. 北京：中国劳动社会保障出版社，2006

[6] 舒华，姚国平. 汽车电子控制技术. 北京：人民交通出版社，2001

[7] 冯渊. 汽车电子控制技术. 北京：机械工业出版社，2005

[8] 宋年秀，刘超，杜彦蕊. 怎样检测汽车传感器. 北京：中国电力出版社，2007

[9] 戴奇（Dagel，J.F.）著. 司利增译. 柴油机燃油系统结构及维修. 北京：电子工业出版社，2004